U0939208

北京大学文化与传播研究所研究项目
中国传媒大学现代传媒创新与发展研究中心课题
浙江传媒学院融合传播研究中心在研项目
南京传媒学院融媒体中心研究项目

王文科　陈建飞◇主编

中国市县融媒体中心建设的兰溪探索

·MEDIA·

目　录

一、理念思路

二、体制机制

三、党建引领

四、基层治理

五、重大报道

六、新闻变革

七、做深专题

八、广播变革

九、新媒矩阵

十、产业经营

十一、播音转型

十二、技术支撑

一、理念思路

坚持问题导向　致力改革创新
围绕真融深合　重塑采编流程
——媒体融合的兰溪探索

徐文相

兰溪市融媒体中心由原市委报道组、市新闻传媒中心（兰江导报）、市广播电视台组建而成。自2019年3月25日挂牌成立以来，中心按照省委提出的“充分整、深度融、新闻＋、政策扶”的总体思路，把“引导群众、服务群众”作为重要使命，把提升政府治理能力现代化水平作为重要抓手，坚持问题导向，致力改革创新，围绕真融深合，重塑采编流程。通过一年多的探索，兰溪市走出了一条具有本地特色的融合之路，成了浙江省媒体融合示范市。2020年7月，浙江省县级融媒体中心建设专题培训班在兰溪开班，兰溪市融媒体中心交出了县域媒体融合的兰溪答卷。

一、强化顶层设计，以体制机制创新激发媒体内生活力

媒体融合，关键是体制机制的创新。兰溪市融媒体中心坚持问题导向，破立并举，以体制机制创新激发媒体内生活力。

1. 实行企业化管理，革新绩效考核

兰溪市委明确，融媒体中心定性为市委直属的全额拨款公益一类正科级事业单位，可以实行企业化管理。市委对融媒体中心实行单独考核，由市委宣传部牵头制定《兰溪市融媒体中心年度工作目标责任制考核办法》，参照国有企业做法，实行绩效浮动。这样的运行模式，从顶层设计上避免了用事业单位老体制来管新媒体的老路，激发了融媒体中心的内生动力。

2. 强化资源导入，增强造血功能

兰溪市委、市政府强化扶持政策落地，制定出台《关于扶持融媒体中心发展的实施意见》，支持融媒体中心做大做强。明确便民服务平台、“雪亮工程”等智慧城市建设项目，依规优先委托融媒体中心建设。全市公共宣传点位统

一归集到融媒体中心运营。政府性户外广告、大型活动策划，优先由融媒体中心承办。只要依法合规，政府性资源都向融媒体中心倾斜。疫情期间，兰溪市教育系统测温仪和阳光厨房等两个项目就是通过简易程序，直接委托融媒体中心实施，实现增收700多万元。

3. 探索灵活用人机制，树立实干导向

县级融媒体改革，人才是关键。为了突破县级融媒体编外编内人员双轨制、招人留人难的痛点，兰溪市融媒体中心做好两个方面工作：一是打破人员身份界限，实行同工同酬。编外人员工资参照编内事业身份人员全部实施套改，职称评聘不受身份限制，绩效按照管理、宣传、经营分类考核，“下不托底、上不封顶”，一切以工作实绩论薪酬。一句话，你行你就上！干得多，给得多！二是打通编外人才成长通道。除正常的事业招考外，首先，对985、211应届毕业人才直接单独招录入编；其次，为留住现有干得好的编外人员，每年安排一定的名额，给予30分以内的业绩积分，实行设置条件的公开招考。2020年，实施了设置条件的事业编制招考工作，9名编外员工顺利入编。此外，编外人员也可以担任中层职务，在新一轮中层岗位竞聘中，有10位编外人员走向中层岗位。同时，积极探索建立编委会制度，专门聘任优秀编外员工担任编委，履行中心领导职责，享受中心领导待遇，打通编外人员成长通道。

二、坚持守正创新，以融合报道提升新闻传播力

形态融合只是第一步，从物理反应到化学反应是一个不断深化的过程。无论媒体怎么变革，融合的效果要用产品的传播效果来说话。兰溪市融媒体中心始终坚持守正创新，推进真融深合往深里走实里走。

1. 致力复合型，引导队伍融

打造一支全媒体复合型人才队伍是媒体融合的关键。从融合伊始，兰溪就将加快队伍整体转型作为一项课题。一是以实战锻造技能。小组化、项目化的协同配合，促进队伍相互学。文字记者开始掌握拍摄技术，后期编辑主动参与到一线采访。二是开设融媒大讲堂。设立“四力”竞赛擂台，针对航拍技术、摄像技巧、写作技巧、微信编发、动漫制作、媒体运营等进行清单化、菜单式培训。三是主动外出学。中心根据全员培训计划，采取分批分次外挂、上挂、培训等形式，全方位提升队伍整体素质。

兰溪市融媒体中心还特别推出工作室制度，鼓励跨界融合，孵化主流媒体的网红。如新闻主播章霞，不局限于演播室工作，建立视频号，将兰溪重大活

动、特色景点、人文风情，制作成小视频发布。仅2020年就发布了20多个作品，总浏览量过百万，其中"五一"兰江水上游首航时制作的"诗路·兰溪"小视频，单条浏览量突破50万，提升了新闻传播效果。

在这里还要特别提一下短视频。兰溪市融媒体中心以视频工作室为运营主体，以《微视兰溪》微信公众号为传播平台，大力推进短视频业务，爆款产品不断。短视频解决了长视频用户耐不住看、文字消息缺现场感的问题。同时，上级媒体都在大力推进短视频业务，县级融媒体中心扩大对外宣传，这也是借力大平台传播的有效途径。兰溪市融媒体中心制作的好的短视频，央视频、"学习强国"等都爱采用，特别是"古韵兰溪""寻味兰溪"等内容，九成以上被"学习强国"采用。

2. 致力精品化，实现全程融

一是，围绕一次采集、多种生成、多元传播，强化精品意识。按照"小组化""组团式""项目化"等模式，建立重大选题部门一把手、市委市政府领导新闻选题会商制，市融媒体中心主任列席常委会制度，强化主题策划，打造爆款新闻。

2020年新春伊始，一场突如其来的新冠肺炎疫情席卷全国。这对于刚刚成立不久的融媒体中心来说，无疑是一场大考。他们以抗疫为契机，把全媒体融合报道摆在重要位置，集中优势资源，通过"策、采、编、发、转"一体化推动，"报、网、端、微"多渠道传播，"文字、图片、音频、视频、图表、H5"多形式呈现，实现了传统媒体和新媒体同频共振，构建了全媒体传播体系。疫情期间，经过精心策划，推出了以陈薇院士、李兰娟院士赴武汉医疗团队中护士长张园园、抗疫期间对接亿元海外物资的志愿者胡芳三位兰溪籍抗疫典型事迹为主题的专题片。时长33分钟的《兰溪最亮的星》系统讲述了这三位最具代表性抗疫先锋的英雄事迹，其间还播放了李兰娟院士的深情寄语。播出当天，"云"课堂视频点击量超30万人次，5万余人次通过华数云课堂观看，节目获143万次点赞，直播半小时内评论超万条，甚至出现了后台来不及审核的情况。陈薇等抗疫先锋的英雄事迹深深刻进了兰溪青少年的心里，成为他们追的最亮的星。兰溪只有66万人口，当晚观看人数已经超过了兰溪全市人口的半数。很多观众是含着热泪看完的，可以说，这样的一个专题片甚至影响了一代人的成长。节目播出当晚，浙江新闻客户端第一时间推出新闻时评《夜空中最亮的星》。人民网、中新网、国际日报、浙江日报等27家国内外媒体刊播了相关新闻，新闻点击量超3000万。

2020年4月12日，是兰溪第一批学生复学的日子。开学第一课怎么上？继《兰溪最亮的星》后，兰溪市融媒体中心再次成功策划了中国工程院院士、兰溪籍女将军陈薇给兰溪学子写勉励信活动。4 月 13 日《浙江日报》第 3 版大篇幅进行了报道;4 月 16 日,《浙江日报》再次以陈薇给兰溪学子写信为新闻点,对这一活动进行整版深读。新华社、中央电视台、人民日报、“学习强国”等全国 34 家媒体纷纷刊播。据不完全统计,相关新闻的点击量超亿次,这也是近年来兰溪受到央媒关注度最高的一次报道。

二是实施差异化传播。按照内宣、外宣、网宣不同要求,“三网齐发”。内宣依托中心新媒体、报纸、广播、电视等刊播发布;外宣对接中央、省、金华主流媒体积极上送;网宣通过抖音、快手等渠道发布,实现传播效果最大化。一年多来,兰溪市融媒体中心在上级媒体上“高频亮相”,兰溪元素也多次占领封面。2020 年,中央级媒体用稿量得到极大提升。共在上级媒体刊发正面报道 5000 余篇,其中,国家级媒体刊发 500 余篇;浙江卫视、浙江日报等省级媒体刊发 1700 余条,其中,浙江日报发表 87 篇、其中头版 7 篇,浙江卫视发表 76 条;“学习强国”用稿 260 篇,排名位列金华各县市第三。网络外宣实现新突破,形成以“学习强国”为核心,人民日报客户端、央视频客户端、中国蓝新闻客户端、天目新闻客户端、美丽浙江抖音号等为平台的网络外宣矩阵。在浙江在线用稿量名列各支站前茅,在明星支站月度评比中,6 次名列第二,4 次名列第三。

3. 依托新技术,实现平台融

融媒体建设,技术是支撑。但对于绝大多数县级融媒体中心来说,这却是短板。兰溪市融媒体中心依托“中国蓝云”技术平台,在建成“中央厨房”的基础上,突出作用发挥、功能拓展,以技术的融合推进内部新闻生产流程再造。他们改变原报纸方正文稿排版系统、版面传输系统与原广电办公文稿、后期非编系统独立运行的局面,启用“中国蓝云”文稿系统,打通技术壁垒,推动采编业务的融合共享。为适应“中央厨房”生产流程特点,他们要求记者采编发必须在“中国蓝云”稿库内完成,强化考核,倒逼流程再造。通过实行每日晨会、“项目化”采集、新媒体平台首发、差异化多次编辑、内外宣联动等制度,“全媒策划、一次采集、多种生成、差异化传播、全网覆盖”的策、采、编、发内部流程基本成型。以技术的融合打通内部各媒介壁垒,提升新闻传播效果。

为了突破县级融媒体中心技术与资源的瓶颈,兰溪市融媒体中心与浙江广电集团成立全省首家“蓝媒学院”兰溪实验室,与浙江日报集团共享联盟成立兰溪工作站,广泛开展技术交流,充分利用省级平台的技术优势,提升技术保障、运用水平。与矛盾调解中心联手开发建设“网上矛盾调解中心”,嵌入“兰精灵”平台,创新基层社会治理模式。首次采用异地视频连线的云端直播技术，圆满完成童诗论坛新闻发布会。“玩诗”小程序测试版成功上线，积极融入童诗中国论坛、浙江诗路文化带建设。完成广播直播间改造，启用全新的音频制播系统，试水广播视频直播功能。

三、做实做亮新闻+，以强化服务提升媒体影响力

县级融媒体中心从诞生那一刻起，就已经不再局限于单一的宣传功能，“引导群众、服务群众”的定位，更多地赋予了其服务群众的角色内涵。如何构建与用户关系？如何回应用户需求？他们的做法是：做实做亮新闻+政务、新闻+服务、新闻+文化、新闻+商务，努力在服务群众中提升媒体的影响力。

1. 在“新闻+政务”中增强粘合度

“网上矛调中心”是兰溪积极探索媒体参与基层社会治理的新方式。作为“新闻+”项目，兰溪市网上矛调中心依托兰溪市融媒体中心的官方客户端“兰精灵”APP与兰溪市矛调中心，按照“融媒体中心管前端、矛调中心管后台”的思路构建，即融媒体中心负责宣传推广（引流）和媒体监督，矛调中心负责业务处理，双方进行资源互补、功能互补、优势互补，积极探索“线上服务”“线上解纷”工作机制，共同推进网上矛调中心业务的全面开展。

目前，兰溪市网上矛调中心主要有五大功能版块，分别是“便民生活”“心理咨询”“矛盾调解”“兰溪随手拍”以及“兰江论坛”。市民可通过下载“兰精灵”APP进入主界面点击上方“网上矛调中心”或点击下方“服务”进入“兰溪市网上矛调中心”主界面办理相关业务。

这样一来，市民在日常生活或工作中遇到需要调解的纠纷，就可以通过“网上矛调中心”解决问题。当事人只需按照提示登记姓名、身份证号、联系方式、相关诉求等基本情况，自主选择调解员进行调解。当事人信息上传之后，系统自动推送至矛调中心，中心在审核确认后，随即联系相关当事人进行调解和回访。

网上矛调中心自2020年6月上线以来，共收集各类数据1万多条，诉求流转率100%。能解决的限时解决，实在不能解决的明确给当事人答复，做到件件有落实，事事有回复，让群众足不出户，线上找说法。

2. 在“新闻+服务”中拓展覆盖面

结合新时代文明实践中心建设，在“兰精灵”客户端推出“红网联盟”，打造网上公益平台。该平台以兰溪市新时代文明实践中心为依托，以兰溪市融媒

体中心“兰精灵”APP为载体，实行“群众点单—中心派单—志愿者接单—群众评单”服务模式。自2020年5月组建以来，全市共有入盟成员18家，志愿服务团队197支，为群众提供文明宣讲、科普咨询等志愿服务500余场次，受益人群2万余人次。

疫情期间，兰溪市融媒体中心还拓展新闻服务内容。按照市政府要求，在线上开展了预购口罩的“你宅我送”公益配送业务，共线上预购口罩34万只，有效缓解了兰溪市民购买口罩的实际困难。这一活动还为“兰精灵”APP直接吸粉14万，扩大了客户端的影响力。

在引导企业有序复工复产中，“融媒优品”平台积极响应市委市政府的号召，推出“兴兰助企”版块，利用互联网科技，帮助展示企业风采、发布企业招聘信息，为18家企业招工1000多名。

2020年3月10日，《人民日报》专门点赞兰溪市融媒体中心：“在疫情防控期间，发挥融合优势，打造现代传播体系，建设离群众更近的重要新闻宣传和社会治理平台，汇聚战疫力量。”

3. 在“新闻＋文化”中提升引领力

兰溪是中国历史文化名城。兰溪市融媒体中心致力挖掘地方文化资源，打造文化品牌，为此，专门成立了芥子园文化传媒有限公司，形成了“乡土兰溪文萃”等一批文化研究成果，先后开发了10个系列100多种城市文化产品。立足李渔等地方文化资源，结合钱塘诗路建设，重新刊印《芥子园画谱》，开发“玩诗”教育益智游戏，推进中国诗词蒙学基地建设。与北京中坤集团合作，建设丹曾人文(兰溪)学校，打造线上线下人文教育特色平台。同时引进江泉盛景文化传媒，合作开拍兰溪文化题材的电影《兰湖水畔》《血兰花》。积极谋划兰溪市青少年素质成长中心、芥子园数据中心等项目，提升文化引领力，增强群众的归属感、认同感，同时也推进自身产业的发展壮大。

四、几点启示

融媒体中心建设是一项全新的探索，它既是挑战，更是机遇。

1. 媒体融合没有固定模式，适合自己的才是好的

推进媒体融合发展，总体应遵循习近平总书记提出的“建好县级融媒体中心，更好地引导群众、服务群众”的总要求。但从各地的情况看，由于受体制机制、历史沿革和当地实际等影响，做法也不尽相同。无论兄弟县市的改革有多成功，如果一味照搬照抄，也会出现水土不服的情况。

2. 媒体融合只有进行时，没有完成时

媒体融合是一项永无止境的改革，尽管兰溪在推进体制机制改革、做强主流舆论、拓展基层服务、做大文化产业等方面进行了一些探索，也取得了一定成效，但随着社会的变革、信息技术的发展、传播业态的变化，也面临许多新情况、新问题和新挑战。

3. 改革就是要跳起来摘桃子，没有信手就能拈来的果实

媒体融合是一项全新的改革大业，开弓没有回头箭，越到后面推进越难，面临的阻力越大。许多改革的措施，写进文件难，落到实处更难。无论是运行模式、薪酬体系、人事制度的改革，还是文化产业领域的开疆拓土，都需要有改革创新的理念、敢为人先的勇气、一抓到底的意志。总的一句话，唯有改革才有出路。

创新理念　重建媒体生态

——县级融媒体建设"兰溪模式"探析

陈少波　陈书泱

县级融媒体建设作为国家媒体发展战略的实施，从 2018 年 11 月中央全面深化改革委员会发布《关于加强县级融媒体中心建设的意见》始，于今基本实现在全国的全覆盖。截至目前，全国多数省份已完成县级融媒体中心组建。其中涌现出了一批标杆样板，兰溪市融媒体中心以其创新发展的案例，创造了县级融媒体建设的"兰溪模式"，成为浙江全省媒体融合的示范市。为此中共浙江省委宣传部在兰溪召开了全省媒体融合的现场会，推出了贡献很大的县级融媒体中心及其讲述者。

纵观我国目前传媒业"媒体融合"的现状，大体有三种状况：一是深度融合，媒体之间机构重组，内容生产和资产经营一体化；二是表层融合，媒体之间内容生产优势互补，互通有无，一次成型，多向分发；三是介于这两者之间，媒体之间正从表层融合向深度融合发力转化。兰溪市融媒体中心作为县级融媒体，基本处于第一种状态，即深度融合状态。中心之所以能取得深度融合的成就，关键在于理念创新，互联网思维作用其中。

所谓互联网思维指的是在互联网＋、大数据、云计算等科技不断发展的背景下，对市场、用户、产品、企业价值链乃至对整个传播生态和商业生态进行重新审视的思考方式。这里的互联网不单指向桌面互联网或者移动互联网，而是泛互联网。目前乃至未来的网络形态是跨越各种终端设备的，如台式机、笔记本、平板、手机、穿戴设备等。互联网思维运用于媒体就形成了媒体融合。互联网将媒体共同置于一种语境之中，通过网络互联，媒介由此衔接，形成媒体融合的基础。在互联网思维中，人与媒介是融为一体的，人际传播、网络传播和大众传播天然地相互依赖，构建着媒体融合中的网络社会。

兰溪市融媒体中心的深度融合，运用的就是互联网＋的思维。在此过程中，中心通过打破体制机制束缚、重组机构、内容生产和资产经营一体化，重建媒体生态，使不同媒体形态融合共赢。解剖兰溪市融媒体中心深度融合的案例，其运用互联网思维、达成的理念创新与转型是经过一个过程的。

县级融媒体的建立，涉及媒体机构重组、队伍重建、人员再聘、流程再造等，是一个事关各方的系统工程，理念创新是其首要的环节。为此，兰溪市融媒体中心成立之初，就做好顶层设计，以中央深改委发布的《关于加强县级融媒体中心建设的意见》为指导，出台《兰溪市媒体融合工作实施意见》，立足真融深合，明确了融媒体中心的组织架构、目标定位、运行机制、扶持政策等，着力于改革创新。并以此统一各方的思想认识。大讨论、大学习围绕县级融媒体建设是假融合还是真融合、是浅融合还是深融合、是小融合还是大融合等事关融合成败的根本问题进行。融媒体中心的每个从业人员面对这样一些问题都要有正确认知并作出自己的回答：融媒体中心的管理体制，是退守还是突破？融媒体中心的运行机制是事业还是企业？融媒体中心的资金来源是拨款还是自创？融媒体中心的媒体资源是收缩还是扩张？融媒体中心的用人机制是封闭还是开放？大讨论、大学习使得融媒体中心的从业人员基本达成共识。

观察兰溪市融媒体中心的深度融合案例，其运用互联网思维，达成的理念创新与转型，其主要构成有以下几个方面。

1. 单向灌输的传播理念——从信息发布到沟通平台

曾几何时，媒体的主导功能即为“单向传达”，随着互联网时代的来临，媒体除了仍然保有宣传的功能以外，主要是进行“双向沟通”和提供服务，沟通党和政府与人民群众的联系。为此就要重新认识互联网环境下的宣传规律、传播规律和新闻规律，使传播内容贴近受众，入耳入脑，悦情悦意。与此同时也要树立整体舆论导向观，建立传统媒体与新兴媒体统一的内容管理体制机制。相较而言，新兴媒体由于其互联网属性，且具有代表媒体转型的地位功能，因此对其管理治理不如传统媒体那样严格有力，因而导致其在以吸引受众注意力为主要导向进行内容生产时，在时效性、敏锐度、手段形式、内容取材乃至标题题目等方面都具有很大的自由度和灵活性，由此必须推进新闻内容的供应侧改革，花大力气进一步规范新兴媒体的内容生产和传播，使其在内容导向上与传统媒体一个标准、一个要求、一条底线，在内容管理上不能出现“飞地”“特区”。完善新兴媒体的内容审核把关、监督检查机制，加快形成法律规范、行政监管、行业自律、技术保障、公众监督、社会教育相结合的融媒体内容管理体制，改变目前新兴媒体遇有内容违规“一删了之”的低成本随机处罚的局面。

兰溪市融媒体中心在内容生产管理上，秉持牢牢把握正确舆论导向的传播理念，坚持守正创新，以融合报道增强新闻传播力、影响力、引导力和公信力。在确保报道好党政新闻的同时，到实现全方位、全媒体、全县域“沟通平台”和“信息服务”的转型，不仅做到党和政府与人民群众之间沟通方式的改变，也做到主体精神不变、媒体定位不变、文化身份不变，以杜绝“三俗”。

尤其是在关系融媒体生存的广告经营业务方面，兰溪市融媒体中心强化社会责任，大力实施“绿色传媒”战略，实行严格的广告审查机制，始终保持广告零违法，坚决清除“三俗”广告的投放。

2. 用户至上的服务理念——从“中央厨房”到“中央餐厅”

所谓“中央厨房”就是融媒体打破传统的部门分割，以集中方式来结构融媒体的组织形式，内容生产统一归口于独立的跨部门的全媒体中心，由其统一制作新闻，实现新闻采编业务的“全媒策划、一次采集、多种生成、多元传播、全天滚动、全网覆盖”，其功能除了承担原有的新闻栏目的采编、完成省市级和中央媒体的协作任务以外，还需要向包括微博、微信、移动客户端和新闻网站在内的“两微一端一站”融媒体提供即时新闻报道。其优点是拓展了传播平台，增加了有效信息，提高了采编效率，使内容生产做到了集约化生产、多媒体分发、复合式利用；其缺点是不易照顾不同用户的使用场景、个性喜好，使得深入报道资讯化、栏目内容同质化，倚重时政新闻现象凸显。从用户服务角度来看，究其实，“中央厨房”还是停留在媒体本位，缺乏受众本位，内容生产一线的“记者中心制”让位于“编辑中心制”，导致媒体“做”什么、受众就“吃”什么的情况产生；而“中央餐厅”却不同，它是用户点什么，媒体就做什么，尽最大可能服务用户。

“受众”与“用户”一词之差，却反映了不同的理念。“受众”是媒体的对象，媒体做什么新闻受众就看什么新闻，缺乏自主选择性；而“用户”不同，他是媒体的“上帝”和“衣食父母”，他与媒体存在合同关系，媒体作为一个企业要为“用户”服务，否则其生命也就停止了。“中央餐厅”就能满足“用户”的需求。

兰溪市融媒体中心在用户服务上始终坚持以用户为中心，形成了“找到用户，受众为王；拉回用户，渠道为王；粘住用户，内容为王；变现用户，产品为王；服务用户，团队为王”的模式，找到了媒体融合发展的根本出路。

为使用户至上的理念落到实处，兰溪市融媒体中心坚定不移地做好用户分享工作，实施移动优先，“发力一端”，将手机客户端建设摆在了重中之重的位置。一方面加大以用户体验为主的节目，如组织各种线下活动，通过拓展APP的服务功能，为市民提供各项便民服务，实现新闻宣传向公共服务领域拓展。在兰溪只有55万常住人口的情形下，“兰精灵”APP下载安装量达到24.6万。另一方面加大用户自己创作的节目，让用户利用手机等自媒体形式参与发布文字、图片、音视频信息等，这不仅保证了用户的参与，提高了用户与融媒体中心之间的粘合度，还为融媒体中心的节目生产提供了无限的可能性——有多少用户就有多少潜在的内容生产者。

3．开放共享的平台理念——从小众传播到大众传播

美国密苏里新闻学院媒介融合项目创始人迈克·麦金认为，媒介融合的定义题中应有之义包括公众（受众）与媒介之间新的社会关系。这种“新的社会关系”指的就是在互联网+的环境下，公众可以借助互联网等媒介融合的平台，获得更加开放的话语权和传播权，参与到媒体信息的生产环节中。事实上，在媒介融合的环境中，新闻信息的传统生产和传播模式正在经历全新的变革，闭合式的生产流程正在各个环节上渐次展开、融合。公众的身份认同正在从用户（user）转变成参与性越加明显的生产用户（producer），所谓UGC就是指的用户原创内容。由此使得传播模式也发生了巨大的变化，面向大众传播、由大众来传播已经成为现实。

兰溪市融媒体中心之所以能从小众传播扩展到大众传播，主要是其在媒介融合的全新背景下，包括公众在内的各个主体借助媒体融合平台多方位地融入到新闻信息的生产环节。由此媒体融合平台也以一种更加开放的姿态重构新闻信息的传播路径，革新新闻信息生产的全流程。兰溪市融媒体中心的新闻信息开放式生产主要表现为新闻素材与采访的开放、新闻编辑与加工的开放，以及新闻传播与反馈的开放。以短视频制作为例，兰溪市融媒体中心以视频工作室为运营主体，以微视频兰溪微信公众号为传播平台，形成基于互联网的媒体及其视频信息的开放式新平台，大力推进短视频业务，爆款产品不断。新闻主播章霞不局限于演播室工作，跨界融合，依托开放式的制作平台，建立视频号，将兰溪重大活动、特色景点、人文风情，制作成小视频发布。许多质量上乘的短视频，如“古韵兰溪”“寻味兰溪”等内容，九成以上被“学习强国”采用。经由开放分享的平台，兰溪市融媒体中心完美实现了从小众传播到大众传播的转型。他们的经验再一次证明基于媒介融合的新闻信息的开放式生产与传播是可行的。

4．流程再造的运行理念——从单一形态到融合形态

传统媒体在长期的实践中建立了一套稳固的话语体系和生产规范，以电视为例，其新闻生产可以分为确定选题、采集素材、传输素材、编辑加工、播出节目等生产流程，在这种生产流程中，大众议题往往由传统媒体设置，热点事件的落脚点和扩散点也大多由传统媒体占据。在这种“以我为主”的传统新闻信息生产框架下，新闻传播的路径显现为从传统媒体到受众反馈再到媒体的

简单路径，其传播为单向线性传播，由此使得其形态也体现为单一的节目形态。

在媒体融合语境下，新闻信息的内容生产流程也发生了根本性变化，从全媒体新闻集成平台的搭建到全媒体渠道内容的高度有效融合，各地融媒体创造了许多好的经验。以兰溪市融媒体中心为例，中心积极推进融媒体内容生产流程再造，其核心是推进各媒体平台充分的融合，中心鼓励广播电台连线直播、电视文字滚动播报和新媒体首发，提倡媒体形态互为流量导入，实现媒体间的渠道整合、内容共享。中心改变原报纸方正文稿排版系统、版面传输系统与原广电办公文稿、后期非编系统独立运行的局面，启用“中国蓝云”文稿系统，打通技术壁垒，推动采编业务的融合共享。为适应“中央厨房”乃至“中央餐厅”的生产流程特点，中心要求采编人员的采编发必须在“中国蓝云”稿库内完成，倒逼流程再造。通过实行每日晨会、“项目化”采集、新媒体平台首发、差异化多次编辑、内外宣联动等制度，“全媒策划、一次采集、多种生成、差异化传播、全网覆盖”的策划采编内部流程再造基本成型。

以一次突发事件的新闻信息生产与传播为例，当媒体融合信息采集策划平台获取突发事件信息后，立即启动预案，指派融媒体记者赶赴现场，途中第一时间连线广播、推送网站；抵达事发现场后第一时间传送图片，并再次连线广播，口播最新情况，电视文字滚动播报；采集完成后提供影像、文稿至融媒体编辑刊播平台，供广播、电视、报刊、网站等选用；同时将网络直播纳入重要的内容发布平台，以“两微一端一站”为载体，构建以手机为载体的传播渠道。这种流程再造的结果使得新闻信息的传播不再局限于单一的广播、电视的形态，而是形成了以融媒体栏目系列、融媒体直播系列、融媒体传播系列等构成的传播矩阵。

5. 内容生产的整合理念——从生产者到整合者

“内容为王”还是“渠道为王”一直是媒体争论的话题，在互联网时代，这一争论更凸显其重要性。这个问题并非是个案思考，而是关系传媒业发展方向的核心命题。从内容的层面来看，无论是传统媒体还是融合媒体，都需要重视内容的优化，尤其是融合媒体，在海量的信息面前更需注重内容的整合、选择和分发。因此，无论是传统媒体还是融合媒体，内容始终是核心，“内容为王”于今仍然是正确的判断。如果说传统媒体更多提供的是原生态的新闻信息内容本身的话，那么融合媒体就赋予“内容”更多的新内涵，它要求提供更侧重于事实和观点相结合的内容，或有观点的事实，或有事实的观点。在某种程度上，融合媒体对内容更苛刻，要求能提供独家、细分、原创的内容。这可以说是在媒体融合的环境下新的“内容为王”的题中应有之义。

融合媒体所需要的内容应该具有满足其传播需求的即时性，突出与受众“利益相关”的本土性，基于多元多向传播关系的互动性，丰富内容呈现的形式的可视性，以及内容本身及衍生产品的服务性。只有具备这些多样性特征的“内容”才是融合媒体所需要的。

要使“内容”具备上述多样性就需要在内容生产中加以整合。时至今日，融合媒体从业人员作为内容生产的第一乃至唯一角色已退居二线，互联网及其网民早已夺去第一的位置，融合媒体作为新闻信息内容的整合者、加工者的特征就显现出来。从这个意义上看，融合媒体从业人员与其说是内容的生产者倒不如说是内容的整合者、加工者，或者生产者和整合者、加工者并重。

兰溪市融媒体中心深刻认识媒体融合时代内容优化整合的重要性，始终坚持“内容为王”，不断拓展新闻信息服务的深度、广度、锐度、温度和力度，以内容优势赢得发展优势。中心做实做亮“新闻＋政务”“新闻＋服务”“新闻＋文化”，在“新闻＋政务”中增强粘合度、在“新闻＋服务”中拓展覆盖面，在“新闻＋文化”中提升引领力，努力在服务群众中扩大融媒体中心的影响力。例如，“网上矛盾调解中心”就是兰溪积极探索媒体参与基层社会治理的新方式。作为“新闻＋政务”项目，“网上矛盾调解中心”依托兰溪市融媒体中心的官方客户端“兰精灵”APP与兰溪市矛盾调解中心，按“融媒体中心管前端、矛盾调解中心管后台”的思路构建，双方进行资源互补、功能互补、优势互补，积极探索“线上服务”“线上解纷”工作机制，共同推进网上矛调中心业务全面展开。

与此同时，兰溪市融媒体中心也以优化内容为突破口，内容为王并不仅仅局限于新闻为王，而是强调以用户为中心，提供满足用户新闻、资讯、服务、实用、社交、娱乐等需求，做有竞争力的内容产品，将“产品”理念贯穿于核心价值观传播的各个环节，特别强调新闻服务化、服务活动化、活动常态化、常态精品化，使每场活动都形成一个融媒体产品。例如，中心在“新闻＋文化”版块中，先后开发了10个系列100多种城市文化产品，立足本土历史文化名人李渔等地方文化资源，结合钱塘诗路建设，重新刊印《芥子园画谱》、开发“玩诗”教育益智游戏、推进中国诗词蒙学基地建设、建设丹曾人文（兰溪）学校、合拍兰溪文化题材电影《兰湖水畔》和《血兰花》，等等。这些活动以优质的“产品”拓展了新闻服务的覆盖面，提升了中心的影响力。

6. 面向市场的经营理念——从节目到产品

互联网时代，融合媒体的特性使其能正确处理喉舌和经营的关系，在传达好国家发展大计和传承文明、舆论监督以及服务社会的基础上，不遗余力地拓展经济功能，壮大产业实力，由此方能抵御“不义之财”的诱惑，客观公正地进行信息传播和舆论监督。

媒体融合意味着格局之变，考察目前融合媒体的建构，大体上都着力打造3个中心：一是内容制作中心，内容包括新闻、节目；二是渠道传播中心，以适应广播、电视、互联网、手机等多种渠道、多种终端的传播需要；三是整合营销中心，从单纯的广告盈利模式向以用户为基础的整合营销模式转型。尤其是第三个中心的建构施行“融媒体＋产业链”的整合营销模式，真正将融合媒体与传统媒体区别开来，标志着融合媒体面向市场的经营，媒体的内容生产不再仅仅是一种宣传和传播行为，而是一种市场和经营行为，达到了从节目到产品的转型，也达到了使受众与节目的关系向用户与产品的关系转变。由此能树立起受众收听收看节目是一种市场消费行为的理念，从而倒逼融合媒体不断优化用户体验，尽可能降低人们在收听收看节目时的“费力程度”，尽可能提升内容产品可感知的价值报偿。

兰溪市融媒体中心也是如此，在面向市场的经营方面创造了许多好的经验。中心充分利用多年积累和沉淀的本地化资源和优势，创新商业模式和盈利模式，采取“新闻＋服务”的商业模式，实现以新闻来引流、以服务来实现价值变现。中心的具体做法：一是打通了采编和营销两张皮，并在机构建构上也形成合力，采访制作与品牌营销有机交互；二是在营销的融合方面，用策划创意占领营销市场，使得“硬广”活动化、活动栏目化；三是风险共担对赌商家，通过融媒体掌握的各项资源真诚服务客户，风险盈利共担；四是跨区域合作纵深推进，联合其他地区融媒体进行合作，抱团发展；五是持续不断开展研发，实行项目制营销，进行前期孵化。

例如，在“新闻＋服务”版块，中心结合新时代文明实践中心建设，在“兰精灵”客户端推出“红网联盟”，打造网上公益平台。该平台以兰溪市融媒体中心“兰精灵”APP为载体，实行“群众点单—中心派单—志愿者接单—群众评单”服务模式。在平台构建覆盖城乡的传播矩阵，开展各项活动。在“兰精灵”APP客户端开设“融媒优品”版块，主要推广兰溪特色产品等；中心推行“兴兰助企”网络直播招聘会，实现“云招工”；上线名师“掌上课程”、打造“云课堂”；设置实时公交、公共自行车、停车位等信息查询服务；洽谈“信义居”项目，将所有小区的物业费缴纳工作嫁接到“兰精灵”平台上，等等。这些面向市场的节目延伸型服务，打造了基于媒体主业而又反哺主业的“产品”，使得兰溪市融媒体中心从单一的内容制造商向高端智慧服务提供商转变。

7. 数据再生的驱动理念——从粘合度到活跃度

在技术大变革的时代背景下，媒体的本质就是技术媒体，这就要求媒体变革必须以技术为驱动，以内容科技驱动媒体升级。事实上，媒体融合本身就是技术驱动的产物，5G、AI 等新技术给媒体深度融合带来的改变将更加深刻和全面。互联网时代，大数据技术很重要，以媒体而言，大数据技术可以带来内容产品变化，产生数据新闻和社会化媒体报道；大数据技术也可以形成新闻信息内容生产的闭环，监控舆情热点，辅助智能写作，评估传播效果。互联网+大数据使得融合媒体没有了明确的边界，无论是手机、电脑还是无处不在的户外大屏，都可以与原有的传播途径形成有效的呼应，即便是传统的平面媒体也可以运营网站，而广播更是在微信公众号上玩得风生水起。

兰溪市融媒体中心以“技术赋能”，催化媒体质变，在大数据技术的驱动下，充分运用大数据思维，使生产平台变得更为快捷有效。中心积极打造微媒体矩阵，以“两微一端一站”为龙头，建立起了九大平台，每天推送内容达到数百条。并积极向外延伸，与其他媒体形成联盟。如在浙江省电视节目交流中心的统一组织下，浙江省县级台（融媒体中心）形成联盟，兰溪市融媒体中心积极参与其中，与各兄弟融媒体中心交流节目，丰富了播出内容。

在联合报道中，中心多种采编技术得到运用，如整屏显示、滚动翻页、CSS3 动画效果、Jquer 时间轴、H5/CSS3 应用及并机直播或滚动联播等方式，使媒体生产平台真正成为“一次采集、多种生成、分众传播”的信息枢纽。

微媒体矩阵使得县域媒体从单一的传统媒体业态推进到融合新兴媒体的全媒体新业态，凸显出媒体的融合张力，其话题设置、影响舆论的能力日渐增强，微媒体矩阵已成为抢占网络宣传新阵地的利器，实现了活动现场的微直播和互动。

大数据技术不仅帮助兰溪市融媒体中心实现了业务流程再造，保障了融合媒体的正常运营，而且它使信息二次增值，数据再生。信息流不再仅仅是一种纯技术流，不再是新闻信息的“搬运工”，而是随时随地产生新价值的“内容流”，成为优秀新闻作品的“原创者”。兰溪市融媒体中心整合旗下各媒体形态终端已发布的信息资源，将其做成一个大数据库，用户可以在其中搜索自身需要的信息，强化了用户对其的认可和依赖，增强了用户与其的互动，提升了用户对其的粘合度和活跃度，也使其成为所在县域数字文化资产保管与运营的主阵地。

可以相信的是，以往互联网技术给媒体带来的改变比较多地体现在传播层面，比较多地体现在与受众或用户接触界面的维度，比如信息分发、信息搜索等等，那么接下来，技术应用将越来越深入媒体运营的全链条，尤其在内容科技(content-tech)领域，比如虚拟主播、视频剪辑、图像识别等等。县级融媒体也不例外。

8. 创新独特的叙事理念——从宣传说教者到“讲故事者”

在目前的自媒体时代，人人面前都有麦克风，人人都是新闻发言人，人人都有话语权，人人都是新闻记者。信息爆炸，内容泛滥，什么内容才是好内容，又该如何生产更适合媒体融合时代的产品内容，这些都在考验着县域融媒体的传播方式及其话语表达方式。

互联网时代，一般化的信息不再是稀缺资源，人们的个性化需求越来越多，倒逼内容生产必须在特色化、分众化上下功夫。一直以来，传统媒体话语权往往掌握在少数专家学者和政治家或者团体手中，在表达方式上一直习惯于说教式、灌输式、专家式，越来越被群众所反感。而在基于互联网的融合传播中，人人都是主角，每个人都可能发出自己独立的声音。在这样的背景下，作为基层媒体的县级融媒体，需要发挥其与群众天然的纽带作用，创造崭新的叙事模式，努力适应话语表达方式的改变，适应平等交流、互动传播的特点，改变传统媒体单向传播、受众被动接受的方式，满足多样化、个性化的信息需求。

在这其中，学会如何讲故事是至关重要的。从本质上说，媒介传播就是讲故事。因为传播的对象是人，而人需要生活在故事中。事实与故事并不是对立的，在事实真实的基础上将其说得更好听些，这是有益的也是需要的，符合作为个体的人为某个事实赋予一个故事氛围的心理倾向。事实上，没有故事的事实相当于没有情感介入的生活，可能比较琐碎、凌乱、缺乏连续性。这就为融合媒体讲故事提供了基本依据。

融合媒体如何讲故事？兰溪市融媒体中心也创造了一些行之有效的方法，形成体现本身特征和主旨的叙事风格。例如，再造新闻倒金字塔结构，从新闻倒金字塔叙事结构向情节叙事结构转变。在互联网思维影响下，融合媒体的新闻叙事不再拘泥于倒金字塔结构，而是逐步向用户所接受和喜爱的情节叙事结构改变。首先将新闻事件编辑成小标题式的叙事结构和视图化的呈现方式，使用户读来更具人性化；其次策划吸人眼球的新闻标题，激发用户兴趣，从而创下较高的点击量。

叙述中情感带入也是一个叙事创新的方法。情感带入是运用互联网思维讲故事的重要核心，其具体操作的关键在于真情、共情和正能量。首先情感带入是真情的，起码让受众感觉到是真实的；其次情感带入必须能产生共鸣，成为受众共同的情感体验；再次情感带入需要为情感本身赋予正能量。

目前一些商业化媒体产品，如“网易新闻”等，以“小编”的口吻，形成轻松的个性化话语方式，受到年轻受众的喜欢。融媒体打造的产品也有用这类幽默、絮叨化的话语方式处理资讯的案例，夹叙夹议，这种“小编逗乐”式的点评方式，让板滞的内容有了轻松感。

话语背后是价值观，如果具有正确的价值观，再加上合适的话语方式，就能构造起个性鲜明的叙事符号和识别系统，这就使得融媒体的传播如虎添翼，使其传播的内容更能入脑入心，悦情悦意，收到事半功倍的效果。

9. 角色转型的人才理念——从传统媒体人到融合媒体人

融合媒体海量信息、即时化、专业化、产品化等特点，要求其从业人员必须具有创新理念、探索精神，不断学习新媒体的表达方式和相应技能，还须有服务意识。目前融媒体从业人员大多从传统媒体转岗而来，在媒体融合发展过程中存在较多问题，主要体现在：媒体理念不适应，认识模糊；个人素质不适应，影响媒体融合发展；人才结构不适应，影响融媒体可持续发展；人才规模不适应，数量不足。一些刚从院校毕业的“新兵”，学新闻的不懂技术，学技术的不会写作，在媒体融合的岗位要求面前不知所措。这就需要让从业人员加快角色转型，从体制机制上力促建设适应融合媒体需求的数量充足、质量上乘的从业人员队伍。

融合媒体人才队伍建设的关键是角色转型，要从传统媒体人转型为融合媒体人，他们应该成为跨界传播者、数据分析师、节目策划人、媒体运营商、项目主持人和媒体业界互联网思维的践行者、文化融合的把关者，以及舆论领袖。为此，他们应该具备原创内容的生产能力，具备信息筛选与整合传播能力、受众意识与互动传播能力，始终坚持主流价值观；应该保有较强的学习能力、好奇心、创新精神和用户思维、服务意识；应该掌握必要的技能，扩大传播影响力，掌握新媒体传播技术，熟练互联网编辑业务，具备数据分析能力。

兰溪市融媒体中心在这方面花费了很大心血，在从业人员队伍建设上转变理念，充分认识队伍建设的重要性，舍得花本钱，采用多元手段，锻造全媒人才，在短时间内建设起一支适应媒体融合岗位需求的从业人员队伍。纵观其队伍建设的方法，主要举措有：

一是加强新闻观教育，要使融合媒体经过转型后继续成为主流媒体，并将其牢牢掌握在手中，就要教育从业人员牢固树立马克思主义新闻观。

二是强化体制机制创新，转变用人机制，建立统一的人才管理体系，优化人才结构，改革现有的绩效考核机制；创新采编流程，建立全天候、全流程、一体化的融合媒体采编体系。为了突破县级融媒体中心编外编内人员双轨制、招人留人难的痛点，中心打破人员身份界限，实行同工同酬、编外人员工资参照编内事业身份人员全部实施套改，职称评聘不受身份限制，绩效按照管理、宣传、经营分类考核，“下不托底，上不封顶”，一切以工作实绩论薪酬。同时打通编外人才成长通道，除正常的事业招考外，对重点院校的毕业生单独招录入编，每年安排一定比例名额，给予业绩积分，实行设置条件的公开招考，由此吸引了中心优秀的编外人员入编，也将域外融媒体的优秀人才吸引进来。编外人员也可以担任中层职务，在新一轮中层岗位竞聘中，已有10位编外人员走向中层岗位。另外，中心还探索建立编委会制度，专门聘任优秀的编外员工担任编委，享受中层中心领导待遇，打通编外人员成长通道。

三是展开全员培训，边实训边实战，以实战锻造技能。小组化、项目化协同配合，促进队伍相互学习，文字记者开始掌握拍摄技术、后期编辑主动参与一线采访。根据融媒体内容生产趋向垂直化、专业化、细分化的特点，将采编、经营、管理人员打通，按照财经、社会、文教、时政、视觉、管理、生活时尚等版块进行专业化融合授课，开设融媒大讲堂，设立“四力”创新竞赛，针对航拍技术、摄像技巧、写作方法、微信编发、动漫制作、媒体运营等进行清单化、菜单式培训，换位产品经理角色，激发从业人员的产品思维、互联网思维。根据全员培训计划，采取分批次外挂、上挂、培训等形式，全方位提升队伍整体素质。特别是推出工作室制度，鼓励跨专业、跨岗位融合。

四是切实加强媒体伦理道德建设，根据融媒体发展带来的新情况、新问题及其对从业人员职业素养提出的更高要求，不断充实完善制度和规定。

习近平总书记在关于媒体融合的系列重要讲话中，明确提出要“建好县级融媒体中心，更好地引导群众、服务群众”的总要求。兰溪市融媒体中心积极践行习近平总书记的讲话精神，将此作为重要使命，努力交出县级媒体融合的“兰溪答卷”。县级融媒体建设“兰溪模式”的形成，对县级媒体存在的诸如机制落后、经济困难、“四力”弱化、重复建设等困境与问题的解决，提供了理念和实践的标本。县级媒体的深度融合需要强化改革思维，创新理念，这是“兰溪模式”对县级融媒体建设的深刻启示。

坚持精准协作交流方略
共推东西媒体融合发展

——县级融媒体中心东西协作交流的兰溪探索

陈建飞

摘要:开展县级融媒体东西协作交流是经中宣部批准、中国记协新媒体专业委员会牵头组织实施的重要公益项目。作为全国3个对口协作省份之一,浙江省有5家县级融媒体中心参与对口协作交流。本文以与陕西省汉中市略阳县融媒体中心结对的兰溪市融媒体中心的实践探索为例,分析总结了兰溪的成功做法和取得的成效,并提出了长效开展协作交流的意见建议。

关键词:媒体融合;东西协作;交流;公益;精准

2020年10月13日,经中宣部批准,中国记协新媒体专业委员会牵头开展县级融媒体中心东西协作交流公益项目——东部15个县级融媒体中心与中西部15个县级融媒体中心进行结对。作为全国3个对口协作省份之一,浙江省委宣传部、浙江省记协高度重视县级融媒体东西协作交流公益项目实施工作,第一时间遴选确定5个对口协作交流的县级融媒体中心。其中,兰溪市融媒体中心与陕西省汉中市略阳县融媒体中心结对协作交流。

开展县级融媒体中心东西协作交流是中国记协关心支持县级融媒体中心建设发展的大实事,不仅具有重大的政治意义,而且具有积极的现实意义,必将产生深远的影响。

实施县级融媒体中心东西协作交流公益项目是一个全新课题。兰溪市融媒体中心承担先行先试的政治责任。项目启动以来,协作双方不仅在内容生产、运营经验、经营创新等方面开展了深度交流协作,同时也就电商扶贫、旅游资源推介等方面展开探索。

11月19日下午,2020年中国新媒体大会“新平台的社会责任”分论坛在长沙举行。兰溪市融媒体中心相关负责人作为全国6家协作单位代表之一与会分享了县级融媒体中心东西协作交流公益项目的最新进展,并交流了协作经验。

一、东西协作交流的兰溪探索

(一)精准挑选协作交流对象

浙江省媒体融合工作起步较早。2018 年 9 月 20 日,中宣部就在浙江省湖州市长兴县召开县级融媒体中心建设现场推进会。截至 2019 年底,全省 90 个县级融媒体中心全部建成,实现全覆盖。但为什么这次对口协作没有选长兴、安吉、德清等老先进,而选择兰溪等 5 家近年冒起来的后起之秀?主要目的是让西部融媒体中心可学习、可借鉴、可复制。

略阳县位于秦岭南麓、嘉陵江上游,地处陕甘川三省交界地带,属于秦巴山区集中连片特困地区。作为国家扶贫开发工作重点县和陕西省 11 个深度贫困县之一,略阳县 2020 年 2 月才实现整县脱贫摘帽。兰溪市融媒体中心党委书记、主任徐文相表示,兰溪一定要在配合国家脱贫攻坚战略安排和新媒体协作交流新模式探索上全力以赴,按照习近平总书记要求努力走在前列,把此项工作当作贯彻落实《关于加快推进媒体深度融合发展的意见》的具体行动和当前一项重要政治任务抓好抓实。

按照中国记协新媒体专业委员会要求,协作双方互相委派新媒体相关负责人和业务骨干到对方单位驻点交流工作一个月是一项重要内容。兰溪市融媒体中心对派出的对口协作人员提出明确要求:既要能打仗、有较强的新媒体意识和实操本领,又要能带兵、有较强的团队协调和管理能力;同时,还要对自己单位的整体情况比较熟悉和了解,以全方位服务做好协作交流工作。

兰溪市融媒体中心通过比选,最后决定派新媒体中心主任龚献前往略阳县进行为期一个月的驻点交流。该负责人是单位的中层骨干,更是新媒体创新的一把好手,政治觉悟、理论水平和实践能力都比较高。截至 2020 年 11 月 14 日,为期一个月的双向外派交流活动告一段落。一个月来,龚献同志开展了卓有成效的工作,完成了多项富有创意的协作交流工作,取得了很好的协作交流成效。

(二)精准订制协作交流内容

围绕增强移动传播力这个核心目标展开协作交流,是兰溪市融媒体中心的一个主要做法,目的是把对口协作单位的移动优先策略落到实处。

略阳县融媒体中心人员紧缺,一线记者偏少,目前只有 7 人。该中心由县广播电视台发展而来,采编人员电视思维较重,电视新闻每天播出量有限,当日新闻的发布率很低,新闻出稿的滞后现象严重,进而影响新媒体稿件推送时效。兰溪市融媒体中心新媒体中心负责人到岗后，就与略阳方的采访部门沟通交流，帮助理顺传统媒体与新媒体采编发布之间关系，倡导记者树立快速发稿意识，与网络编辑部密切配合，努力做到第一时间写稿、第一时间编辑、第一时间推送，切实提高稿件的当天播发率。

略阳县融媒体中心的新媒体平台齐全，运营的微信公众号、抖音号的传播指数排名汉中地区 11 个县（区）第一名，应该说成绩不错。但与东部地区相比，对照当地人口基数，新媒体的粉丝量和传播指数还有较大的提升空间，从中暴露出在粉丝吸引、活动推广、数据分析、影响力打造等新媒体运营方式方法方面存在短板。针对这些问题，兰溪市融媒体中心与略阳县融媒体中心相关人员开展多次业务交流，采取面对面交流、业务解读、案例推介等多种形式，帮助略阳县融媒体中心的小编构建新媒体运营思维。

（三）精准匹配协作交流形式

一是平台共用。利用兰溪市融媒体中心融媒体矩阵，在电视、广播、客户端上推出略阳文化旅游专题片、播发两地交流协作新闻稿。2020 年 11 月 10 日，兰溪方面提供技术支撑和直播购物平台，开展了“赏嘉陵红叶 品略阳美食”消费扶贫直播。直播活动在兰溪和略阳两地融媒体中心各媒体平台，浙江广电集团融媒体新闻中心、“中国蓝”新闻 APP、蓝媒联盟“1＋101＋X”融媒矩阵、陕西电视台、西部网、汉中电视台等媒体平台进行了同步推送。在近一个半小时的直播中，1500 多份略阳农特产品被秒购一空，超过 150 万网友加以关注。

二是技术共用。以兰溪市融媒体中心较为先进的技术为支撑，双方共享技术资源，合作开发具有地域特色的内容产品。协作期间，对短视频的精剪、新媒体海报制作以及活动推广预热步骤进行指导交流，让略阳相关业务人员熟练掌握新媒体技术，提高综合运用传媒技术的能力。

三是思路共通。根据习近平总书记提出的“建好县级融媒体中心，更好地引导群众、服务群众”的总要求，兰溪市融媒体中心近年来积极开展“新闻＋政务”“新闻＋服务”“新闻＋文化”探索，努力在服务群众中扩大媒体的影响力。通过网上矛盾调解中心，在“新闻＋政务”中增强粘合度；通过红网联盟、融媒优品，在“新闻＋服务”中拓展覆盖面；通过文创开发、丹曾人文学校、青少年素质成长中心等项目，在“新闻＋文化”中提升引领力。在协作交流中，兰溪市融媒体中心把这些“新闻＋案例”推荐给略阳县融媒体中心，一方面给对方提供思路、拓宽视野、增强信心，另一方面增强其引导群众、服务群众的媒体能力，为做大做强融媒体中心创造条件。

四是经验共享。兰溪市融媒体中心结合自身内部比较成熟的管理经验，帮助略阳县融媒体中心制定或完善部分制度，使之成为“带不走的礼物”。相较而言，兰溪市在县级融媒体中心成立之前，已经开展过媒体融合发展过程中内容整合、平台建设等多方面工作，对媒体融合发展的规律有着较为深刻的认识和实践。所以，针对优质媒资外流严重情况，兰溪市融媒体中心提供相关管理办法，建议设置媒资管理审批流程；针对优秀作品评选，兰溪市融媒体中心提供相关评选办法，并就评选中应注意的问题进行交流；另外，还就绩效考核、稿酬规范发放等内容，提供兰溪市融媒体中心采编一线绩效考核办法等规定，并和略阳县融媒体中心领导、具体负责人进行深度探讨。

(四)精准建立协作交流机制

为探索建立长效协作交流机制，兰溪市融媒体中心成立了浙陕东西协作交流公益项目工作室，由兰溪市融媒体中心新媒体中心主任牵头负责。该工作室结合略阳媒体融合实际情况，有针对性地在内容生产、管理方法、平台运营、经营模式等方面提出意见和建议，帮助协调解决双方在内容生产、人才培训、经营服务等方面的堵点和漏点问题，使双方融媒体中心各平台的协作交流更加顺畅。

内容协作机制。针对两地具有的丰富的三国文化资源，兰溪市融媒体中心与略阳县融媒体中心计划建立内容协作机制，共同生产文化产品内容，共同开设相应栏目。由兰溪市融媒体中心负责栏目的采编与制作，按时向略阳县融媒体中心提供。

产业合作机制。略阳县融媒体中心的创收以传统硬广、制作专题片为主要来源，与东部县级融媒体中心的产业化多元经营差距明显。加上受全额拨款事业单位性质影响，经营动力不足，略阳县融媒体中心年广告收入仅 30 万元左右。针对这一情况，兰溪市融媒体中心把产业发展中的教育、文创、活动专题、市场、战略合作、信息咨询六大经营主题作了介绍，详细阐述兰溪市融媒体中心跳出传统广告做经营的思路及做大做强传媒产业链的做法和举措，并为略阳县融媒体中心广告经营“把脉问诊”，帮助寻找问题症结，共同寻求解决方案。

二、从兰溪实践看东西协作交流成效

县级融媒体中心东西协作交流是一次观念互通、思路互动、信息共享、技术互学、作风互鉴的好机会、好舞台、好载体。从兰溪市融媒体中心的实践看，至少取得了以下初步成效。

（一）这是助力脱贫攻坚、乡村振兴的新举措

通过东西协作交流公益项目，兰溪市、略阳县两家融媒体中心利用自身优势，整合双方媒体资源，紧密合作，助力脱贫攻坚和乡村振兴。以举办的“赏嘉陵红叶 品略阳美食”消费扶贫直播为例，对双方来说都是第一次实施跨省域的直播带货，也正因为协作才将一场县域直播拓展至浙江省、陕西省，大大提升了活动的影响力，助力略阳特产打入浙江、陕西市场。这不仅为当地百姓致富奔小康作出了媒体的贡献，也打开了媒体扶贫新模式。

下一步，兰溪、略阳两地融媒体中心还将发挥媒体的整合资源优势，开展多种形式的结对扶贫长期交流合作，助力略阳巩固脱贫成果、实现乡村振兴。

（二）这是推进媒体融合的新抓手

党中央吹响“推动主力军全面挺进主战场”号角，媒体融合步入“深水区”。东西部县级融媒体中心建设的差距是客观存在的。通过协作交流，对中西部媒体融合的均衡化推进作用是不言而喻的，对中西部县级媒体人的融合本领增强也是切切实实的：内容同质问题、产品低端问题、能力不足问题等，都得到了一定程度的改进或提升。

短短一个多月，兰溪市融媒体中心外派人员在第一周就完成了对派驻单位的媒体融合现状的摸底，还形成专门书面调研报告，为有针对性开展协作交流工作提供依据。在外派期间，兰溪市融媒体中心相关人员同时为本单位和外派单位采写了大量稿件，完成了系列新媒体作品，手把手教不够，有时还在本部为西部同行找老师网上讲解；一己之力不够，有时还请本部团队远程提供技术支持，重新创作稿件、编排新媒体产品。

（三）这是检验融合成效的新答卷

东西协作交流是展示浙江新媒体团结协作新形象的重要窗口，也是对兰溪市融媒体中心建设成效的一场考试。如何贯彻落实好中办、国办《关于加快推进媒体深度融合发展的意见》精神，发挥东部县级融媒体中心先行先试优势？兰溪市融媒体中心把一些成熟的制度和可行的做法，特别是对一些行之有效的新媒体“策、采、编、发、转、考”等方面的经验，向略阳县融媒体中心有针对性地适时提供，并协助建立长效运行、管理机制。这样的协作探索，有利于推动中西部地区与全国一道早日建立起以内容建设为根本、先进技术为支撑、创新管理为保障的全媒体传播体系。

（四）这是提升新闻“四力”的新载体

作为中西部省份的县级融媒体中心，在人员、资金有限的情况下，新闻宣传、媒体融合等方面工作取得这样好的成绩，展现了大家吃苦耐劳、甘于奉献的精神。浙江省记协副主席俞文明曾指出，湖南省普安县融媒体中心不但要做好媒体业务，还要冲锋在脱贫攻坚一线，这种社会责任感值得浙江记者学习。

略阳县融媒体中心的工作人员，每个人都结对 1～2 户贫困户，每周每户走访 2 次，落实结对帮扶措施。近两年来，他们基本上没有过过一个完整的双休日，不是在贫困户家里，就是在去贫困户家的路上。这是中西部地区不少县级融媒体中心的普遍现象。在如此困难的条件下，在如此繁重的脱贫攻坚任务下，略阳的媒体融合效果还是不错的。这对兰溪市融媒体中心工作人员也是一种很直观的教育和鞭策。

三、对兰溪推进东西协作交流的建议设想

兰溪市融媒体中心负责人表示，此次东西县级融媒体中心协作交流仅仅是一个开始，未来兰溪与略阳两地融媒体中心协作交流将继续加强，推动形成长效机制，实现协作双方优势互补、长期合作、共促融合、实现共赢，让东西协作交流结出更多硕果。

围绕推进媒体深度融合，提高县级融媒体中心东西协作工作水平，打造县级融媒体东西协作样本，建议兰溪市融媒体中心从以下几方面做好深化工作和加强文章。

（一）开展内容协作，合力打造主流舆论阵地，为双方媒体融合发展吸引新用户

坚守“内容为王”原则，树立“用户至上”理念，建立东西融媒体中心优秀内容资源的交流机制、协拍机制、互播机制，以优质内容提升“吸睛”“圈粉”能力，占领网络新平台、舆论主阵地，不断巩固壮大主流舆论，画好最大同心圆。

通过内容协作，把东部地区体现求真务实、开放图强、拼搏实干、与时俱进精神的作品，特别是农村致富奔小康类的先进典型，交流到西部去。另一方面，把展示西部县（市）的美景、特产、优势产业的作品交流到东部来，让西部走进东部，让东部了解西部，进而促进双方更频密地交流互动。

（二）开展服务协作，合力打造综合服务平台，为双方媒体融合发展拓展新阵地

发挥双方主力新媒体平台的引领带动作用，抓住短视频等新应用风口，孵

化培育一批在当地有现实活力和发展潜力的新型信息服务平台，共同打造形态多样、手段先进、具有竞争力的新媒体集群矩阵。在这方面，要发挥东部在整合政府资源、社会力量等方面的经验做法，推动西部融媒体中心结合实际进行学习借鉴。

（三）开展技术协作，合力打造社区信息枢纽，为双方媒体融合发展增添新动能

媒体融合把技术提到关键性位置，很多好的创意、设想都需要技术来支撑。技术是县级融媒体中心的一块短板。通过东西融媒体中心协作，以“新技术”赋能“好内容”。利用浙江省域范围的融媒联盟及东部较先进的融媒技术，顺应分众化、差异化、个性化传播模式，借助5G、大数据、云计算、人工智能、区块链技术，帮助西部融媒体中心不断提高信息采集、分析、加工、处理能力，不断提高新媒体产品的到达率、转发率、点赞率。

（四）开展产业协作，合力打造智慧文创高地，为双方媒体融合发展提供新保障

加大兰溪、略阳县融媒体中心双方在大型经济、文化、民生等方面活动和人文、历史、旅游等资源方面的信息共享宣传力度，特别是加强文化产业的交流对接，拓展双方协作的范围，深化双方协作的内涵，助推两地融媒体中心产业发展。同时，聚焦略阳乡村振兴，以媒体平台整合资源，通过信息帮扶、文化帮扶、技术帮扶等多种形式，为当地发展增强“造血”功能，为村民创造更加富裕的生活牵线搭桥。

（五）加强智力协作，合力打造人才培育平台，为双方媒体融合发展注入新活力

作为县级融媒体中心，缺乏专业人才是普遍现象。要建立略阳、兰溪新闻采编人员培训、学习、交流常态机制。除了互派人员挂职指导、跟班学习外，还充分发挥东部人才资源优势，通过“云课堂”“云培训”“云研讨”等形式，持续加强双方业务交流学习互鉴，帮助西部融媒体中心提升业务技能水平，切实推动县级融媒体中心东西协作公益项目工作取得更大成效。

（本文参考了兰溪市融媒体中心新媒体中心主任龚献相关调研文章，专致谢意）

兰溪市融媒体中心软实力建构的创新与探索*

——基于传媒社会责任的视角

曾海芳　夏如意

摘要：在媒介融合和新冠肺炎疫情防控的大背景下，兰溪市融媒体中心为着打通媒介融合的“最后一公里”，肩负传媒产业社会责任进行软实力的探索，坚持守正创新，发挥“新闻＋服务”功能，传递人文关怀，传承本土文化，严守疫情防控职责，参与社会治理，提供公共服务。本文以传媒社会责任为研究视角，重点考察兰溪市融媒体中心如何在推进媒介深度融合的过程中承担社会责任，参与社会治理，建构媒体软实力，并为县级融媒体中心的建设提供可资借鉴的方法。

关键词：媒体融合；社会责任；软实力

一、传媒软实力与社会责任

软实力(soft power)一词，最早由原哈佛大学肯尼迪政府学院院长、新自由主义国际关系理论的创始人之一约瑟夫·奈(Joseph Nye)在1990年首次正式提出，指的是文化与意识形态之间的相互吸引，或是与政治国际议程之间的相互控制。“信息时代，软实力不仅依赖于文化和理念的普适性，而且依赖于一国拥有的传播渠道，因为它能够对如何解释问题拥有影响力。”[①]媒介产业融合发展时期，新闻媒介肩负着正确舆论导向、围绕中心、服务大局的第一职责，生产优质的和高品质新闻内容，优化传媒行业体系建构，探索推动传媒产业发展的崭新道路。至于媒体所需要承担的社会责任，从哈钦斯委员会2005年发表的《一个自由而负责任的新闻界》，到《报刊四种理论》都把社会公共利益保护作为履行社会公共责任的一个核心价值概念。这种嵌入与勾连表现了媒体和社会发展之间的相互关系，包括公众舆论的产生和社会政治模式

* 本文系浙江省高校重大人文社科攻关计划项目资助(编号2018QN068)阶段性研究成果。

① 约瑟夫·奈.软力量——世界政坛成功之道[M].吴晓辉，钱程，译.北京：东方出版社，2005：8.

的形成，以及媒体的社会责任。[①] 而作为媒介融合的“最后一公里”，市县级融媒体中心建设立足社会治理、政务服务、信息枢纽的重要探索，重视传媒产业在基层治理中传播力、引导力和影响力的扩大，起着软实力建构中的桥梁和纽带作用。

二、兰溪市融媒体中心的实践探索与社会责任建构

兰溪市融媒体中心在实践中探索社会责任的建构，推出“兰精灵”客户端，为兰溪市民获取资讯、发表议论、解决诉求提供一键沟通的平台。此外，还打造网上公益空间，创建“红网联盟”“网上矛调中心”，塑造经典文化品牌，承接“乡土兰溪文萃”，搭建疫情服务平台，宣传抗疫典型事迹，兰溪市融媒体中心将线上线下服务相结合、文化与生活相融合、服务与技术相创新的基层治理模式发挥着最大效能。

（一）打造网上公益平台，推出“红网联盟”，推动精神文明建设

为践行新时代社会主义核心价值观，兰溪市融媒体中心在“兰精灵”客户端推出网上公益平台——“红网联盟”。该平台对外是为民服务的平台，对内是党建服务的天地，充分整合社会各类志愿服务资源，凝聚最大志愿合力，为市民量身定制，提供多元化服务。

在生活中，“红网联盟”以人民群众主动点单、中心组织派单和社会志愿者主动接单为主要服务运营模式，实现了为群众的精准服务，真正提供了敬老、助学、援救等服务，满足了民众的需求。不仅如此，社区和企业可在“红网联盟”申请关于党的理论方针政策、党史党课、乡土人情等方面的宣讲需求，“红网联盟”网站将集合公共服务资源，由 18 家入盟成员和 197 支志愿服务队伍为群众提供文明宣讲、科普、法制、生态等方面的宣传，打通与群众相连接、服务和引导群众的“最后一公里”，为推进社会主义精神文明的建设，打造文明服务高地贡献力量。

媒介融合时代，媒体需要开疆拓土，不断创新，但更要不忘初心，重视人文关怀和社会效益，探索社会责任及网络社会公益之路。兰溪市融媒体中心将品牌建设汇入精神文明建设，将传播文化与打造公益相结合，显示出媒体高度的社会责任感和强大的感召力，有利于建设一个拥有强大的软实力和生命力

① 赵澄澄.媒介社会责任的源起、现状与进路——以媒体社会责任报告（2014—2018 年）为例[J].青年记者，2020(17)：22-23.

的融媒体中心。

(二)探索基层服务新方式,线上服务群众,创建“网上矛盾调解中心”

2020年6月,兰溪市融媒体中心与兰溪市矛调中心资源互补、功能互补、优势互补,共同打造“网上矛盾调解中心”。在深入参与基层社会治理的同时,“网上矛调中心”依托新闻客户端“兰精灵”,进一步扩大了融媒体新闻客户端的社会影响力和用户粘合度。

目前,兰溪“网上矛盾调解中心”主要包括“便民生活”“心理咨询”“矛盾调解”“兰溪随手拍”“兰江论坛”“未成年人关爱”等六大功能版块。其中,“便民生活”版块融入家政服务、招聘服务等生活服务;“心理咨询”开通心理咨询、开导和预约等服务;“矛盾调解”版块引入人民调解员,负责解决市民的矛盾纠纷诉求;“兰溪随手拍”是群众生活娱乐的平台,收集社情民意的重要窗口;“未成年人关爱”版块则聚焦“校园欺凌”“家暴”等事件问题,保护未成年人合法权益。

“网上矛调中心”致力于打造人性化的、具有针对性的服务,当事人根据需求反映,中心在后台处理,再向受众反馈,做到事事有回复,件件都落实,诉求流转率达到100%。市民有事线上提交,平台有人线下解决,建构起“让数据多跑路、群众一键办理”格局,让市民足不出户就能找到“说法”,实现矛盾化解和基层治理的高效运转。

为探索媒体融合发展的新路径,“网上矛调中心”发挥融媒体时代“新闻+”的优势,打造线上综合服务平台,形成从政策咨询到纠纷调处、信访化解、法律援助、诉讼服务和心理疏导等一系列服务制度,使“新闻+服务”更加快捷化、便民化、高效化。

(三)履行文化传播使命,深耕本土资源,搭建智慧文创高地

文化是一个国家、一个民族的灵魂。兰溪市融媒体中心挑起媒体文化传播重任,借助大众传媒的力量和人气,探索历史文化名城优势,打造经典文化品牌。兰溪市融媒体中心成立芥子园文化传媒有限公司,先后开发了10个系列100多种城市文化产品。同时,兰溪市融媒体中心结合钱塘诗路建设,立足李渔等地方文化资源,推进中国诗词蒙学基地建设,承接“乡土兰溪文萃”,担当传承和传播的重任。此外,兰溪市融媒体中心打造线上线下人文教育特色平台,积极谋划兰溪市青少年素质成长中心、芥子园数据中心等项目,打开县级融媒体中心的发展探索之路。为了弥合目前人文通识教程的短缺以及互联网在线教育人文教程的空白,丹溪人文(兰溪)学校也对已有的人文知识进行

通识化整合、智识化提升，为读者提供优质的内容资源以及在线教育平台，增强群众的归属感，为受众营造一个健康的精神家园。

坚持守正创新，兼顾因地制宜。兰溪市融媒体中心在借鉴先进媒体融合战略的同时深耕本土资源，利用互联网发展趋势和智能化创新路径，立足当地资源，借助技术探索智慧人文、在线教育等平台，将李渔之乡的传统文化和产业互相融合，极大地促进了文化软实力的建设和发展，彰显出媒体在传承和传播文化方面高度的社会责任感。

(四)提供疫情防控宣传与服务，构建全媒体传播体系

面对新冠肺炎疫情这场大考，兰溪市融媒体中心具备高度的社会责任感，整合优势资源，构建全媒体传播体系。在医用物资分配上，融媒体中心共配合政府发放了 34 万只口罩。公众在“兰精灵”客户端预约后，可在乡镇药店获取成本价的口罩。此外，在生活服务上，“兰精灵”与“优品”和超市进行合作卖菜，满足居民在严防严控下的基本生活需求。老百姓如需要买菜和购买生活用品等，可以通过网络端口预约，媒体和超市合作，送货上门。同时，通过媒体在中间牵线的方式，菜农与消费者也能够直接满足买卖需求。

在抗疫宣传方面，兰溪市融媒体中心制作了防疫知识短视频《云课堂“机关事业单位返岗第一课”》、H5 产品《兰溪人承诺不出门》等。通过强化防疫措施和防疫知识硬核的宣传，缓解群众紧张、焦虑的情绪，粉碎各类谣言和假新闻。此外，在凝心聚力方面，推出主题专题片《兰溪最亮的星》，讲述陈薇院士、李兰娟院士赴鄂医疗团队中的护士长张园园、抗疫期间对接亿元海外物资的志愿者胡芳的先进抗疫典型事迹，从基层出发，构建起疫情防控的铜墙铁壁，凝聚众志成城抗疫情的强大力量。

疫情期间由于社会公众居家隔离，在生活上对于外界的信息需求量较大，因此，通过媒体渠道得知信息成为公众对外界认知的重要方式。兰溪市融媒体中心在抗疫过程中充分发挥媒体参与“社会治理”职能，深入基层，不仅当好“瞭望哨”的角色，还努力成为参与社会治理的“治理者”。①

三、兰溪市融媒体中心践行社会责任的思考

肖利花曾总结我国媒体所应该承担的 9 个社会责任维度：国家使命、价值

---

① 吴蔚芸. 论重大突发事件报道中媒体的社会责任——以新冠肺炎疫情为例[J]. 新闻前哨，2020(6)：18-19.

引导、信息传播、文化传承及教化、舆论监督、社会进步、经济责任、提供娱乐以及道德法律。[①] 近年来，兰溪市融媒体中心积极探索“媒体＋服务”新模式，做好“新闻＋”的文章，在宏观上服务国家大局，致力文化传承；在中观上围绕社会核心价值，承任社会信息枢纽；在微观上立足社会现实，服务群众需求。新媒体时代，县级融媒体中心在市场化过程中可借助其承担社会责任所带来的公信力、品牌形象以及影响力，争取更多的市场份额，获得更好的收益，满足其自身“造血”的需求，但更应在获得经济利益的同时注重社会效益。尤其在遇到突发性公共卫生事件时，应充分展现媒体的社会责任感、大局观以及传播与服务的能力。

（一）服务国家大局，彰显抗疫力量

2018 年 8 月，在全国宣传思想工作会议上，习近平总书记强调，要扎实抓好县级融媒体中心基础建设，更好引导群众、服务于人民群众。当年 9 月，中宣部在县级融媒体中心建设现场推进会上，对县级融媒体建设提出具体安排：要求 2020 年底基本实现在全国范围的全覆盖。此外，中国在 2020 年底决胜全面建设小康社会的目标，作为媒介融合的“最后一公里”，县级融媒体中心的服务关键在于打通基层治理的最后一环，为实现全面建设小康社会贡献力量。

社会治理的重心在基层。2020 年，突如其来的新冠病毒疫情加重了对社会治理的考验。因此，全国各地的县级融媒体全面投入疫情防控宣传报道，构建新媒体矩阵，及时更新疫情动态，传达政府最新政策措施，引领舆论导向，有效破解谣言传播，服务群众生活。[②] 浙江瑞安融媒体中心推出了“瑞安抗疫便民服务平台”，一方面，免费提供市民生活消费服务相关信息，如每日市场菜价、超市连锁店铺网点及营业时间等；另一方面，提供热门、定点医院信息查询、口罩门店预订产品购买以及防疫产品有关信息服务等。[③] 浙江长兴传媒集团推出《云帮扶》战“疫”助农公益活动，助力复工复产。兰溪市融媒体中心整合优势资源，助力复工复产，通过“兰精灵”APP 为当地百姓提供菜品。除生活服务外，疫情背景下的县级融媒体建设还起到一个重要的舆论引导和谣言澄清的作用。浙江省各县级融媒体中心积极对接“捉谣记——浙江疫情辟谣”省级平台，通过对有关部门的采访，及时澄清涉及本地的相关谣言，并及时

---

① 肖利花．媒体社会责任概念维度的归纳性分析[D]．长沙：中南大学，2011.

② 汤璇，胡振超．基层传统媒体转型：互联网思维下县级融媒体中心建设[J]．东南传播，2018(12)：12-14.

③ 陈璐颖，宋建武．从疫情防控看县级融媒体中心的发展方向[J]．青年记者，2020(12)：13-17.

转载其他由省、市县融媒体中心发表的疫情辟谣相关信息。

当遇到突发性公共卫生事件时，媒体在信息传播、舆论引导以及社会服务方面的作用极其重要。县级融媒体中心扎根基层，承担着应对疫情政策措施的传达，相关医疗信息的科普，谣言的驱散等任务，为群众传递权威信息。县级融媒体中心在基层治理和传播中着眼于国家大局，落实于群众服务，体现出媒体的责任与担当。

（二）围绕核心价值，发挥社会信息枢纽作用

作为社会信息枢纽，上到体制政策的信息传达，下到社情民意的反馈收集，县级融媒体中心实现上下链接、横向拓展，打破媒体传统阵地，创建新媒体矩阵。一方面，兰溪市融媒体中心实施移动优先，通过短视频业务研发爆款产品，扩大对外宣传。高举旗帜，将内宣和外宣相互联动，引导主流舆论。[①] 另一方面，深化体制机制的改革，创新传播方式，以文化之力传播社会主义核心价值观和本土人文特色。

（三）立足社会现实，服务群众需求

深入实际才能贴近群众，贴近群众方能打动人心。媒体的社会责任，不仅需要媒体脚踏实地一点点实践，而且需要媒体的高度社会责任感和人文关怀，立足于社会的现实，满足民众的需要。2018 年 8 月 21 日习近平总书记在全国宣传思想工作会议上提出，县级融媒体中心建设的标准是“引导群众、服务群众”，回应了县域治理能力现代化的建设诉求。

兰溪市融媒体中心“兰精灵”下的“兰江论坛”，分为“百姓声音”和“生活那些事”，将便民服务和线上服务相结合，满足群众常态化反映社情民意的合理需求。在复工复产之际，兰溪市融媒体中心想群众之所想，推出大型电视招聘人才节目《职等你来》，也通过“兰精灵”等平台推出高层次人才“云社区”企业引才直播活动，为企业解决招工难等问题，同时也破解群众就业困境。此外，兰溪市融媒体中心以公益引导和服务群众、以人文知识的传播润化人心。

媒体社会责任的构建也和其文化品牌的构建和创造密不可分，传媒软实力可以体现在媒体的社会责任感、媒体文化、媒体精神等各个方面。立足社会现实，媒体才能在文化传承和社会服务过程中形塑媒体精神，发挥新闻服务、党建服务、政务服务等的最大效益。

---

① 田龙过.县级融媒体中心建设的关键：打通与用户的“最后一公里”[J].中国编辑，2020(1)：68-73.

四、结语

兰溪市融媒体中心软实力建构的探索，并非是按部就班的，而是一个循序渐进的过程。在这一过程中，不管媒体融合的脚步迈向何处，媒体的社会责任始终应该在媒体发展大局中占据核心之地，以舆论引导群众，以媒体的人文关怀参与社会治理，以新闻的力量助推社会进步。

催化融合质变　放大一体效能

——县域媒体融合的“兰溪答卷”探析

顾如荣

进入移动互联网新时代，传统媒体既面临挑战，也迎来机遇。党中央把推动媒体融合发展作为重大战略，及时提出要加快推进县级融媒体中心建设，坚持一体化发展方向，催化融合质变，放大一体效能，打造一批有强大影响力、竞争力的区域新型主流媒体。成立于2019年3月25日的兰溪市融媒体中心，坚持党建引领、人才为要、移动优先、创新表达，宣传工作呈现新气象，出色交出县域媒体融合的兰溪答卷，兰溪成为浙江省媒体融合示范市。

一、以抓党建为统领 推动媒体融合发展

中共中央办公厅、国务院办公厅《关于加快推进媒体深度融合发展的意见》指出，要强化党的领导，把推进媒体深度融合发展作为本地区本部门本单位落实意识形态工作责任制的重要内容。

一年多来，兰溪市融媒体中心认真学习贯彻习近平总书记关于媒体融合的系列重要讲话精神，按照浙江省委提出的“充分整、深度融、新闻＋、政策扶”的总体思路，把“引导群众、服务群众”作为重要使命，把提升政府治理能力现代化水平作为重要抓手，努力交出县域媒体融合的兰溪答卷。

政治属性始终是党媒的根本属性，党媒在推进融合发展过程中须充分发挥党的政治建设的统领作用。因此在加快推动媒体转型升级、融合发展的过程中，必须要加强政治建设，把稳媒体融合发展的方向之舵。

兰溪市委对媒体融合工作非常重视，2019年5月出台的《兰溪市媒体融合工作实施意见》，立足真融深合，明确了融媒体中心的组织构架、目标定位、运行机制、扶持政策等，着力于改革创新。

兰溪市融媒体中心由原市委报道组、市新闻传媒中心（兰江导报）、市广播电视台整合而成。面对社会转型期和传统媒体转型阵痛期的叠加压力，党媒要做好新时代宣传思想工作，就要把党建工作摆在更加突出的位置，以党建带

业务、以业务促党建,实现党建与业务两手抓、两促进、两提高。

在具体实践中,他们深深感到,加强政治建设,把稳媒体融合发展的方向之舵,政治属性始终是党媒的根本属性,党媒在推进融合发展过程中必须充分发挥党的政治建设的统领作用。媒体深度融合的过程,必须是党建和业务深度融合的过程。

兰溪市融媒体中心找准党建工作与业务工作的契合点,认识到党媒宣传、媒体融合都必须“用讲业务的方式讲政治”。把党管媒体、党管意识形态的要求落实在每一篇稿件中、每一块版面上、每一个网页间、每一款新媒体产品里。

为进一步整合社会资源,凝聚最大志愿合力,兰溪市文明办、市委网信办专门组建了网上平台“红网联盟”,并将其挂靠于融媒体中心官方 APP“兰精灵”。一方面,握指成拳,进一步提升公益事业水平,深入推进新时代文明实践;另一方面,也方便群众通过网络参与公益活动或申请志愿服务。

在当地的“红网联盟”网站,截至目前,入盟成员已经达到了 18 家,志愿服务团队数量达到了 197 支。其中,兰溪市新时代文明实践志愿服务总队整合了 16 支社会公益组织和 40 支来自各部门的公共服务资源;新时代文明实践所志愿服务大队整合了来自各乡镇(街道)的 141 支志愿力量,为群众提供文明宣讲、法治、环保、文艺、健体和科普等有针对性的志愿服务,打通宣传群众、教育群众、关心群众、服务群众的“最后一公里”。

党建引领,文明成风。红网联盟对外是为民服务的平台,对内则是各公益组织的党建家园。在各志愿服务团队的页面,还专门设置了“党建活动”栏目,直观展示各公益组织的党员风采。

红浆志愿服务队是红网联盟的成员之一,该团队现有成员 237 名,超半数为党员志愿者,截至目前,已累计实现志愿服务时间 12300 多小时。下一步,他们还将进一步扩展总部经济商圈党群服务中心服务功能,把它打造成为商圈党员、职工的“心灵港湾”。

红网联盟姓“红”,与其他公益组织不同的是,联盟的多家成员组织都成立了自己的党支部,党员先锋模范作用非常明显。在志愿活动中,党员志愿者充分发挥带头作用,甘于奉献,在弘扬社会正能量的同时,积极传播文明理念,促使文明习惯蔚然成风。

除了提供物质服务,红网联盟还配送精神食粮。2020 年 6 月 16 日,红网联盟工作人员在后台接收到一个来自兰溪诸葛南方水泥有限公司的申请,申请人姜先生表示,公司计划近期为员工组织一次关于“习近平总书记在浙江考察时的重要讲话精神”的理论宣传,想通过红网联盟寻找合适的宣讲人。工作人员了解情况后，立即联系了“党校之声”志愿服务分队。6 月 17 日，一堂由兰溪市委党校副校长沈少刚主讲的党课便“安排”上了。

社区、企业或者单位需要开展理论宣讲，都可以在红网联盟里申请，宣讲内容涵盖党的理论方针政策、乡音、乡贤文化、党史党课、金融知识、生态保护等，能满足绝大多数的宣讲需求。

不管融合怎么融、转型怎么转，薪火相传的红色基因不能丢。兰溪市融媒体中心结合新时代文明实践中心建设，在“兰精灵”客户端推出“红网联盟”，打造网上公益平台。该平台以兰溪市新时代文明实践中心为依托，以兰溪市融媒体中心“兰精灵”APP 为载体，实行“群众点单—中心派单—志愿者接单—群众评单”服务模式。自 2020 年 5 月初组建以来，全市共有入盟成员 18 家，志愿服务团队 197 支，为群众提供文明宣讲、科普咨询等志愿服务 500 余场次，受益人群 2 万余人次。

成立以来，兰溪市融媒体中心以“更好引导群众、服务群众”为主线，围绕建设具有强大凝聚力和引领力的社会主义意识形态这一战略任务，坚持正确的舆论导向，本着以高质量党建引领媒体融合高质量发展的理念，坚定不移地提升增强脚力、眼力、脑力、笔力的政治自觉、思想自觉和行动自觉，着力打造一支信念坚定、业务精湛的宣传思想队伍，充分发挥“喉舌”作用，不断实现队伍建设和宣传工作的互相助力，让党的创新理论“飞入寻常百姓家”。宣传工作呈现新气象。

二、注重顶层设计、坚持人才为要，以体制机制创新激发内部活力

媒体竞争关键是人才竞争，媒体优势核心是人才优势。兰溪市融媒体中心人员大多数是从电视台转型过来，部分来自报社。兰溪市委明确，融媒体中心为市委直属的全额拨款公益一类正科级事业单位，但可以实行企业化管理。在强化财政保障的基础上，给予了更多自主权。同时，兰溪市委对融媒体中心实行单独考核，由市委宣传部牵头制定《兰溪市融媒体中心年度工作目标责任制考核办法》，参照国有企业做法，实行绩效浮动。这样的运行模式，从顶层设计上避免了用事业单位老体制来管新媒体的老路，激发了融媒体中心的内生动力。

探索灵活用人机制，树立实干导向。为了突破县级融媒体中心编外编内人员双轨制、招人留人难的痛点，兰溪市融媒体中心首先打破人员身份界限，实行同工同酬。编外人员工资参照编内事业身份人员全部实施套改，职称评聘不受身份限制，绩效按照管理、宣传、经营分类考核，“下不托底、上不封顶”，

一切以工作实绩论薪酬。

此外，打通编外人才成长通道。除正常的事业招考外，首先对985、211应届毕业人才直接单独招录入编。其次，为留住现有干得好的编外人员，每年安排一定的名额，给予30分以内的业绩积分，实行设置条件的公开招考。部分市外融媒体的优秀人才被吸引了进来。再次，编外人员也可以担任中层，在新一轮中层岗位竞聘中，已经有10位编外人员走向中层岗位。同时，他们还探索建立编委会制度，专门聘任优秀编外员工担任编委，履行中心领导职责，享受中心领导待遇，打通编外人员成长通道。

同时倒逼队伍转型，锻造全媒人才。打造一支全媒体复合型人才队伍是媒体融合的关键。从融合伊始，他们就将加快队伍整体转型作为一项课题。以实战锻造技能。实行小组化、项目化的协同配合，促进队伍相互学。文字记者开始掌握拍摄技术，后期编辑主动参与一线采访。开设融媒大讲堂。设立"四力"竞赛擂台，针对航拍技术、摄像技巧、写作技巧、微信编发、动漫制作、媒体运营等进行清单化、菜单式培训。根据全员培训计划，采取分批分次外挂、上挂、培训等形式，全方位提升队伍整体素质。他们还特别推出工作室制度，鼓励跨界融合，孵化主流媒体的网红。

三、坚持移动优先，实施差异化传播

县级融媒体中心是最接近基层群众的传播渠道，县域用户也是移动媒体应用最大的增量群体。近年来，由于头部自媒体的冲击，传统媒体对群众的影响变得薄弱。坚持移动优先，实施差异化传播。以优质原创内容来"引导群众，服务群众"，打通党的声音传送到群众的"最后一公里"。

在具体实践中，兰溪市融媒体中心把手机客户端建设摆在了重中之重的位置。一年多来，兰溪市融媒体中心主打的"兰精灵"新闻客户端在集成原有的报纸、广播、电视、网站等功能外，以新媒体的手法全天候编辑推送新闻，并设置短视频、直播、购物、镇街等版块。自运营以来，他们一方面打造有内容有质量的新媒体阵地；另一方面，通过拓展APP的服务功能，为市民提供各项便民服务，实现新闻宣传向公共服务领域拓展。目前，在兰溪常住人口只有55万的情况下，"兰精灵"APP下载安装量就达到了24.6万。它成了一些群众所说装在口袋里的电视机、握在手中的遥控器。

兰溪市融媒体中心还将移动优先理念全面融入策、采、编、发各个环节，形成闭环管理。融合创新是深化媒体融合的核心要求，通过小步快走，在创新新闻产品、创新制作方式、创新传播渠道等方面真正实现"相融"，通过一批现象级作品，实现了裂变式传播。

四、创新内容表达，紧跟时代节拍

县级融媒体中心从诞生那一刻起，就已经不再局限于单一的宣传功能，“引导群众、服务群众”的定位，更多地赋予了其服务群众的角色内涵。如何构建与用户关系？如何回应用户需求？兰溪市融媒体中心的做法是：做实做亮新闻＋政务、新闻＋服务、新闻＋文化，努力在服务群众中扩大媒体的影响力。

中国记协新媒体专业委员会顾问、中央广播电视总台融合发展中心主任汪文斌认为：如何把内容资源优势转化为平台优势，主流媒体要做到两个“转”：一是转场，优势资源要向新媒体进行集结，核心资源要向新媒体进行配置；二是转化，就是要创新话语体系，把传统的广播电视表达方式转变为年轻一代网民喜闻乐见的表达方式。

兰溪市融媒体中心以视频工作室为运营主体，以微视兰溪微信公众号为传播平台，大力推进短视频业务，爆款产品不断。“群众需要什么，就生产提供什么。”2020 年疫情暴发期间，人们点赞最多的往往是那些接地气的原创报道和融媒体产品。

疫情暴发期间，经过精心策划，兰溪市融媒体中心推出了以陈薇院士、李兰娟院士赴武汉医疗团队中护士长张园园、抗疫期间对接亿元海外物资的志愿者胡芳三位兰溪籍抗疫典型事迹为主题的专题片。时长 33 分钟的《兰溪最亮的星》系统讲述了这三位最具代表性抗疫先锋的英雄事迹，其间还播放了李兰娟院士的深情寄语。播出当天，“云”课堂视频点击量超 30 万人次，5 万余人次通过华数云课堂观看，节目获 143 万次点赞，直播半小时内评论超万条。

陈薇等抗疫先锋的英雄事迹深深刻进了兰溪青少年的心里，成为他们追的最亮的星。兰溪只有 66 万人口，当晚观看人数已经超过了兰溪全市人口的半数，很多观众是含着热泪看完的，可以说，这样的一个专题片甚至影响了一代人的成长。节目播出当晚，浙江新闻客户端第一时间推出新闻时评《夜空中最亮的星》。人民网、中新网、国际日报、浙江日报等 27 家国内外媒体刊播了相关新闻，报道点击量超 3000 万。

在此次“战疫”实践中，兰溪市融媒体中心还创新服务，延伸放大融媒服务端。整合卫健、文旅等多个平台，为群众提供综合服务，还推出“融媒优品”，为当地市民提供公益预购配送。结合本地特色，推出各项有利于复工、复产、复学的公益行动。

2020 年 4 月 13 日，是兰溪第一批学生复学的日子。开学第一课怎么上？

继《兰溪最亮的星》后，兰溪市融媒体中心再一次成功策划了中国工程院院士、兰溪籍女将军陈薇给兰溪学子写勉励信活动。这一活动受到了媒体的广泛关注。4 月 13 日《浙江日报》3 版大篇幅进行了报道，4 月 16 日，《浙江日报》再次以陈薇给兰溪学子写信为新闻点，对这一活动进行整版深读。新华社、中央电视台、人民日报、“学习强国”等全国 34 家媒体纷纷刊播。据不完全统计，相关新闻的点击量超 7000 万。这也是近年来兰溪受到央媒关注度最高的一次报道。

2020 年 3 月 10 日《人民日报》6 版，刊登了《浙江整合宣传平台，及时发布权威信息——媒体融合，汇聚战疫力量》一文，专门点赞了兰溪市融媒体中心在疫情防控期间发挥融合优势，打造现代传播体系，建设离群众更近的重要新闻宣传和社会治理平台，汇聚战疫力量。

兰溪市融媒体中心的经验再次表明，媒体融合重构的是传播方式，再造的是采编流程，但是无论怎样重构、如何再造，新闻报道的真实性和客观性都不能丢。越是媒体融合，越离不开党建引领、人才为要、移动优先、创新表达。只有紧跟时代节拍、心系群众冷暖、发扬优良作风，才能创作出更多“沾泥土”“冒热气”“带露珠”的新闻作品。

“共融互通，催化融合质变”，兰溪市融媒体中心通过内引外联，已构建起立体化、多元化的新老媒体互动的传播体系，渠道逐渐打通，显示出内外传播的效果体验，较好地发挥了新闻宣传引导群众、服务群众的作用。初步实现了“催化融合质变，放大一体效应”的预期目标。

融媒体发展背景下县级媒体制度创新的“兰溪经验”

刘　燕

兰溪，一个位于浙江省中西部，地处钱塘江中游金衢盆地北缘，拥有丰富的历史人文、自然旅游和水上交通资源的城市。然而，在都市圈的竞争发展中，由于金华地区自身发展不平衡，资源集中在金华主城区和义乌区域，兰溪和其他金华中游经济区域的县市一样，处于资源相对匮乏的地位，经济发展势头相对缓慢。然而，兰溪融媒体人在行动。在缺乏财政有力支持和政策红利的环境下，仍然不甘人后，锐意创新。在“媒体融合”上升为国家战略，全国县级媒体重拳改革，打造新型主流媒体，占据舆论阵地的浪潮中，兰溪媒体人勇于突破制度天花板，敢于吃苦，用实干精神探索出了宝贵的“兰溪经验”。

一、制度创新：县域媒体融合的重要推动因素

制度经济学家诺斯认为：“制度框架是经济相对成功的因素之一。”①他指出制度是一种框架，人类在里面得以相互影响。制度确立竞争和合作关系，这些关系构成一个社会和经济秩序。制度是一整套规则、应遵循的要求和合乎伦理道德的行为规范，用以约束个人行为。

1. 制度创新是媒体融合的根本前提

媒体融合，是我国媒体领域一场制度创新的大变革。在“四全媒体”时代，信息无处不在、无所不及、无人不用，媒体的主战场已经全面迈入互联网。面对舆论生态、媒体格局、传播方式的深刻变化，要占领新兴的传播阵地，就要把更多优质内容、先进技术、专业人才、项目资金向互联网主阵地汇集、向移动端倾斜，让分散在网下的传统媒体的力量尽快转向网上。争夺互联网的舆论阵地，必须拥有互联网思维。传统媒体向互联网融合进军，势必要进行制度改革

① 诺斯.制度、制度变迁与经济绩效[M].陈郁，译.上海：上海三联书店，1994：28.

和创新，创造新的制度，才能保障媒体融合建设向纵深发展。

制度创新理论起源于美国19世纪20年代的制度经济学派，是诺斯和戴维斯在1971年的《制度变革与美国经济增长》一书中系统论证出来的。制度既可以是指一个具体的制度安排，即指某一特定类型活动和关系的行为规则，也可以是指一个社会中各种制度安排的总和。制度提供了一种秩序，为人们的行为设定了一个选择范围和策略空间，可以减少和消除经济活动中的不确定性，为交易和合作的顺利进行提供有效的保障。①

新制度经济学认为制度变迁是经济增长的重要因素之一，为了重获经济效益和社会效益，可以通过创新对旧制度进行重新设计和变革，使新的制度能够促进新的产品生产和经济发展的方式。不过，新制度的出现往往会遭遇创新阻力和支出增加等成本，要推动制度创新需要考虑预期的收入和成本，并且需要内外的促动力。

2. 制度创新要求县级媒体突破制度天花板

自2014年8月18日习近平总书记主持召开中央深改组第四次会议，审议通过《关于推动传统媒体和新兴媒体融合发展的指导意见》以来，媒体融合发展的国家战略逐步落实到全国大中小城市媒体中。但在媒体融合的实践中，制度难题却一直困扰着县域媒体的发展，它表现为互联网思维转变难，人才招聘难，新媒体平台“小、散、滥”整合难、用户为主导的差异化传播难、成功的互联网商业模式难。导致这些难题的原因，与我国媒体长期以来事业单位的体制机制特性有关系。大部分媒体单位算不上真正的市场主体，企业化运作的机制效率不高，绩效分配制度难以实施，难以真正按照现代互联网发展竞争的要求来参与市场竞争。

媒体融合的战略发展，要求媒体机构必须进行体制创新，打破传统广播电视的形态和制度束缚，快速占领互联网主阵地。制度创新对县域媒体来说，不仅要整合报纸、广播、电视、杂志、新媒体等不同形态的媒体类型，更需要对人才管理制度、激励制度、产品流程、利益分配等制度进行重新整合。

二、解决制度供需矛盾：兰溪融媒体制度创新的第一步

2019年3月25日兰溪市融媒体中心挂牌成立，由原市委报道组、新闻传媒中心（兰江导报）、市广电台组建而成。三支队伍两种不同的运作机制，要实

---

① 张曙光.制度主体行为[M].北京：中国财政经济出版社，1999：124-126.

现真正融合，避免县域媒体常犯的“名”融“实”不融的问题，制度融合的问题就显得格外突出。在三支队伍中，原《兰江导报》较早地实现了市场化，一直按照企业化机制运营，而报道组和市广电台的队伍主要以宣传工作为主，企业化运营效率不高，比较依赖财政拨款。三支队伍要能够真正地融合在一起，并发挥合力，首先面临的重大战略部署，就是重构新的制度框架，使其符合组织的未来发展目标，这是制度变迁的必经阶段。从制度变迁的角度来看，从一种制度顺利过渡到另一种制度，最关键的是让新的制度需求和供给曲线保持平衡，即新的组织提供的制度要能够满足新的组织机构内人员对制度的需要。

1. 兰溪融媒体制度创新的四个难题

媒体融合，势在必行，制度变迁没有退路。要顺利实现制度变迁，顶层设计要提前弄清楚影响制度需求的关键因素。通常来说，制度需求主要受相对产品和价格、宪法秩序、技术和市场规模的影响，具体到兰溪融媒体，这些影响因素分别对应着人力资源投入、政策制度、技术更新、市场开拓四个领域方面的制度创新需求。

从人力资源投入来看，兰溪市融媒体中心面临着人员双轨制、招人留人难、人才引进难、职称评聘难等难题。人才，一直是县域媒体发展的难题，融媒体时代，解决不了人才问题，就解决不了发展难题，人力资源制度急需要从源头上根治。从政策制度来看，兰溪财政有限，扶持力度不够，不像其他地方实行财政兜底分配制度比较好，需要政府经营体制上创新，在其他业务和政策领域给予更多支持。从技术更新来看，融媒体中心要建成报纸、广播、电视、网站、“两微一端”等多个媒介平台，集指挥调度、采编融合、全媒发布、多元传播等多功能于一体的“中央厨房”，需要大量技术资金和人力的投入。从市场开拓来看，除了广告业务市场外，兰溪的其他文化衍生业务、文化产业运营项目还需要大力拓展。

2. 顶层设计全面架构新制度框架

清晰规划兰溪市融媒体中心成立后的战略发展目标，重新设计能够满足新战略目标的制度机制，成为兰溪融媒体顶层设计的第一重大责任和任务。兰溪市融媒体中心顶层设计团队，对媒体融合高度重视并有着清醒的头脑。兰溪的媒体融合决不是简单合并，更不是草台班子运作，而是要真正地借此机遇，重振广播电视、报纸媒体在兰溪的舆论阵地、宣传主导、文化和产业引领的地位，实现媒体业在兰溪的全垒打，让兰溪的媒体业在金华的媒体业中占据一席之地。“融为一体，合二为一”，是一次体制的机遇，也是一次打破体制机制的束缚，以体制机制的创新来激发内部活力，获得重生的机会。

兰溪市委对媒体融合工作十分重视，在对队伍和家底盘摸之后，听取了省考核专家组的意见，按照浙江省委提出的“充分整、深度融、新闻＋、政策扶”的总体思路，把“引导群众、服务群众”作为重要使命，把提升政府治理能力现代化水平作为重要抓手，在2019年5月出台了《兰溪市媒体融合工作实施意见》，立足于真融合，明确了融媒体中心的组织构架、目标定位、运行机制、扶持政策等，着力于改革创新，为接下来兰溪融媒体的各种制度创新打下了坚实的基础。

三、供给现代企业化管理制度：从外部激活体制活力

兰溪市融媒体中心从成立之初，就是一个多元化角色的媒体机构，承担着九项任务角色：做好舆论导向、做强主流舆论、做好新闻外宣、做好“媒体＋”、确保刊播安全、拓展文化产业、监管网络资产、履行公益职责、完成市委及市委宣传部交办的其他任务。这九项任务，也可以归结为两大对立又统一的角色：“事业＋企业”“盈利＋公益”。要保证两个轮子一起转，并且在新媒体的发展领域里有竞争优势，就要按照两个轮子的不同运作规律进行管理。

1. 明确企业化运营的体制方向，做大做强公共服务

兰溪市融媒体中心既有事业性质，又有企业性质。一般来说事业单位按照性质可分为公益一类、公益二类，一类的财政由政府全额保障，二类的经营水平较好，在薪酬分配上更有自主权。但是鉴于兰溪财政的特殊情况，得不到政府的全额保障，尽管兰溪财政每年给予兰溪市融媒体中心一千万的资金扶持，但这远不能达到融媒体中心运营的需要。因此，加强融媒体中心企业化运作的运营能力就尤为必要。

兰溪市政府为兰溪市融媒体的企业化运营定了基调，在保障融媒体中心的业务运营，做好自身的广告、文化产业等业务外，兰溪市政府在公共空间资源的运营上也给予了中心更多的自主权。为了强化扶持政策落地，兰溪市委、市政府制定出台了《关于扶持融媒体中心发展的实施意见》，支持融媒体中心做大做强。在实施意见中明确：全市便民服务平台、“雪亮工程”等智慧城市建设项目依规优先委托融媒体中心建设；全市公共宣传点位统一归集到融媒体中心运营；政府性户外广告、大型活动策划，优先由融媒体中心承办；支持融媒体中心发展电商平台，鼓励本地企业入驻；支持融媒体中心的公共数据归集、数据处理和数据应用工作。一句话，只要依法合规，政府性资源都向融媒体中

心倾斜。

2. 体制释放产业活力，六大创收主体合创经营佳绩

企业化的运营管理，释放了兰溪市融媒体中心的经营活力，加上公共资源的导入，融媒体中心迅速实现了经营收入的攀升。仅在疫情期间，全市教育系统测温仪和阳光厨房等两个项目通过简易程序，直接委托融媒体中心实施，就实现增收600万元。旗下的华融公司对全市户外灯箱和候车棚广告资源进行整合，在兰溪城区主要路段增设户外灯箱广告475只，在11个红绿灯路口布局候车棚39只，推进城市信息化工程项目，实现营业额700多万元。服务于兰溪本地的融媒体平台“兰精灵”APP客户端下载量达到24万，实名注册用户达到3万，成为兰溪重要的文化信息资讯平台。

在企业化运营管理机制的激励下，融媒体中心的六大创收主体也尝试通过不同的市场运营方式实现营收增长。市场运营部门尝试“网络直播带货”，与百城康养中心合作进行线上销售并分成，实现了市场产业的有效拓展；教育工作室努力办好三张报纸——《同学》月刊小学版、初中版及《萌娃画报》，打造学生自己的报刊；文创中心推出《天下兰溪人》双月刊杂志，以乡贤为主基调，对在外兰溪籍优秀人才和杰出新兰溪人进行宣传，在弘扬主旋律的同时实现经济和社会效益双赢；活动策划部积极承接市场化活动、拍摄制作宣传片，先后成功举办“三月三”风情节、樱花节、枇杷节等赛事活动30余场，承接经营性宣传片专题片摄制10多个。1—10月份，芥子园公司实现营业额2694万元。

多元化产业的发展也取得了突破，与北京中坤集团合作，打造线上线下人文教育特色品牌；与浙江江泉盛景文化影视公司合作，合拍电影《兰湖水畔》《血兰花》，积极谋划兰溪市青少年素质成长中心项目，打造兰溪艺术培训航母；与住建局合作打造兰溪房产超市项目，培育新兴产业市场。

四、供给灵活用人制度：从内部激活兰溪融媒体人的内生动力

媒体融合，人才是关键。习近平总书记提出的“全程媒体、全息媒体、全员媒体、全效媒体”的“四全”论断，对县级融媒体中心人才培养和选拔提出了最新要求。县级传统媒体普遍缺乏全媒体专业人才、管理人才和运营人才等，按照现代化的企业管理制度运行，就要求供给市场化运营的人才，供给相应激励的用人制度尤为重要，只有从制度上把人选好留住人才，才能够从内部激活融媒体中心的潜力。

1. 打造实干的企业文化，凝聚优秀人才

供给配套的用人制度，企业文化是制度创新的旗帜，是凝聚人才队伍的关键要素。兰溪融媒体的发展，要选拔出主流舆论的“捍卫者”、党的理论的“宣传者”、网络服务的“便民者”和社区信息资讯的传播者，又要选拔出既懂传媒管理又懂市场运营管理的人才，实干精神就尤为重要。融媒体中心成立之初，面临任务重、责任大、财政有限、急需要用人的现状，实干就成为人才选拔和考核的标准。

2. 建立灵活的用人机制，不拘一格降人才

编制和身份长期制约县级媒体人才体制创新，造成了老人才出不去、新人才进不来的局面。为了突破县级融媒体中心编外编内人员双轨制、招人留人难的痛点，兰溪市融媒体中心不拘一格对人才的身份界限进行制度创新，打破编内编外的身份界限，实行同工同酬。编外人员工资参照编内事业身份人员全部实施套改，职称评聘不受身份限制，绩效按照管理、宣传经营分类考核，“下不托底、上不封顶”，一切以工作实绩论薪酬。用兰溪融媒体人的一句话就是：“你行你就上！干得多，给得多！”实干文化和灵活的用人制度，盘活了融媒体的人力资源活水。

3. 外引内培筑巢引凤，新体制大展宏图

为了引进和留住人才，兰溪市融媒体中心下足了功夫。除正常的事业招考外，融媒体中心对985、211应届毕业人才采用直接单独招录入编，吸引了不少优质人才加盟。为留住现有编外人员，融媒体中心实行设置条件的公开招考，专门面向对兰溪市融媒体中心有感情、有责任心、事业干得好的优秀编外人员，每年划拨一定的名额，给予30分以内的业绩积分，选拔出一批优秀实干的编外人员进入编制内。2020年，9名设置条件的事业编制报考人员进入面试阶段，其中还包括部分市外融媒体的优秀人才，新体制真正发挥了为兰溪融媒体筑巢引凤的作用。在中层领导干部的设置上，兰溪市融媒体中心也为编外人员开辟了事业发展的空间，编外人员也可以担任中层。在新一轮中层岗位竞聘中，已经有10位编外人员走向中层岗位。在编委会制度创新上，兰溪市融媒体中心还专门聘任了优秀编外员工担任编委，履行中心领导职责，享受中心领导待遇，打通了编外人员的成长通道。这些新的政策机制都为兰溪市融媒体中心的发展提供了坚实的人才保障。

文化融合传播　让地方魅力深入人心

——兰溪市融媒体中心创新文化传播发微

李锦锦

一方水土养一方人，一方水土育一方文化。在长期的历史演进中，每个地区都会形成自己的文化积淀。地处祖国秀美江南、名字也充满灵隽气息的浙江兰溪，素有三江之汇、七省通衢之美誉，是一座有着千年历史的山水城市。它是钱塘诗路上的重要节点城市之一，两宋期间被称为天下江南，明清以来有钱塘第一商埠之美誉。“凉月如眉挂柳湾，越中山色镜中看。兰溪三日桃花雨，半夜鲤鱼来上滩。”唐代戴叔伦的一首《兰溪棹歌》流传了一千多年，成为兰溪诗路节点的诗意写照。

如今，兰溪是中国优秀旅游城市、中国兰花之乡、中国杨梅之乡、中国织造名城、中国天然植物药制造基地、中国传统建筑之乡。这块人杰地灵的风水宝地，诞生了李渔、黄大仙、贯休、郎静山、曹聚仁、方增先等一批文化名人，休闲美学文化、儒释道文化、中医药文化在此熠熠生辉。

习近平总书记做出重要论述：坚定中国特色社会主义道路自信、理论自信、制度自信，说到底是要坚定文化自信。文化自信是更基本、更深沉、更持久的力量。文化是一个国家、一个民族的灵魂。文化兴国运兴，文化强民族强。

主流媒体需要牢牢占据舆论引导、思想引领、文化传承、服务人民的传播制高点。挖掘区域文化资源，构建良好的区域经济环境，是新闻传媒所应承担的历史责任。而在新时代的发展环境下，新媒体对于文化传播的迅速扩大有着促进作用，是一条不可以被忽略且十分重要的传播途径。

成立于 2019 年 3 月 25 日的兰溪市融媒体中心，按照县级融媒体中心“主流舆论阵地、综合服务平台、社区信息枢纽、智慧文创高地”的基本定位，做大“新闻＋”文章，其中“新闻＋文化”在努力挖掘潜力、坚持创新上做出了积极探索。

一、集聚文化宣传，提升传播效应

一个民族需要有民族精神，一个城市同样需要有城市精神。城市精神彰显着一个城市的特色风貌。担负着最重要的传播职能的新闻媒体，有不可推卸的责任去结合本地的历史传承、区域文化、时代要求，打造自己地方的城市精神，对外树立形象，对内凝聚人心。

（一）通过传统媒体平台，让本地百姓了解家乡

爱家乡，首先要了解家乡。实际上，绝大多数人对于自己家乡的历史文化、民俗风情，了解得并不全面，甚至只是一知半解。

兰溪市融媒体中心有两个传播机构，市新闻传媒中心（兰江导报）和市广播电视台。整合后，继续在报纸上定期开设文化栏目，如介绍古建筑、史学等兰溪文化底蕴的《古韵兰溪》，介绍美丽乡村、乡村振兴的《乡村兰溪》，介绍地方风味饮食的《寻味》。《兰江导报》自 1989 年创刊至今，坚持每周五刊发《芥子园》专版，打造“学在兰溪”的学校教育品牌。

每期 15 分钟的《大美兰溪》电视栏目自 2015 年开始双周播出，内容十分丰富，兰溪的美人、美事、美食，以及“古城”“古镇”“古村”三古文化等知识、故事，都在节目中得以展示。

美食是独具特色的一个城市符号。兰溪美食既有闽赣皖的麻辣鲜香，又有苏沪杭的清淡醇甘。这是作为沟通南北的水陆码头——兰溪城，给饮食习惯打上的商埠文化烙印。在浙江四大千年古镇之一的兰溪游埠，有一道非常有特色的小吃：肉沉子。早些年，它是丈母娘专门为新女婿做的一道食品，是游埠新女婿的最高礼遇。肉沉子的配料，是有着深深的门道的：如果是用土鸡蛋加上肉末做的肉沉子，表达了丈母娘对新女婿的认可；如果土鸡蛋里加的是辣椒，这是丈母娘对新女婿提出了警告：你需要表现得好一点，对我的女儿好一点；如果土鸡蛋里加入了稻草，那就是对新女婿极端不满意的嘲讽了。瞧瞧，丈母娘不用说一句话，就已经摆明了自己的态度。在兰溪市融媒体中心介绍这道小吃之前，除了游埠人，大多数兰溪人并不知道它的存在，如今很多人到了游埠，必点名要吃这道美食。

（二）创建新媒体平台，开拓传播渠道

兰溪市融媒体中心把手机客户端建设摆在重中之重的位置，主打的“兰精灵”新闻客户端在集成原有的报纸、广播、电视、网站等功能外，以新媒体的手法全天候编辑推送新闻，并设置了短视频、直播、购物等版块。

据第43次互联网发展报告显示，2019年全国短视频用户已达6.4亿，短视频网民使用率高达78%。兰溪市融媒体中心以视频工作室为运营主体，以“微视兰溪”微信公众号为传播平台，将兰溪重大活动、特色景点、人文风情，制作成小视频发布。其中，2020年5月1日兰江水上游首航时制作的、反映钱塘江诗路文化带建设的“诗路·兰溪”小视频，单条浏览量突破30万。

（三）借助外埠平台，让世界了解兰溪

兰溪市融媒体中心对生成的新闻产品，按照内宣、外宣、网宣要求，进行“三网齐发”。内宣依托中心新媒体、报纸、广播、电视、网站各栏目刊播发布；外宣对接中央、省、金华主流媒体新闻协作平台、入驻的新闻客户端上送；网宣通过抖音、快手、超跑等渠道发布，实现传播效果最大化。

中宣部打造的“学习强国”学习平台，影响力不断扩大，到2020年8月中旬，用户已经达到6亿多，不仅是党员干部，也是社会各界群众常常使用的学习工具。兰溪市融媒体中心十分重视给“学习强国”供稿，借助这个平台在全国范围内宣传兰溪的历史文化、人文风情等，目前供稿数量在金华各个县市区中名列前茅。

前面说到的特色美食“肉沉子”，在经过多个平台传播后，大大扩大了知名度。

（四）创新方式，以音乐影视作品传播兰溪文化

一、持续投入MV创作。2019年兰溪市融媒体中心与当地群众合作创作《游埠早茶》MV，介绍了游埠古镇延续下来的一种生活方式；同年创作MV作品《我在兰溪等你》，为政府重大招商活动助力；2020年年初疫情期间，推出的《没有你的夜晚》MV感动了无数人；2020年兰溪发展大会期间，推出MV《兰江水》，讴歌家乡，呼唤乡愁。可以想见，今后兰溪市融媒体中心推出的MV作品将会层出不穷。

二、试水电影电视剧创作。2020年，兰溪市融媒体中心在兰溪市委宣传部的支持下，与社会力量合作，先后开始拍摄兰溪文化题材的电影《兰湖水畔》和《血兰花》。《兰湖水畔》于5月开拍，投资280万元，以“乡村振兴”“脱贫攻坚”为主题，主要讲述在“乡村振兴”的大背景下，回到兰溪家乡的一位退伍军人积极响应党的号召，保护繁荣古村落的故事。

作为建党一百周年的献礼之作，电影《血兰花》以大革命时期为历史背景，将真实人物事件进行影视化改编，讲述在中共兰溪临时县委的领导下，莲塘岗村建立党组织发展党员，开展反压迫、除恶霸的武装斗争的故事，展示兰溪共

产党人不畏白色恐怖，坚韧不拔的革命精神。《血兰花》投资超过 300 万元，于 2020 年 8 月开拍，全程在兰溪拍摄，预计 2021 年 4 月上映。

接下来，兰溪市融媒体中心计划投入拍摄一部反映在乡村振兴背景下，农民通过特色产业致富的电视剧，继续探索在影视行业发展的可能性。

二、打造文化产业，不断发展壮大

文化的形成和发展离不开传播活动。当代文化传播中，传媒作为文化载体的功能和影响越来越突出。文化与传媒产业作为信息经济发展的重要综合指标，已愈来愈显示出强大的核心竞争力。

负起文化担当，挖掘地方文化资源，打造文化品牌，兰溪市融媒体中心在“新闻＋文化”中不断提升引领力，增强群众的归属感、认同感，同时也推进自身产业的发展壮大。2019 年年末 2020 年初，中心注册成立芥子园文化传媒有限公司，投入文化产业的开发。

（一）创办一份期刊，整合各方资源

2020 年 4 月，由兰溪市融媒体中心主办的杂志《天下兰溪人》第一期出版。该杂志主要服务于世界各地各行各业的兰溪乡贤，介绍兰溪经济社会文化各项事业的发展情况，以及乡贤们的生活、工作、取得的成就等内容，双月发行。在兰溪市举行的各种重大活动上，这本杂志也常常作为必备资料之一，被提供给参加活动人员。

因为定位精准、服务到位，该杂志深受置身世界各地、乡愁萦绕心间的兰溪乡贤们的青睐，杂志刊登的招商广告不愁来源，也因此成为中心创收渠道之一。

（二）成立一个文创工作室，积极开发城市文化产品

兰溪是浙中的一颗明珠，是婺文化的一脉传承，也是钱塘江的一道诗源。作为浙江省历史文化名城，兰溪因水得名、因水而兴，有着完整的古城古镇古村体系和工业遗产资源类型，为文化旅游产业发展留足了空间。

芥子园文化传媒有限公司下设一个文创工作室，工作室拥有一支优秀的自主设计营销团队，形成了一条从研发、设计到销售的完整产业链，可以为单位或个人提供个性化定制服务。目前工作室已经开发了 10 个系列 100 多种城市文化产品，并成功举办了多场文创展览及产业论坛交流活动，获得了不错的行业影响力。

明末清初著名文学家、戏剧家，被誉为“东方莎士比亚”的李渔，是兰溪独

有的文化符号。文创工作室重点打造了李渔的文创产品，比如《芥子园画谱》流传版本众多，工作室刊印的《芥子园画谱》康熙刻印本最为接近初版，最大限度地还原了初版之真貌，目前为上海图书馆馆藏。

明代太子太保、吏部尚书唐龙，晚年以兰溪周边之兰荫山、大云山、外屿洲等为题材，创作了诗情画意的《兰溪八景诗》。文创工作室与西泠印社合作，刻了价值 10 万元的八方兰溪八景的印章。根据这个印章，工作室开发出了印有八景的茶杯、明信片、立轴、框画、观赏盘等一系列产品。

作为文房四宝之一的砚台，从问世至今已有近五千年历史。砚台雕刻是兰溪非物质文化遗产之一，工作室将兰溪风貌印刻在砚台上，成为一道独特的文化符号。

兰溪是水泥之乡，水泥行业规模在全国名列前茅。通常在大家的印象当中，水泥跟粉尘污染挂钩，但是文创工作室把水泥和文化结合起来，打造出个性化定制的水泥纪念品如烟灰缸、笔筒等。在文化礼堂集市上一经推出，市场反响非常好。

兰溪是历史上著名的中药材集散地，药商云集、名医辈出，中医药文化底蕴深厚，有“江南药都”之名。兰溪同时也是纺织之乡，纺织行业是兰溪支柱行业。文创工作室把这两个产业相结合，制作出了防蚊包、香囊、抱枕等等。

工作室还与本地画家合作，开发了扇子、手机壳、明信片等市场上有销路的带有兰溪文化元素的日常生活用品。

兰溪市融媒体中心专门在中心大楼大厅和兰江导报二楼，分别设置了文创展示中心，除了展示这些文创产品的功能之外，还兼顾兰溪其他文创企业的宣传推广。工作室与企业以形成联盟的方式来运营这些兰溪特有的文化品牌，在产业中注入文化元素，将兰溪这张文化名片推广出去。

另外，兰溪市融媒体中心在主打的“兰精灵”手机新闻客户端上，开设了“融媒优品”版块，开展“你宅我送”公益配送行动。“融媒优品”成为具有兰溪特色的官方购物平台，多元化地展现兰溪人文风情、特色美食等，既能令市民足不出户、动动手指就购买到地道的兰溪食品和其他商品，也能使更多思乡的游子、慕名前来的游客快速准确地了解兰溪特色、购买兰溪特产，领略到独特的兰溪文化。

（三）建立一所学校，打造线上线下人文教育特色平台

兰溪拥有丰富的诗词文化资源，是“诗路钱塘”的重要节点城市。清代戏剧家李渔编写的《笠翁对韵》，自成书以来一直是训练儿童作诗对句的经典教材。

兰溪市融媒体中心等三家国企参股，与北京丹曾文化有限公司共同组建了国内第一所人文类智识学校——丹曾人文（兰溪）学校。长期以来，国内人文通识教程单薄，随着互联网在线教育的快速发展，原有人文通识教程的短缺和互联网在线教育人文教程的空白问题日益显著，丹曾人文（兰溪）学校将邀请全国100多名高校人文学科带头人，对已有的人文知识进行通识化整合、智识化提升，为读者提供优质的内容资源，并通过独立的人文在线平台向全世界进行在线教育，这打开了县级融媒体中心发展的无限空间。

目前国内最高层级的国际儿童诗歌学术会议——“童诗中国论坛”确定永久落户兰溪，从2020年开始，每两年举办一次。

“童诗中国论坛”在兰溪落户以及丹曾人文（兰溪）学校的设立，将促进兰溪融入“诗路钱塘”建设，以诗教带动当地文化旅游经济发展。同时，为兰溪带来一批先进的教育资源，集聚优秀人才，充分发挥李渔文化品牌优势，实现文旅融合发展，促进产业转型升级。

此外，兰溪市融媒体中心还积极筹划兰溪市青少年素质成长中心、芥子园数据中心等项目。目前电影电视剧拍摄主要利用媒体的影响力和优势，整合社会资源而进行，以社会效益为主、不以营利为目的，不排除经验丰富以后，它成为经济创收的另一个渠道。

三、结语

每个地方都有自己独特的文化，如何使区域人文环境有效地转化为人文资源优势，建构文化与传媒经济发展的有效模式，推动地区经济健康、持续发展，兰溪市融媒体中心的探索提供了新思路。

二、体制机制

推进县域融媒选人用人机制创新的兰溪实践

朱浙青

摘要：近年来，主流媒体积极探索、大胆创新，不断推进符合自身目标定位和特点的用人机制改革。兰溪市融媒体中心借鉴国内媒体融合的成功经验和做法，科学设岗、以岗定薪、择优聘任、合同管理，力求突破现行体制机制的束缚，理顺用人关系，搞活用人机制，提高用人效益，努力构建以提升融媒体中心队伍整体素质为目标、更加灵活高效、更加符合媒体发展需要和地域特点的选人用人新机制，为全面提高全媒体人员素养、促进融媒体科学发展夯实基础。

关键词：县级媒体；用人机制；创新发展

2020 年 3 月 10 日，《人民日报》第 6 版刊登了《浙江整合宣传平台，及时发布权威信息——媒体融合，汇聚战疫力量》一文，专门点赞了兰溪市融媒体中心："在疫情防控期间，发挥融合优势，打造现代传播体系，建设离群众更近的重要新闻宣传和社会治理平台，汇聚战疫力量。"

是什么样的表现让这个成立不足一年的县级融媒体中心获得如此高的评价？他们是如何因势而谋、应势而动、顺势而为，加快推动媒体融合发展和加大全媒体人才培养力度的？如何打破身份界限，让选人用人机制得到创新发展，队伍建设在其中发挥了怎样的作用？又是如何以"所当乘者势也，不可失者时也"的姿态和斗志跑出了县域媒体融合的加速度？接下来让我们一起走进兰溪、走进兰溪市融媒体中心一探究竟。

一、聚焦融媒改革创新　为健全人才工作机制提供政策支持

2020 年是我国推进媒体融合发展的第六年，也是实现县级融媒体中心全覆盖的关键之年。习近平总书记强调："推动媒体融合向纵深发展，要深化体制机制改革，加大全媒体人才培养力度，打造一批具有强大影响力和竞争力的新型主流媒体。"加强县级融媒体中心建设，是推动媒体融合向纵深发展的基础环节。媒体优势的核心是人才优势。高质量推进县级融媒体中心建设，亟须加大全媒体人才培养力度，让有用的人进得来，进来的人用得上，好用的人

留得住，让各类人才在融媒体中心建设发展中充分施展才能，实现人尽其才、才尽其用、用当其时。

2019 年 3 月 25 日兰溪市融媒体中心正式挂牌成立。新组建的市融媒体中心，整合了原市委报道组、兰江导报和市广播电视台的职责，把报纸、广播、电视、网站、“两微一端”等多个媒介平台融为一体，建成集指挥调度、采编融合、全媒发布、多元传播等多功能于一体的“中央厨房”，通过机制创新、流程再造和平台整合，最终实现信息内容、技术应用和传播渠道的互通共享，打造全新的宣传矩阵，实现新闻宣传、党务政务、便民服务全面融合。通过媒体深度融合，推动兰溪市宣传工作进入新阶段。

事业的发展离不开政策的支持。兰溪市委高度重视媒体融合工作，积极探索具有本地特色的媒体融合之路，先后下发了《兰溪市媒体融合工作实施意见》(兰委〔2019〕31 号)、《兰溪市融媒体中心职能配置、内设机构和人员编制规定》(兰编〔2019〕43 号)和《关于扶持融媒体中心发展的实施意见》。2020 年，中共兰溪市委机构编制委员会又下发了关于印发《兰溪市融媒体中心主要职责、内设机构和人员编制规定》的通知(兰编〔2020〕14 号)和中共兰溪市委宣传部关于印发《兰溪市融媒体中心年度目标责任暨薪酬管理考核办法(试行)》的通知(兰委宣〔2020〕19 号)等。其中《兰溪市融媒体中心主要职责、内设机构和人员编制规定》中明确兰溪市融媒体中心所需经费由财政全额补助。中心设主任 1 名、总编辑 1 名、副主任 5 名、总工程师 1 名；下设办公室、总编室、采集中心、新媒体中心、网络运营中心等 13 个内设机构；事业编制共 157 名。中层领导职数 29 名，核定机关党委专职副书记 1 名，不计入中层职数内。

用好存量，发展增量，运行一年多来，兰溪市融媒体中心遵循做大、做强、做优、做实的工作基调，坚持人才配置的市场导向，积极探索新形势下招人引才、评价激励、培养管理人才的有效措施，让人才的评价、流动、激励都真正按照市场规律，真正适应市场化的需求；着力建设一支既理解新闻传播规律，又熟练掌握新媒体技术，政治坚定、业务精湛、作风优良、党和人民放心的融媒体人才队伍。

2019 年，金华 9 个县级融媒体中心全部通过省级考核验收，其中兰溪被评为示范，义乌、武义、磐安被评为优秀。

二、“谁有本事谁来、谁有能力谁干” 选优配强中心及内设机构班子成员

队伍建设及人才问题，业已成为制约县级融媒体中心发展的一大瓶颈。

充分发挥人才这个第一资源作用，培养和造就一支结构合理、优质高效的融媒体人才队伍，已经成为促进县级融媒体发展的当务之急。“谁有本事谁来、谁有能力谁干、谁干得好谁就有舞台。”据兰溪市委组织部相关负责人介绍：在干部人事制度改革和选人用人工作中，民主是手段不是目的，而且只是把人选准用好的手段之一。对领导班子，改革聚焦年轻化、专业化、市场化。重点突出“三个坚持”：一是坚持好干部标准和实在实干实绩导向，把政治标准放在第一位，注重选拔懂专业、善管理、敢担当、有激情、能攻坚的干部。二是坚持党管干部原则，坚持五湖四海、任人唯贤，打破地域条块、职务层级、体制身份界限，注重把最优秀、最专业、最适合的干部选配到融媒体中心领导岗位，坚决防止把融媒体中心当作照顾安排干部、解决干部待遇的地方。三是坚持优化班子年龄、学历和专业结构，注重选配优秀年轻干部，注重选配政治素养好、业务水平高、创新能力强的专业化干部，新选配的班子成员一般应具有全日制大学以上学历。同时，在干部选任中发扬民主，并不只有推荐投票这一种方式，还有个别谈话、实地调查、广泛听取各方面意见等多种方式；民主，还体现在酝酿动议、考察预告、沟通协商、讨论决定、任前公示等各个环节。

不拘一格、灵活开放的用人方式让兰溪市融媒体中心的变化“立竿见影”，中心班子在年龄、学历、专业等结构方面得到系统优化，整体功能大幅提升，干部队伍生机与活力显著增强。

2020 年 1 月 14 日，兰溪市委书记陈峰齐到市融媒体中心调研工作。在融媒体中心新闻采编有关部室，陈峰齐看望慰问了采编播一线工作人员，鼓励大家要坚持正确舆论导向，发好兰溪声音，讲好兰溪故事，以媒体人的担当助力兰溪发展。座谈会上，陈峰齐充分肯定市融媒体中心的工作。他指出，兰溪市融媒体中心建设起步早、速度快、运行好，成立一年来，围绕中心、服务大局，内宣外宣齐发力，在内聚人心、外树形象方面呈现了不少亮点，为兰溪发展营造了良好的舆论氛围。陈峰齐强调：要加强队伍素质建设，锤炼兰溪新闻铁军。要加强新闻从业者的政治学习、教育培训和能力提升，不断增强新闻从业人员脚力、眼力、脑力、笔力，努力造就一支政治坚定、业务精湛、作风优良、党和人民放心的新闻舆论工作队伍。要加大扶持培育力度，打造县域融媒体标杆。要切实把支持媒体融合发展的政策落到实处，更好地推动融媒体中心建设走在前列。

三、打破身份界限　构建开放灵活的选人用人有效机制

县级融媒体中心“一次采集、多种产品、多媒体传播、多终端评估”的传播

格局，对从业人员的业务技能提出了更高的要求，产品的策划、采集、生产和传播，需要更多一专多能，在各个环节都兜得转的人。移动化、可视化和智能化的传播趋势，更离不开相应的技术保障人才。为了突破县级融媒体编外编内人员双轨制、招人留人难的痛点，兰溪市融媒体中心做好两个方面工作：一是打破人员身份界限，实行同工同酬。编外人员工资参照编内事业身份人员全部实施套改，职称评聘不受身份限制，绩效按照管理、宣传、经营分类考核，“下不托底、上不封顶”，一切以工作实绩论薪酬。一句话，你行你就上！干得多，给得多！二是打通编外人才成长通道。除正常的事业招考外，首先，对985、211应届毕业人才直接单独招录入编。其次，为留住现有干得好的编外人员，每年安排一定的名额，给予30分以内的业绩积分，实行设置条件的公开招考。再次，编外人员也可以担任中层，在新一轮中层岗位竞聘中，已经有10位编外人员走向中层岗位。同时，兰溪市融媒体中心探索建立编委会制度，专门聘任优秀编外员工担任编委，履行中心领导职责，享受中心领导待遇，打通编外人员成长通道。

兰溪市融媒体中心属于2019年新成立的单位，成立后，中心有2位同志从中层正职岗位被提拔为中心党委委员。此外，根据《兰溪市中层干部选拔任用工作实施办法的通知》(兰委组〔2014〕83号)和《兰溪市融媒体中心职能配置、内设机构和人员编制规定》(兰编〔2019〕43号)文件精神，中心于2020年11月底启动了第一轮中层干部竞争上岗和双向选择工作。

本次中层干部竞聘上岗工作在兰溪市委宣传部的领导和指导下，按照党委动议、公布职位、公开报名、资格审查、比选择优、民主测评、组织考察、讨论决定、任前公示、报批任职10个环节程序开展，严格做好职数、方案请示审批等规定程序。于2019年11月20日动议，启动第一轮中层干部竞争上岗工作，实施方案经请示兰溪市委宣传部同意后报市委组织部批复，于12月11日晚召开中层干部竞聘上岗和员工双向选择工作动员会，12月11、12日在单位内部公布职位、任职条件及竞聘工作纪律。12日—14日在单位内部公开报名，经资格审查组审核，确定47名同志参与中层干部竞聘。12月15日下午开展了竞聘人员信任度测评。信任度测评结果共有32人达到60%(含)以上，其中参加竞聘中层正职的13人，参加竞聘中层副职的19人。根据报名意愿、岗位匹配性及信任度测评率，12月18日中心党委会集体研究了各岗位拟任职人员。经请示市委宣传部同意，对涉及新提拔的11名同志进行了组织考察。

此次中层干部竞争上岗工作，按照市委编办核定的中层职数共29名(13

正、16副)规定,除党委委员兼任中层正职4名外,共任用中层干部25名(中层正职9名,中层副职16名)。其中,属提拔11人,留任10人,转任4人。2019年12月23日,对拟提拔任用人员进行了公示。

据介绍,干部人事制度是这次兰溪市融媒体中心改革的重中之重,改革的目的是打破官本位思想,打破身份界限,构建更加开放、更加灵活、更加高效的竞争性选人用人机制,实现由"身份管理"向"岗位管理"转变,人员能进能出、岗位能上能下、待遇能增能减。营造有利于优秀人才脱颖而出的选人用人环境,赋予融媒体中心更多选人用人自主权。

四、以岗定薪优绩优酬　健全绩效为导向的薪酬制度和财政奖励政策

兰溪市融媒体中心绩效考核管理立足三个"打破",着力从增加收入和提高荣誉感两方面入手,增强队伍的凝聚力和归属感。深化人事制度改革,完善用工机制和薪酬激励制度。通过推行科学合理的用人机制,激发内部活力。实施中层干部竞聘上岗,工作人员双向选择,优化人力资源配置,让优秀人才脱颖而出。创新人才管理,变身份管理为岗位管理,优化细化考核评估,完善绩效工资分配体系和奖励政策,坚持业绩导向,薪酬向基层一线倾斜、向采编队伍倾斜、向关键岗位倾斜,充分激发人才的工作热情和创造力。

1. 打破运行机制,实行单独考核

打破一般机关事业单位的考核管理模式,实行全额事业单位的企业化管理。由兰溪市委宣传部牵头制定《兰溪市融媒体中心年度目标责任暨薪酬管理考核暂行办法》,负责对融媒体中心年度目标工作进行量化考核,重点考核新闻宣传业绩、经营发展业绩和自身建设业绩三个方面。

2. 打破分配体制,实行综合绩效浮动制

实行工资总额预算管理,工资总额预算管理指标由工资总额预算指标和效益预算指标构成。根据中心年度目标工作完成情况进行量化评级,考核结果作为绩效浮动的依据。

3. 打破人员身份限制,实行内部自主分配

中心内部实行分级量化内部考核,按照定岗定责、自主分配原则,实行同岗同酬、多劳多得、优劳优得的分配体系,以工作业绩论薪酬,收入不受人员身份、职称、学历、资历限制。

主要成效如下。

“三打破”改革举措进一步优化了绩效考核管理系统，打破事业单位吃“大锅饭”的固有观念，使绩效论薪酬的分配体系落地生根，正面激励机制全面激发了干事创业积极性，增强了编外职工归属感。

“这次改革，市里制定了一系列真金白银的政策。”据兰溪市融媒体中心负责人介绍，对薪酬分配，主要是放开搞活，由中心自主确定薪酬水平、分配办法，中心薪酬总额与效率、效果、效益和效能等挂钩，建立以岗定薪、优绩优酬的激励机制，增加压力，激发动力，释放改革创新的活力。比如，按照“基准+浮动”方式确定薪酬总额，每年核定、浮动管理，原则上“增人不增额、减人不减额”；文明奖、考核奖等奖励性补贴按照政策执行，不作为薪酬总额基准额度；中心可依规设立奖励性项目，在薪酬总额内制定分配办法，对特聘的高层次管理人才、各类专业技术人才，可实行特岗特薪，必要时可“一事一议”“一人一策”；中心聘任制人员，任期内可按规定参加属地机关事业单位社会保险，等等。这些政策充分体现了多劳多得、优绩优酬的分配导向，更灵活也更优惠。

2020 年 9 月 22 日兰溪市融媒体中心出台了《兰溪市融媒体中心绩效考核管理办法(试行)》(兰融媒〔2020〕13 号)，从综合管理、量化考核、经营创收三大类实行中心内部分类考核：针对不同岗位实行差异化考核，科学分解每个岗位的目标任务和关键指标，加大重点难点亮点工作的分值比重，切实解决“干与不干一个样，干多干少一个样，干好干坏一个样”的问题。绩效考核结果要与工作人员的薪酬工资、评先评优、奖惩激励等直接挂钩，作为职务调整、岗位变动以及续聘解聘的重要依据，真正让吃苦者吃香、优秀者优先、出彩者出彩、有为者有位。

五、适应媒体融合发展需要　实现人才向多元型、全媒型、专家型人才的转变

推动新时代媒体深度融合发展与人才队伍建设紧密相关。有专家认为，当前融媒体建设最需要的是以下三类人才：一是拥有前沿传媒理念的先导型人才，二是熟练掌握新媒体技术的创新型人才，三是“一专多能”的复合型人才。在兰溪市融媒体中心建设过程中，既加大了复合型人才的引进力度，又加强对现有人才的转型、提升、优化力度。通过引进与培养双管齐下，为媒体深度融合发展提供人才支撑和智力支持。

(一)拓宽引才渠道

兰溪市融媒体中心精准施策，严把人才招聘引进关，高薪招聘和培养技术

人才，把技术驱动放到媒体融合发展的首要位置，以技术形态变革带动节目生产和传播转型。拓宽引才渠道，通过多种方式引进人才。

（二）创新激励机制

中心改革用人机制，引进急需人才，用好现有人才，培养优秀人才，把事业单位体制下的“养人”变为市场经济下的“养事”。引入竞争、激励和约束机制，要深化制度，完善措施，提供成长空间，搭建事业平台，最大限度激发员工的潜能。建立健全人才多元评价、激励机制，让优秀人才有成就、有地位、有待遇、有归属感，增强团队的凝聚力，发挥人才的内生动力。

（三）优化管理模式

摒弃以往靠感情留人、职务提升留人的人才管理模式，适应新形势，建立适合融媒体中心发展的人才管理机制，为人才队伍的成长进步提供更好更广阔的平台。兰溪市融媒体中心探索的首席制、轮岗制、交流制、管理骨干和业务骨干“双通道”管理等，改变了以往大家都挤在管理岗位这一条道路的职务晋升模式，为优秀员工提供了新的职业发展空间。

（四）出台特殊政策

中心采取针对性的举措，千方百计引进复合型人才和优秀紧缺人才，即针对一些特殊岗位，制定特殊人才引进的相关政策，甚至一事一议、一人一策，为引进特殊人才、高端人才、领军人才大开方便之门。

（五）完善薪酬体系

融媒体中心着力从增加收入和提高荣誉感两方面入手，增强队伍的凝聚力和归属感。深化人事制度改革，完善用工机制和薪酬激励制度。通过推行科学合理的用人机制，激发内部活力。实施中层干部竞聘上岗，工作人员双向选择，优化人力资源配置，让优秀人才脱颖而出。创新人才管理，变身份管理为岗位管理，优化细化考核评估，完善绩效工资分配体系和奖励政策，坚持业绩导向，薪酬向基层一线倾斜、向采编队伍倾斜、向关键岗位倾斜，充分激发人才的工作热情和创造力。

中央全面深化改革委员会第十四次会议审议通过的《关于加快推进媒体深度融合发展的指导意见》为进一步深化媒体融合发展提供了基本遵循，指明了行动方向。指导意见明确提出要加大全媒体人才的培养力度，对融媒体人才队伍的建设意义深远，同时也对传媒教育提出了更高的要求，面向未来的传媒教育，必然要不断提高“技术含量”，以满足媒体深度融合对人才的期待。更为重要的是，每一个传媒人都应树立起“在其位谋其职”的事业观，将融合的思维融入到日常的实践中，唯有如此，才能创造出更多的价值。

六、实现人才队伍最优化、效益最大化 为融媒体中心高质量发展蓄势赋能

打造一支全媒体复合型人才队伍是媒体融合的关键。从融合伊始，兰溪市融媒体中心就将加快队伍整体转型作为一项课题。一是以实战锻造技能。实行小组化、项目化的协同配合，促进队伍相互学。文字记者开始掌握拍摄技术，后期编辑主动参与一线采访。二是开设融媒大讲堂。设立"四力"竞赛擂台，针对航拍技术、摄像技巧、写作技巧、微信编发、动漫制作、媒体运营等进行清单化、菜单式培训。三是主动外出学。中心根据全员培训计划，采取分批分次外挂、上挂、培训等形式，全方位提升队伍整体素质。同时，推出工作室制度，鼓励跨界融合，孵化主流媒体的网红。如新闻主播章霞不局限于演播室工作，建立视频号，将兰溪重大活动、特色景点、人文风情，制作成小视频发布。目前共发布了 13 个作品，总浏览量过百万。其中，五一兰江水上游首航时制作的"诗路・兰溪"小视频，单条浏览量突破 30 万，提升了新闻传播效果。

形态融合只是第一步，从物理反应到化学反应是一个不断深化的过程。无论媒体怎么变革，融合的效果要用产品的传播效果来说话。

（一）疫情期间，兰溪市融媒体中心经过精心策划，推出了以陈薇院士、李兰娟院士赴武汉医疗团队中护士长张园园、抗疫期间对接亿元海外物资的志愿者胡芳三位兰溪籍抗疫典型事迹为主题的专题片。时长 33 分钟的《兰溪最亮的星》系统讲述了这三位最具代表性抗疫先锋的英雄事迹，其间还播放了李兰娟院士的深情寄语。播出当天，"云"课堂视频点击量超 30 万人次，5 万余人次通过华数云课堂观看，节目获 143 万次点赞，直播半小时内评论超万条，甚至出现了后台来不及审核的情况。节目播出当晚，浙江新闻客户端第一时间推出新闻时评《夜空中最亮的星》。人民网、中新网、国际日报、浙江日报等 27 家国内外媒体刊播了相关新闻，新闻点击量超 3000 万。

（二）2020 年 4 月 13 日，是兰溪第一批学生复学的日子。开学第一课怎么上？继《兰溪最亮的星》后，兰溪市融媒体中心再一次成功策划了中国工程院院士、兰溪籍女将军陈薇给兰溪学子写勉励信活动。这一活动受到了媒体的广泛关注。4 月 13 日《浙江日报》3 版大篇幅进行了报道。4 月 16 日，《浙江日报》再次以陈薇给兰溪学子写信为新闻点，对这一活动进行整版深读。新华社、中央电视台、人民日报、"学习强国"等全国 34 家媒体纷纷刊播。据不完全统计，相关新闻的点击量超 7000 万。这也是近年来兰溪受到央媒关注度最

高的一次报道。

（三）不断提升兰溪知名度与美誉度。截至2020年11月10日，兰溪市融媒体中心在央视新闻（含新闻联播）共计播出36条报道，近乎2019年全年19条的两倍。另外，还有央视客户端发表2条，中央纪委国家监委网站发表1条；新华社客户端共播出22条；新华网等国家级媒体客户端刊出30多条。浙江卫视不完全统计共播出110条（去年全年139条），《浙江日报》刊出50多篇。

七、结束语

无论是传统媒体还是新媒体，其生命力和核心竞争力就是内容和人才，而人才又是融媒发展的立根之本。兰溪市融媒体中心适应媒体大变革，跟上“互联网＋”步伐，重学习、拓技能、多锻炼，善用现代传播手段，更好地适应采、编、制、录、播以及选题策划、受众分析等全能技术，集文字、图片、音频、视频、数据分析等多种能力于一身，尽快实现素质结构转型优化，努力建设全媒型、专家型新闻工作者团队。成立一年多来，兰溪市融媒体中心顺应舆论生态、媒体格局、传播方式的深刻变化，立足真融深合，敢于突破、勇于创新，走出了一条符合兰溪实际和特色的媒体融合之路：成功举办了金华市县级融媒体中心建设现场推进会；在全市疫情防控与经济发展中，助力“两手抓两手硬，两战都要赢”，被授予“担当追赶奋斗团队”名称；在全省县级融媒体中心建设考核评估中荣获省级示范单位。

强化顶层设计　突破体制机制

——兰溪市融媒体中心全面激发内部活力

孙晓娟

媒体融合不是简单合并，而是“融为一体，合而为一”。为适应媒体融合发展要求，兰溪市坚持问题导向，破除原有的媒体运行机制中存在的弊端，破立并举，以机制创新激发媒体内生活力。

兰溪市委对推进媒体融合工作非常重视。2019 年 5 月出台《兰溪市媒体融合工作实施意见》，既严格按照中央、省、市要求，又从兰溪实际出发，从顶层设计入手，推动管理体制和运营模式的系统重构。

一、考核新

市委对融媒体中心实行单独考核，由市委宣传部牵头制定《兰溪市融媒体中心年度工作目标责任制考核办法》，实行绩效浮动制考核。

1. 实行全额事业单位的企业化运作模式

《意见》明确，融媒体中心为市委直属正科级全额拨款事业单位，归口市委宣传部领导。虽然定性为财政全额拨款单位，但从兰溪财政现状、媒体单位的内生活力、自身持续发展能力考虑，兰溪市融媒体中心明确实行企业化运行，从机制上杜绝走“躺在财政的怀里过日子”的全额事业单位老路。兰溪市融媒体中心成立后，市财政的运行保障补助由原两家媒体单位的 342 万元增加到 1000 万元，但与每年约 4600 万元的运行经费相比，差距甚远。缺口部分需要靠自我创收来弥补。产业发展需要与之相适应的运行机制，在这样的背景下，《意见》明确，由市委宣传部牵头制定《兰溪市融媒体中心年度工作目标责任制考核办法》，对融媒体中心进行单独考核，实行企业化绩效浮动制考核。这样的运行模式，从顶层设计上避免了走传统媒体的老路，跳出了媒体融合后“旧瓶装新药”的怪圈。

2. 中心内部人员实行同工同酬

事业发展，关键靠人。为激发全员内部活力，中心打破人员身份、资格、学历等界限，实行同工同酬，树立实干导向。

增强编外人员的归属感。2019 年 12 月，在融媒体中心首轮中层竞聘上岗中，有 10 名优秀编外人员被聘任为中层干部，其中中层正职有 4 名。

编外人员全部实施工资套改。因历史原因，融媒体中心现有 86 名编外聘用人员，约占总人数的一半，这些人员大多为专业技术人员，是采编一线的骨干。为更好地发挥这部分员工的工作积极性和创造性，中心参照编内事业人员待遇，以学历、工作年限为主要参考指标，对编外人员全部实施工资套改，每月增资 6.5 万元，全年增资总额约为 78 万元。

一切以工作实绩论薪酬。中心内部实行分级分类考核，分综合管理、宣传业务、经营创收三大类，执行不同的内部考核办法。对综合管理部门，按照分级考核原则，由各部门申报月度工作完成情况，进行绩效考核；对产业经营部门，根据公司经营目标责任制，以经营业绩作考核，具体按公司经营管理办法执行；对宣传业务岗位，中心按照定岗定责、自主分配的原则，对内宣传实行“零起点、下不保底、上不封顶”的量化考核，对外宣传实行基础任务制。一切以工作实绩论薪酬的考核制度，进一步推进了流程再造，突出了移动优先，体现了真融深合。

二、用人活

除正常的事业单位招考外，用足用好人才直通车，将技术人员、主持人等设置为特殊专业人才进行单独招录。对现有编外人员，除采用设置条件招考入编外，还每年安排若干名额实行考评结合、设置条件的积分入编。

1. 人才直通车

2020 年，兰溪市融媒体中心通过“2020 年兰溪市部分事业单位和国企人才引进(人才直通车)”，单独招录 3 名新闻专业技术人员，其中 2 名为播音与主持艺术专业人才。

新媒体的出现以及网络时代的到来使得受众与主持人的沟通更为便捷。新招录的两名清新活泼的主持人深入农村社区，走进田间地头，参与拍摄了一批质量上乘、生动活泼的短视频、新闻作品，颇为受众欢迎。

2. 量化考核入编

为解决中心现存编外人员的入编问题，中心与市编办、人社等部门沟通，每年安排一定的事业编制名额，实行限制条件的公开招录，在总分中划出30分作为业绩分，为优秀编外人员入编创造良好条件，打通人才成长瓶颈。

对报考市融媒体中心采编和信息技术岗位的人员进行量化考核，量化考核总分为100分，占综合成绩的30%。考核内容由学历情况、职称情况、工作经历、奖惩情况等4项组成。目前，通过量化考核招聘的7名采编和信息技术岗位人员已办理好所有入编入职手续。

为进一步优化队伍结构，培养复合型媒体从业人才，中心还将每年招录一定数量的编外人员，建立师徒结对帮扶机制，对新招录的编外人员个人工作业绩等进行综合量化评分，择优入编。

三、项目导

创新运营载体，推进产业改革，是兰溪推进融媒体中心建设的一项重大课题。

根据《意见》精神，兰溪市委、市政府支持融媒体中心进行资产重组，鼓励兰溪市属国资公司参与芥子园文投投资项目的合作，各行政直属单位便民信息服务平台、"雪亮工程"等智慧城市政府建设项目，依规优先委托融媒体中心建设。全市公共宣传点位统一归集到兰溪市融媒体中心设计、建设和运营，根据文明创建等工作需要，允许新设宣传点位，政府性户外广告、大型活动策划、文化产品采购等优先由融媒体中心承办。

据统计，2020年以来，融媒体中心对全市户外灯箱和候车棚广告资源进行整合，在兰溪城区主要路段增设户外灯箱广告475只，在11个红绿灯路口布局候车棚39只；中心2020年增加了策划承接活动、拍摄制作宣传片等项目。新增了发展大会、童诗论坛、海峡两岸影像周等各类大小活动30余场，宣传片10余个。

此外，为强化扶持政策的落地，由市委宣传部牵头研究，制定出台《关于扶持融媒体中心发展的实施意见》，对符合单一来源采购的政府性文化项目优先由融媒体中心承办进行制度化明确。目前，融媒体中心已开发兰溪特色文创产品系列10多种，共有中、高、低档样品逾百个。

融媒体中心挂牌成立一年多来，中心在抓管理体制和运营模式工作中深深体会到：媒体融合没有固定模式，只有改革创新，才能激活内部活力。

浅析基层融媒体人才队伍建设
——以兰溪市融媒体中心为例

杨一之

摘要:本文针对现阶段基层融媒体发展现状,疏理分析媒体融合背景下加强人才队伍建设的重要性,指出当前全媒体人才队伍中存在的问题,并结合这些问题提出县级融媒体中心人才队伍建设的有效方法与途径。

关键词:媒体融合;人才培育;队伍建设

当前,县级融媒体中心建设如火如荼,人才队伍建设正成为影响着融媒体中心深度融合和纵深发展的关键因素之一。现阶段,在媒体融合背景下,全媒体市场竞争愈发激烈,如何建设一支高素质的全媒体人才队伍,在竞争中勇立潮头,是基层融媒体中心发展中不得不面临的一项重要课题。

一、融媒体时代加强人才队伍建设的重要意义

2018 年 8 月 21 日,习近平总书记在全国宣传思想工作会议上指出:“要扎实抓好县级融媒体中心建设,更好引导群众、服务群众。”深入学习贯彻落实习近平总书记重要讲话精神,就必须将广播电视台、网站、报刊、客户端、微信微博等所有县域公共媒体资源整合起来,实现融合发展。县级融媒体中心建设成为建设具有强大凝聚力和引领力的社会主义意识形态这一战略任务中的重要一环。

一年来,全国各地县级融媒体中心建设有条不紊地推进,宣传思想战线无论在思想观念上,还是在现实实践中,都深刻领悟习近平总书记重要讲话精神,对县级融媒体中心建设的重要意义也愈发了解。

媒体融合,人才是关键。传统媒体与新兴媒体的融合发展归根到底是人才队伍的融合发展和转型升级。充分发挥人才这个第一资源作用,培养和造就一支结构合理、优质高效的融媒体人才队伍,已经成为促进县级融媒体发展的当务之急。主要在于以下几点。

一是传媒生态发展的重要保障。当前，移动互联网带动传统媒体向全媒体发展，舆论生态、媒体格局、传播方式都发生了深刻变化。传统媒体的记者编辑已不能满足传媒生态发展对新闻从业者的要求，加快人才队伍建设是支撑传媒生态发展的重要保障。

二是报业转型发展的必然要求。只有通过不断加强人才队伍建设，才能为传统媒体带来新的传播理念、管理模式、创新经验，推动传统报纸彻底转型、适应市场需求。

三是媒体融合发展的迫切需要。融媒体时代对媒体所需人才的结构产生了直接影响，对采编队伍提出了更高要求。打造一支具备互联网思维能力、多种传媒技术综合使用能力、资源整合和应用能力、项目管理能力、团队协同能力的复合型人才队伍，是媒体融合发展的迫切需求。

作为浙江省媒体融合示范市，兰溪市融媒体中心认真学习贯彻习近平总书记关于媒体融合的系列重要讲话精神，按照浙江省委提出的“充分整、深度融、新闻＋、政策扶”的总体思路，把“引导群众、服务群众”作为重要使命，把提升政府治理能力现代化水平作为重要抓手，立足真融深合，敢于突破、勇于创新，通过注重顶层设计、实行流程再造、建好中央厨房、重造产业模式、用好绩效导向、锻造全媒人才等方面探索，走出了一条符合兰溪实际、具有兰溪特色的媒体融合之路，奋力交出县域媒体融合的兰溪答卷。

在人才队伍建设方面，兰溪市融媒体中心通过推行小组化、团队化、项目化的分工合作机制，锻造一专多能的复合型人才；创新人才管理、培育机制，打破人员身份界限，变身份管理为岗位管理，实行同岗同酬；实行编外人员积分考核择优进编机制，为优秀人才提供成长发展空间等举措，全力打造全媒体人才成长新高地，有效激发媒体队伍潜力，媒体融合工作取得了一定成效。

二、基层融媒体中心人才队伍的现状分析

（一）人才结构不尽合理

县级融媒体中心人才队伍普遍存在“青黄不接”的问题。一方面人才队伍严重老化，优秀人才总体年龄偏大，大部分人才处于离退休年龄，专业人才梯队出现断层现象，人才队伍整体知识结构亟待更新，缺乏既懂新闻传播规律又懂新媒体发展规律，既懂传媒政策又懂市场运作的复合型人才；另一方面，青年人才招录困难，由于人才待遇水平、人才发展平台的制约，加大了青年人才引进的困难。

在一些县市区，由于经济、环境等因素，对于人才的吸引力相对落后于周边大中城市，受到“虹吸效应”的影响，这些县市区在招录人才上面临一定程度的“被边缘化”，县级融媒体中心同样存在这样的问题。

（二）复合人才严重匮乏

在不少县市区，当前人才队伍的素质和规模难以满足经济结构优化调整及区域跨越式发展的需要，主要表现为硕士及以上学历人才占比较低，高层次人才和专业技术人才相对缺乏，人才队伍整体专业能力不足。因事业编制数量有限，不少县级融媒体中心的用工性质多为聘用制，这也造成了高层次人才引进困难。

（三）人才流失现象凸显

首先，体制机制受约束。不少县级融媒体中心的非编人员晋升到中层管理岗并享有职级的通道还未完全打开。受国家及省市级新闻奖名额的限制，部分采编人员中、高级职称评定困难。即使职称评定下来，也难以聘到相应的岗位，人才流失成为常态。

其次，人才培养体系不健全。一些县级融媒体中心的培训学习仍停留在安排知识讲座、专家授课、外地调研上，对实战演练、新媒体技能等方面的培训较少，目前尚未形成一套系统的人才培养体系。

再次，绩效考核体系不完善。当前，一些县市区人才工作的预算经费相对不足，预算的缺乏导致人才的引进、培养、激励等各个环节受到掣肘，阻碍了人才发展。对县级融媒体中心来说，工作投入与社会资本尚未实现有效对接，杠杆撬动作用十分有限，当前的运营模式还没有实现产业化并快速形成经济效益。目前，采编人员的绩效工资仍主要依靠传统报纸、电视稿件数量来计算，稿件在新媒体平台上的表现尚未纳入绩效考核指标。

三、加强基层融媒体中心人才队伍建设的建议

习近平总书记在党的新闻舆论工作座谈会上强调，媒体竞争关键是人才竞争，媒体优势核心是人才优势。新闻舆论工作者要努力成为全媒型、专家型人才。要深化新闻单位干部人事制度改革，对新闻舆论工作者在政治上充分信任、工作上大胆使用、生活上真诚关心、待遇上及时保障。

在媒体融合发展不断深入的新形势下，县级融媒体中心要实现转型发展，根本途径还在于培养全媒型、专家型人才队伍。要根据媒体行业发展趋势、中心发展目标和行业人才需求，培养一批忠诚党的新闻事业、具有互联网思维、

适应新的传播业态、熟悉媒体生产经营的优秀人才队伍。同时，要进一步深化人事制度改革，完善用人、考核、激励等机制，努力吸引人、用好人、留住人，保持人才队伍的核心竞争力。

（一）以政治引领为核心，推动人才队伍建设

媒体是党和人民的喉舌，县级融媒体中心是党的宣传思想工作的重要阵地，必须旗帜鲜明地把讲政治作为人才队伍建设的首要任务和根本要求。要坚持党媒姓党、导向为魂，着力提高从业人员的政治素质，努力在学懂弄通习近平新时代中国特色社会主义思想上下功夫，以马克思主义新闻观为指导，切实强化“四个意识”、增强“四个自信”、做到“两个维护”，始终把牢正确的政治方向、舆论导向和价值取向，不断提高政治鉴别力和敏锐性，真正把党的新闻宣传政治规矩内化于心、外化于形，确保新闻舆论工作始终沿着正确方向前行，争做主流舆论的坚定引领者、先进文化的积极传播者、中国故事的生动讲述者、融合传播的深入实践者，切实提高县级融媒体中心的传播力、引导力、影响力、公信力。

（二）以机制创新为关键，搭建人才成长平台

要改革用人机制，引进急需人才，用好现有人才，培养优秀人才，完善事业单位企业化绩效考核运行模式。打破人员身份、资格、学历等界限，树立实干导向，实行同工同酬，以工作实绩论薪酬，提供成长空间，搭建事业平台，最大限度激发员工的潜能。探索灵活用人机制，创新模式建立健全人才多元评价、激励机制，用足用好人才直通车招才政策，解决中心编外人员的入编问题，为优秀编外人员入编创造良好条件，让优秀人才有成就、有地位、有待遇、有归属感，增强团队的凝聚力，发挥人才的内生动力。

以兰溪市融媒体中心为例，主要做法如下。

1．实行企业化管理，革新绩效考核

兰溪市委明确，融媒体中心为市委直属的全额拨款公益一类正科级事业单位，但可以实行企业化管理。我们知道，事业单位一般分为公益一类、公益二类。一类的财政全额保障，二类的经营水平较好，在薪酬分配上更有自主权。兰溪比较特殊，在强化财政保障的基础上，给予了融媒体中心更多自主权。

同时，兰溪市委对融媒体中心实行单独考核，由市委宣传部牵头制定《兰溪市融媒体中心年度工作目标责任制考核办法》，参照国有企业做法，实行绩效浮动。考核内容分为新闻宣传、经营发展和自身建设三个部分，分别设置细

化项目。实行工资总额预算管理，并参考经济效益增长情况，给予浮动奖励。

这样的运行模式，打破了一般机关事业单位的考核管理模式，实行全额事业单位的企业化管理，从顶层设计上避免了用事业单位老体制来管新媒体的老路，激发了融媒体中心的内生动力。

因此，对县级融媒体中心来说，创新和完善人才管理体系及人才激励机制非常重要。要不断完善和创新薪酬激励机制，合理拉开不同工作岗位、同一工作岗位不同业绩人员的收入差距。绩效考核要重业绩、重贡献，向采编一线、优秀新媒体人才、关键岗位倾斜。对专业技术拔尖人才、名记者、名编辑、文化领军人才，探索提供市场化的薪酬福利。

2. 打破身份界限，实行同工同酬

为了突破县级融媒体中心编外编内人员双轨制、招人留人难的痛点，兰溪市融媒体中心创新人才管理、培育机制，打破人员身份界限，变身份管理为岗位管理，中心内部实行分级量化考核，按照定岗定责、自主分配原则，实行同岗同酬、多劳多得的分配体系，以工作业绩论薪酬，收入不受人员身份、职称、学历、资历限制。

一方面，编外人员工资参照编内事业身份人员全部实施套改，职称评聘不受身份限制，绩效按照管理、宣传、经营分类考核，“下不托底、上不封顶”，一切以工作实绩论薪酬。一句话，你行你就上！干得多，给得多！

另一方面，编外人员也可以担任中层，在2020年2月组织的新一轮中层岗位竞聘中，已经有10位编外人员走向中层岗位。同时，中心探索建立编委会制度，专门聘任优秀编外员工担任编委，履行中心领导职责，享受中心领导待遇，打通编外人员成长通道。

3. 探索灵活用人机制，树立实干导向

近年来，兰溪依托“聚兰工程”等人才政策，不断搭建和优化人才就业平台，开通“人才专巴”“人才直通车”，制定出台专项政策，面向全国范围招引一批优秀专业技术人才作为事业单位、国企和民企专业型年轻干部（骨干）培养对象。

兰溪市融媒体中心用足用好相关招才政策，除正常的事业招考外，一方面，通过“人才直通车”等政策对985、211应届毕业人才直接单独招录入编；另一方面，为留住现有干得好的编外人员，每年安排一定的名额，给予30分以内的业绩积分，实行设置条件的公开招考，通过实行编外人员积分考核择优进编机制，为优秀人才提供成长发展空间，激发媒体队伍潜力。

2020 年 10 月，兰溪市融媒体中心 9 名设置条件的事业编制招考工作全面完成，从笔试＋量化考核＋面试情况来看，中心优秀的编外人才能入编了，部分市外融媒体的优秀人才也吸引进来了。

（三）以能力培养为重点，锻造专业全媒人才

打造一支全媒体复合型人才队伍是媒体融合的关键。要实施以增强“四力”建设为根本的队伍培训工程，坚持“引进来”和“走出去”相结合，持续加大培训力度，提高人才队伍的政治素质和业务水平，培养一批有创新能力、知识水平高、服务意识强、综合素质好的高素质复合型全媒人才。

1. 科学规划、整体培训

制定系统的培训规划和培训计划，创新培训模式，通过连续、动态的培训，促进多层次人才建设。

例如兰溪市融媒体中心开设“融媒大讲堂”，邀请行业专家前来授课，有针对性地开展多层次、多类型的岗位培训，实现专业队伍轮训全员化，促进传统媒体从业人员转型升级技能、历练成为全媒体专家人才，实现队伍整体能力转型提升；设立“四力”竞赛擂台，针对航拍技术、摄像技巧、写作技巧、微信编发、动漫制作、媒体运营等进行清单化、菜单式培训；制订全员培训计划，加强与高等院校、其他媒体的合作，采取分批分次外挂、上挂、培训等形式，选派骨干人才参加在职进修学习，全方位提升队伍素质。

2. 加强实践、锤炼人才

结合“不忘初心、牢记使命”主题教育，广泛开展增强“四力”教育工作，通过新闻实践，不断提高融媒体中心人才队伍的脚力、眼力、脑力、笔力，切实提升团队的战斗力。进一步提升政治站位、大局意识，进一步强化职责使命、担当作为，进一步增强改革精神、创新意识，推动媒体融合向纵深发展。

兰溪市融媒体中心坚持以实战锻造技能，推行小组化、团队化、项目化的分工合作机制，文字记者开始掌握拍摄技术，后期编辑主动参与到一线采访，通过小组之间协同配合、队伍之间相互学习，锻造一专多能的复合型人才。

同时，推行以部门季度“晒拼创”为模式的高效运行机制，完善以内部绩效为导向的管理体系建设，激发内部活动，转作风，提效能，打造一支政治坚定、纪律严明、作风优良的融媒体铁军。

四、结语

县级融媒体中心作为主流舆论阵地、综合服务平台、基层信息枢纽，其功

能和作用的发挥,需要一支坚强有力的人才队伍。如何留住现有人才,引进急需人才,培养优秀人才,成为促进融媒体中心发展的一个重要课题。

尽管各地县级融媒体中心的实际情况不同,体制机制不同,但我们要始终牢固树立科学人才观,深入实施人才优先发展战略,遵循媒体发展规律和人才成长规律,以改革创新为动力,以体制机制建设为关键,以扩大人才总量为基础,以优化人才结构为重点,以提高人才能力为核心,紧抓培养人才、吸引人才、用好人才三个环节,不断优化人才发展环境,激发人才队伍活力,提升人才集聚力、竞争力和贡献力,为高水平推进融媒体中心建设打造一支全媒体复合型人才队伍,真正实现基层融媒体中心的真融深合。

参考文献

[1] 周成华. 建设全媒体人才队伍的探索与实践[J]. 青年记者,2016(12).

[2] 孙海苗. 县级融媒体中心人才队伍建设探析[N]. 中国新闻出版广电报,2019-11-11.

[3] 周凌. 融媒体时代加强传统媒体人才队伍建设的探索与实践[N]. 新华日报,2019-12-18.

[4] 吕小明. 媒体融合背景下全媒体人才队伍建设浅析[J]. 新闻研究导刊,2019,10(6).

[5] 李艳. 浅谈媒体融合背景下的全媒体人才队伍建设[J]. 内蒙古科技与经济,2014(9).

三、党建引领

导向+融合 兰溪市融媒体中心打造“党建+”工作新格局

蔡 毅

2019 年 3 月兰溪市融媒体中心挂牌成立以来，中心把党建这一课题放到了重要议程之上。中心党委以习近平总书记新时代中国特色社会主义思想为指导，结合习近平总书记关于县级媒体融合的重要论述，围绕新时代党的建设总要求，顺应媒体融合趋势和党建发展态势，以党的建设为引领，从思想和行动上引导 80 多位在职党员和全体员工凝心聚力，积极投身这场全新的变革中，在实践中不断打造“党建+”的工作新格局。作出了有益的探索，一年多来取得了较好效果。

一、党建引领，筑牢思想之基

习近平总书记指出：“我们推动媒体融合发展，是要做大做强主流舆论，巩固全党全国人民团结奋斗的共同思想基础。”[①]做思想工作的人，首先自己的思想要过关。兰溪市融媒体中心党委持续强化创新理论武装，进一步巩固拓展“不忘初心、牢记使命”主题教育成果，把深入学习贯彻习近平新时代中国特色社会主义思想作为首要政治任务，系统学习贯彻习近平总书记考察浙江重要讲话精神，习近平生态文明思想，《习近平谈治国理政》（第三卷）等一系列重要思想和论述。不断提升政治理论修养，不断掌握新知识、熟悉新领域、开拓新视野。在疫情防控期间，以“线上”与“线下”相结合方式，开展多样化的党员学习教育活动。“线上”看学习——通过“学习强国”等平台加强思想教育，“线下”重行动——让党员用实际行动诠释共产党员的风采。

战时党旗红，无往而不胜。在今年新冠疫情防控“战疫”中，广大党员发挥先锋模范作用，带头深入最前线，当社区安全的“守护者”，作“逆行者”的发言

---

① 见 2019 年 3 月 15 日《求是》杂志，原标题为“加快推动媒体融合发展，构建全媒体传播格局”。

人，用实际行动擦亮党旗，服务人民群众。根据节点，先后推出《疫情防控进行时》《一手抓疫情防控　一手抓复工复产》等系列报道，及时传递党和政府声音和群众抗疫的正能量。疫情是考验党员党性成色的最好标杆。在疫情防控期间，在党员们的带领下，新闻团队都是24小时轮流上岗；游埠镇下俞村一村民确诊新冠肺炎，中心党委委员、采集中心主任陈丰在做好防护的基础上，毅然前往隔离村深入采访；预备党员林剑超在灵洞乡集中隔离点几进几出，全然不顾个人安危，只为了能够抓取"新闻活鱼"。2020年3月2日，浙江疫情防控应急响应由一级调整为二级，兰溪市融媒体中心在全国各大新媒体平台发稿近千篇，其中"中国蓝"新闻客户端采用203篇，"学习强国"采用59篇，央视新闻客户端采用25篇，人民日报客户端采用18篇，所有抗击疫情报道全网浏览量达3600余万。最值得一提的是，3月17日晚上融媒体中心推出了以陈薇院士、李兰娟院士赴武汉医疗团队中护士长张园园、抗疫期间对接亿元海外物资的志愿者胡芳三位兰溪籍抗疫典型的事迹为主题的思政教育专题片——时长33分钟的《兰溪最亮的星》，系统讲述了抗疫先锋的英雄事迹，其间还播放了李兰娟院士的深情寄语。思政教育课推出当天，"云"课堂视频点击量超30万人次，5万余人次通过华数云课堂观看，节目获143万次点赞，直播半小时内评论超万条，甚至出现了后台来不及审核的情况。陈薇等抗疫先锋的英雄事迹深深刻进了兰溪青少年的心里。4月13日是兰溪第一批学生复学的日子，开学第一课怎么上？融媒体中心的党员们再一次成功策划了中国工程院院士、兰溪籍女将军陈薇给兰溪学子写勉励信活动，并将陈薇的来信精心制作成声画并茂的视频。新华社、中央电视台《东方时空》、《今日环球》、《中国新闻》、新浪网、凤凰网、腾讯新闻、中国网、光明网、红星新闻、大众网、中国视窗、"学习强国"、党建网等全国34家媒体纷纷刊播。据不完全统计，截至4月15日下午4时，相关新闻的点击量超6000万，两次活动获得近亿次总点击量。这也是近年来兰溪市受到央媒关注度最高的一次报道，成功助推了兰溪思政教育影响全国。

二、增强"四力"，强化责任担当

2019年7月，习近平在出席中央和国家机关党的建设工作会议时指出："要大力弘扬密切联系群众的优良作风，深入基层一线，增强同人民群众的感情，学会做群众工作的方法，从基层实践找到解决问题的金钥匙。”[①]兰溪市融媒体中心党委顺应媒体改革发展要求，将全体党员及干部职工锤炼本领、增强“四力”作为强化责任担当的出发点和落脚点。增强脚力，践行党的宗旨、坚持实践第一，掌握来自基层和一线的鲜活教材，开展深入、生动的报道；增强眼力，见人之所未见，学会多方面、多角度观察问题、思考问题，新闻报道经得起事实检验；增强脑力，坚持正确导向，多思善谋，综合研判，提高新闻报道深度和广度；增强笔力，将脚力所到之处、眼力发现之美、脑力思考之深综合呈现出来，做活节目，畅通宣传“最后一公里”，发挥好舆论宣传主阵地作用。

1. 基层为要，民生为本，把脉社会需求

兰溪市融媒体中心以“走基层，转作风，改文风”活动为抓手，以支部为单位，党员带头，人人参与，与广大农民交朋友，与企业家话家常，写好“民情日记”，了解他们的所需所想所盼：采写出有深度、有温度、有广度，带着泥土芬芳的节目。没有切中要害的问题分析，难见俯身大地的踏实态度，文风不正，关键在于作风不实。群众“高度”不喜欢，节目最终也必将失去公众信任。“走转改”活动要求记者思考“依靠谁”“我是谁”和“为了谁”的问题，切切实实深入基层，抓取反映时代意义的具有新闻价值的“活鱼”。几个月下来，采编线每个人在办公室时间少了，在田间地头、工矿企业时间多了，皮肤晒黑了，文风也更实在了。大家表示，这次活动既是一次党性锻炼之旅，也是一次作风历练之旅，又是一次献计惠民之旅，在切身体验中深受教育、增长才干，增强了忠诚履职、服务发展的责任感和使名感。

2. 借力融合、同频共振，服务“三农”有新作为

习近平总书记对“三农”问题十分关切，他多次强调指出：小康不小康，关键看老乡；说一千，道一万，增加农民收入是关键。[②] 对农节目离基层群众最近，与农民最亲。兰溪市融媒体中心依托金牌对农节目《金色田野》，以服务“三农”、助农增收为已任，党员干部带头“走转改”，记者编辑走田头，访农户，争当“土记者”，主持人走出直播间，上街做网红，为市民带货，促农增收，走出了一条“党建+”新模式。2020 年 5 月中下旬，兰溪市香溪镇蓝可蓝莓基地进入了采摘期。疫情使得销售严重受到影响，基地负责人向栏目寻求帮助。面对急切的眼神，《金色田野》栏目党员决定采用团购带货的方式，帮助种植户缓

① 见 2019 年第 21 期《求是》刊发中共中央总书记、国家主席、中央军委主席习近平的重要文章《在中央和国家机关党的建设工作会议上的讲话》。

② 见 2018 年 9 月 23 日《学习中国》刊发习近平在山东考察时的讲话。

解燃眉之急。团购带货的节目通过电视和新媒体的传播，首日就有不少“吃货”报名。网络回复和登记的工作，由党员张小龙主动承担了下来。晚上，张小龙将两娃托付家属照看，端着手机耐心回复了数百个微信和电话。两天后的中午，500多单蓝莓运抵，栏目党员和编辑记者撂下手里的快餐，转身成了“搬运工”。得知现场缺人手，两名入党积极分子叶帝伯、楼莉雯顾不得吃饭，也加入登记发放的队伍。栏目党员的私家车也都变身送货车，虽然忙碌，但看到客户端“好评如潮”，心里也是美滋滋的。经过5小时的陆续发放，500多单蓝莓顺利申领完。

进入杨梅销售旺季，《金色田野》栏目的编辑记者又顶着烈日，奔赴马涧杨梅山，与种植户展开一趟趟的对接。通过栏目移动客户端、微信、朋友圈、抖音等融媒体渠道，义务为种植户推广宣传。观众粉丝在杨梅山观光采摘、品尝鲜果，党员编辑记者淌着汗水用镜头记录美好瞬间，以服务观众、消费扶贫的方式助力脱贫攻坚。活动点击量突破两万多次，杨梅的团购数量达5000余斤。

3. 心中有百姓，行动有力量，助力西部扶贫

采集中心记者徐宏飞是一名入党积极分子。2020年6月份他被派往四川汶川挂职。在挂职期间，徐宏飞不仅在采编业务上耐心进行传帮带，在了解到当地还存在许多贫困学子的情况后，经多方联系，募集到40万元爱心助学款，同时他还以中心的融媒优品为依托，为汶川上千箱李子找到了销路。8月18日，汶川发生泥石流自然灾害，徐宏飞同志第一时间赶往映秀镇、水磨镇等地，与当地同仁一起积极投入抢险救灾报道，为汶川抢险救灾工作贡献了兰溪力量。8月19日，中心机关党委和他进行视频连线，为徐宏飞同志举行了火线入党仪式。

2020年，兰溪市融媒体中心还选派老党员龚献同志赴陕西省略阳县帮扶结对。在略阳期间，龚献积极参与当地融媒体中心的新闻策划、平台建设等事项，协助理顺传统媒体与新媒体采编发布之间关系，完善各平台在内容生产、传播方式、政商服务等环节上的堵点和漏点，使略阳融媒各平台的衔接更加畅通融合，传播影响力进一步提升。

此外，兰溪市融媒体中心加快建立以内容建设为根本、先进技术为支撑、创新管理为保障的全媒体传播体系。目前，平台建设已完成，实现了“分众传播、分类覆盖”的传播要求，媒体矩阵达到全覆盖，实现信息共享，成为全市宣传思想工作、精神文明建设、应急管理等有力支撑和优质合作伙伴。加强产业运营，拓宽新媒体代维范围，以“活动＋”“服务＋”等为载体，在政务服务活动、群众性文化活动、会展、节庆等领域拓展产业运营。2020年1—11月份，经营

中心实现营业额2900万元，比去年同期有了大幅增长。

三、协同发展，打造党建品牌

通过实施融媒提升工程，增强“凝聚力”。坚持把加强党的领导落实到媒体融合各方面和全过程，在“结合”“融入”上不断创新，构建中心党委统筹推进、机关党委具体负责、党员干部全员参与的党建工作格局。通过邀请专家授课、专题党课、开展实践教育、组织“淬火”行动等形式，推动学习贯彻往深里走、往实里走、往心里走。抓严抓实“三会一课”、主题党日、组织生活会、民主评议党员等基本党内生活制度，创新党员教育管理方式方法，开展“学习强国每日打卡”活动，用“请进来，走出去”的方式，积极组织“播音主持”“电视摄像”“新闻采编”等相关业务培训，努力为员工赋能，着力打造一支擅长“采、写、编、播、发”的全媒体人才队伍。

扎实推进党建和融媒体宣传工作协同互促发展，打造党建特色品牌。党员领导干部自觉强化党内职务意识，切实把党的建设“一岗双责”作为本职责任、领导责任、政治责任，做到“双责”双担双到位。把促进中心发展作为履行“一岗双责”的出发点和落脚点，以融媒体改革发展成果检验党员领导干部的担当作为和党建工作成效。

党员活动丰富多彩。2019年以来，分别开展了中共浙西特委纪念馆、莲塘岗党史教育基地、曹聚仁故里参观活动、“不忘初心 知行合一”纪念建党99周年参观活动、“重温入党誓词”、参观“圣贤之道——阳明的故事”专题展览、“担当追赶我能行”演讲比赛、廉政视频制作大赛、“节约粮食、光盘行动”等一系列活动。党建活动寓教娱乐、寓教于行，活动有新意，党员参与意愿强，多项工作走在全市前面，做出了表率。党建宣传广泛深入。2020年以来，通过深入挖掘新闻线索，将反映在复工复产、项目建设、扶贫攻坚、招商引资、文化旅游、美丽乡村建设等方面“兰溪经验”“兰溪样板”的新闻稿件频繁刊播刊发在中央、省市媒体重点栏目、重要位置，全方位、多角度、深层次的宣传报道，进一步提升了兰溪市良好的对内对外形象，做到广播有声、电视有影、报刊有文。利用每周日与市委组织部联合开办的《兰江先锋》节目，发挥党建宣传阵地作用，通过展示一位位共产党员的“初心使命”，激发全市广大党员在党建工作引领下，尊崇榜样、见贤思齐，勇扛责任担当，为谱写新时代中国特色社会主义兰溪篇章集聚正能量、激扬精气神。党员志愿服务常态化，将党员志愿服务活动作为践行群众路线，弘扬社会主义核心价值观、创新社会治理的重要载体和有效途径，在职党员到所居住社区报到，认领任务，中心2020年开展疫情防控、垃圾分类、交通文明劝导、平安宣传、国家卫生城市复审等党员志愿者服务活动2000多人次,融媒体中心党员“红马甲”活跃在大街小巷,成为兰城最耀眼的星。

四、履责尽责 守住廉洁底线

实施清廉机关建设工程,全面提升“免疫力”。兰溪市融媒体中心党委认真贯彻落实《党委(党组)落实全面从严治党主体责任规定》等文件精神。切实提高全面从严治党的主体责任,不断健全完善各项制度,营造风清气正的良好环境。

强化制度落实,从源头上有效遏制腐败行为。自2019年市委巡察结束后,中心共出台党委议事规则、公务接待、工程管理、经营管理、编外人员管理、“三重一大”事项集体决策细则等制度15项。将制度执行与六大纪律的学习作为重点,经常性组织党员干部职工观看警示教育片,传达学习各级反面典型问题通报,要求干部职工常怀敬畏之心、常怀律己之心,自觉执行廉洁自律规定,公私分明,不碰红线。常态化运用监督执纪“四种形态”,紧盯重要时间节点,聚焦突出问题,深入推进作风建设。坚持纪严于法、纪在法前,注重抓早抓小、防微杜渐,针对少数干部职工存在的散、慢、懒等心态,及时对有苗头性、倾向性人员进行“第一种形态”的提醒谈话,打好“预防针”,2020年先后对4位同志进行了提醒谈话。发挥宣传平台优势,营造风清气正文化氛围。在中心组织开展清廉微电影微视频大赛,共收到作品近20件,参与创作的员工达到80多人次。多件作品在“清廉金华·映象2020”微视频大赛中得奖。其中,廉政教育短片《迷失》还获得了省广播电视节目技术质量金鼎奖一等奖。中心的微视频大赛工作得到了兰溪市委常委、纪委书记吴丽娅同志的批示肯定。与此同时,在电视栏目推出“清廉兰溪”报道30多期;《兰江导报》推出“清廉兰溪”报道40期;广播电台刊播《“纪小兰诵清风”》栏目29期,微信公众号以及“兰精灵”APP同步推送党风廉政报道40余篇,在上级媒体刊发兰溪党风廉政报道50余篇。通过党建活动和警示教育的有机结合,切实加强党风廉政建设,筑牢党员干部崇廉尚洁、拒腐防变思想防线。

2019年,中心被金华市委组织部授予“基层五星党组织”称号。在党组织的感召和党员干部先锋模范引领下,融媒体中心2020年以来又有12名同志递交了入党申请书。按照党员发展程序,有6名被发展为入党积极分子,4名同志被发展为预备党员,中心党员大家庭进一步发展壮大。

以导向为指引,以融合为路径,兰溪市融媒体中心“导向+融合”打出的

“组合拳”绽放出党建强劲力量，党建工作与融媒体宣传工作同向发力，既运用党建思维、党建方法推动业务工作，又借鉴融媒体改革成果提升党建工作水平，增强了深度融合和互促实效。下一步，兰溪市融媒体中心党委将紧紧围绕全市经济社会发展大局，以“导向＋融合”党建品牌迸发出的强大力量，持续推进党建与业务深度融合，不断创新服务内容、手段和方式，激发融媒事业发展新动能，为“强优富美”新兰溪建设作出新的更大贡献。

四、基层治理

打造新型主流传媒　参与基层社会治理
——兰溪市融媒体中心新闻客户端创新发展的实践探索

朱晓丹

摘要：党的十九届四中全会提出，要坚持和完善共建共治共享的社会治理制度，构建基层社会治理新格局。兰溪市融媒体中心作为党和人民的基层舆论阵地，因其天然的贴近性和公共性，成为基层社会治理的一支重要力量，发挥着不可或缺的重要作用。兰溪市融媒体中心在媒体融合的大背景下，创新发展新闻客户端，引领舆论，服务群众，深度参与基层社会治理，打造基层社会治理的“协调器”“助推器”“稳定器”“服务器”，为坚持和完善共建共治共享的社会治理制度贡献媒体力量。

关键词：融媒体中心；基层社会治理；媒体融合

兰溪市融媒体中心自2019年3月25日成立以来，整合了原市委报道组、市新闻传媒中心(兰江导报)、市广播电视台三家单位，按照“充分整、深度融、新闻+、政策扶”的总体思路，把引导群众、服务群众作为重要使命，加快推进报、台、端、微资源整合，推动信息的共享融合。通过融合转型，兰溪市融媒体中心新闻客户端目前已经成为当地主流舆论的引领者、新闻宣传的新平台、综合信息的集散地、公益志愿者的新家园。2019年，兰溪市融媒体中心在全省县级融媒体中心建设考核评估中荣获“浙江省媒体融合示范单位”称号。

一、聚焦民意关注，化解基层矛盾，当好基层社会治理的“协调器”

主流媒体是社会治理的重要组成部分，县级融媒体中心是参与基层社会治理的重要载体。兰溪市融媒体中心自成立以来，始终坚持以人民为中心的发展思想，充分发挥新闻客户端的引导服务功能，最大限度地整合和发挥党委政府、媒体、企业、公众等各类主体的治理效能，聚焦民意关注，回应社会关切，化解基层矛盾，为媒体主动参与基层社会治理开辟了新路径。

兰溪市矛盾调解中心成立于2019年7月，它以成建制入驻的形式，整合了原先分散在综合信息指挥中心、联合接访中心、民情民访代办中心、公共法律服务中心、矛盾纠纷调解中心、8890 便民服务中心等 14 家单位的职能，统一建立起集综合指挥、信访代办、诉讼服务、多元调解、劳动仲裁、心理服务、社会帮扶等多项功能于一体的兰溪市矛盾调解中心，切实帮助老百姓解决各类难题。

为了积极参与基层社会治理，实现融媒体建设与基层社会治理深度融合，2020 年 6 月 23 日，兰溪市融媒体中心与兰溪市矛调中心强强联合，资源互通，功能互补，共同打造了网上矛调中心。网上矛调中心依托兰溪市融媒体"兰精灵"新闻客户端，按照"融媒体管前端，矛调中心管后台"的思路建设，即以融媒体中心负责宣传推广（引流）和媒体监督，矛调中心负责业务处理的运行机制来展开线上服务，共同推进矛调中心业务的全面开展，实现市民反映问题一站式接收、一揽子调处、全链条解决。

（一）网上矛调中心融入六大功能版块，打造基层社会治理新平台

目前，网上矛盾调解中心根据民意诉求，设置了"便民生活""心理咨询""矛盾调解""兰溪随手拍""兰江论坛""未成年人关爱"六大功能版块。网友根据不同诉求反映问题，只要点击相关版块页面，就会显示相关链接。"便民服务"版块融入了家政、招聘、移车服务、信息咨询等内容，后台嫁接至 8890 便民服务中心。"心理咨询"版块开通了心理咨询、心理疏导、预约诊疗的内容。目前矛调中心拥有心理咨询专家 7 人，其中 5 人为国家二级心理咨询师。网民在这里不但可以预约服务时间，还可以自主选择心理专家进行咨询。在"矛盾调解"版块，引入 9 名人民调解员从事基层矛盾调解工作。市民有任何矛盾纠纷，都可在受理页面填写个人信息和诉求内容，并自主选择调解员进行调解。在"兰溪随手拍"版块，市民可用手机拍下需要反映问题的实景图片并上传至网上矛盾调解中心，该信息就会分流到相应的政府部门进行解决。"大街上窨井盖破损污水横流，该找哪个部门?""住房常年漏水，小区物业不管该怎么办?"市民只要动动手指，大事小情一键直达，大大提升了诉求办理效率。"兰江论坛"版块下设"百姓声音"和"生活那些事"两个子版块，里面包含 16 项内容，包括我为政府提建议、新闻报料、寻味兰溪等内容。市民可以在论坛里就某一问题发帖，如果事件引发共鸣，就会产生大量跟帖和留言，形成舆论热点。这里不仅成为群众生活娱乐的网上平台，也成了政府部门掌握社情民意和网络舆情的重要窗口。"未成年人关爱"版块，汇聚公安、检察院、妇联等政府部门力量，聚焦校园欺凌、家暴等问题，保护未成年人合法权益，护航青少年成长。

（二）有效整合资源，深度参与基层社会治理，提升媒体社会服务成效

网上矛盾调解中心以高效处置事件为目标，有效整合资源，打通数据壁垒，线上线下联动，形成跨部门、跨层级、跨系统的运行体系。经过半年的运行，该平台正在成为信息共享、快速反应、联勤联动的指挥中心。市民有诉求反映，只要打开"兰精灵"新闻客户端，登录网上矛调中心，再选择相应的版块页面，就能在线下实现精准服务供给，大大提升了基层社会治理效能和矛盾化解能力。

尤女士住在兰溪市云山街道某小区6楼，前不久她出了一趟远门，回到家中后发现墙壁发霉了，天花板还不时在渗水。因为7楼长期无人居住，尤女士交涉无门。当她听说本地有个网上矛盾调解中心，专门帮助老百姓解决烦心事，于是就抱着试试看的心态，在手机上下载了"兰精灵"新闻客户端，并在网上矛盾调解中心输入了相关信息和诉求。没想到第二天，矛调中心的工作人员就联系上了她，说他们已经找到了7楼的户主，并把对方手机号给了尤女士。最后当事双方经过联系协商，圆满解决了此事。在兰溪，类似这样的案例还有很多。据统计，网上矛调中心自2020年6月23日上线以来，截至2020年12月，共收集各类信息数据2000多条，事件诉求流转率达到100%。市民反映的事情，能解决的限时解决，不能解决的及时回复当事人，做到事事有回复，件件有落实。兰溪网上矛调中心的做法获得了全国各级媒体的关注，人民网、中新网、中国新闻出版报、浙江日报、浙江法制报等国家级、省级主流媒体先后刊发报道，点赞兰溪在创新基层社会治理方面的新举措。

"兰精灵"作为兰溪市融媒体中心旗下的新闻客户端，集新闻宣传、政务服务和民生服务于一体，既是基层宣传文化阵地，又是服务群众的连心桥。网上矛调中心通过"兰精灵"新闻客户端深度参与基层社会治理的同时，也进一步扩大了新闻客户端的社会影响力和用户粘合度。兰溪市融媒体中心监测数据显示，自网上矛调中心投入运营以来，"兰精灵"新闻客户端的下载量和点击率分别比之前提升了25%和36%，为兰溪媒体深度融合发展打下良好基础。

二、开设网上公益平台，志愿服务按需配送，当好基层社会治理的"助推器"

在加强基层社会治理建设中，县级融媒体中心如何把握新的发展契机，当好基层社会治理的"助推器"，是一道必答题。"县级融媒体中心的本质属性仍为新闻媒体，其参与社会治理的主要方式必然是'传媒化'的，即通过完成基于

融合平台的信息传播与公共服务来实现治理的功能。”[①]2020 年 5 月初，兰溪市融媒体中心紧扣社会公益主题，结合新时代文明实践活动，发挥媒体融合优势，整合社会资源，依托“兰精灵”新闻客户端，打造了兰溪网上公益平台红网联盟，形成了“群众点单—中心派单—志愿团队接单—群众评单”的服务模式，大大增强了志愿者服务的针对性，有效满足了群众的多元化需求，赢得了广泛赞誉。

（一）群众点单，按需配送，志愿服务送上门

中医义诊、六一助学、公益捐赠、文明宣讲……连日来，红网联盟公益服务活动在兰溪火热开展，群众点单、按需配送的公益活动让居民们感受了一把私人订制服务，赢得了广泛好评。

兰溪市兰江街道兰荫社区居委会主任郑方琳是较早体验到红网联盟精准服务的人员。2020 年 6 月 12 日，她在与人聊天中得知红网联盟可以按需提供精准服务，便抱着试试看的心态登录红网联盟，为社区 5 名残疾贫困老人申请了志愿者服务。红网联盟工作人员收到订制菜单后，马上将该服务信息派送给就近的志愿服务团队——兰溪市善孝文化园志愿服务队。第二天，志愿服务队的志愿者们就来到兰荫社区居委会核实情况，并于两天后开展了敬老助残活动，为社区 5 名残疾贫困老人送上大米、食用油等生活用品。“需要什么就点什么，个性化服务送上门，为高效的志愿者服务点赞！”经历了这次实打实的贴心服务，社区居委会主任郑方琳不禁为红网联盟的精准服务竖起了大拇指。

除了提供物质服务，红网联盟还配送精神食粮。2020 年 6 月 16 日，红网联盟工作人员接收到一个来自兰溪诸葛南方水泥有限公司的申请，申请人姜先生表示，公司计划近期为员工组织一次关于“习近平总书记在浙江考察时的重要讲话精神”的理论宣传，想通过红网联盟寻找合适的宣讲人。工作人员了解情况后，立即联系了党校之声志愿服务队，第二天，一堂由兰溪市委党校副校长沈少刚主讲的政策宣传课便安排上了。两天之后，这场涵盖党的理论方针、生态保护和乡贤文化的政策宣传课如期举行，为公司员工送上了一份精神大餐。

（二）整合优化，握指成拳，提升公益服务水平

多年前，一大批社会公益组织活跃在兰江大地上，如兰溪市义工服务队、

---

① 邹军，荆高宏.社会治理视域中的县级融媒体中心：意义、路径及进路[J].传媒观察，2019(10)：30-36.

爱在兰溪助学中心、兰溪人QQ群志愿服务队、心舞工作室、网兰救援队等，它们通过扶贫济困、助老扶弱、捐资助学、公益救援等各种形式投身社会公益事业，为爱心兰溪增添了一抹暖色。虽然公益组织比较多，但它们都各自为战，缺乏沟通和协作，难以拧成一股绳。2020年5月初红网联盟成立后，兰溪先后整合了18家社会公益组织和197支志愿服务团队。市民想参与公益活动或申请志愿服务，只要登录红网联盟，点击个性化服务菜单，就能如愿以偿。据统计，自2020年5月初成立红网联盟以来，兰溪通过这个专业网上公益平台，共开展500多次志愿服务，受益群众达2万多人，有效提升了公益服务水平，有力促进了精神文明建设。

三、深耕本地、服务百姓，当好基层社会治理的“稳定器”

主流媒体是党和人民的喉舌，必须牢牢把握正确的舆论导向，始终坚持围绕中心，服务大局，唱响主旋律，壮大主流舆论。对于县级融媒体中心来说，生产优质的原创新闻作品是其核心竞争力所在。兰溪市融媒体中心始终坚持以人民为中心的工作导向，专注本地原创新闻的生产，努力将版面留给群众，将镜头对准群众，说人话、接地气、重民生、讲情怀，努力推出有思想、有温度、有品质的作品，充分展示兰溪新形象，实现媒体的社会治理功能。

《兰江导报》作为深耕兰溪本土报道的传统主流媒体，已经有13年的办报历史，其每年生产出大量优质的新闻内容，这为其赢得了读者口碑和社会公信力，目前它是兰溪市融媒体中心新闻生产的核心部门。数字版《兰江导报》也已上线“兰精灵”新闻客户端。近年来，《兰江导报》坚持深耕本地，打造优质新闻，先后开设了《有事您说话》《记者当班》《小叶工作室》《身边的好人》等品牌栏目，化解社会矛盾，精准服务百姓，促进社会的和谐稳定。

（一）做精社情民意报道，引导社会舆情走向

针对城市发展和民生领域的痛点、难点、堵点问题，《兰江导报》主动设置议题，先后推出“城市文明创建”“垃圾分类”“中小学学区划分”“学后托管难该如何破解”等热点话题，对党委政府的决策部署进行及时宣传和解读，解疑释惑，化解矛盾，引导社会舆论走向。从群众关注点入手，围绕“基层服务”“社区治理”“粮食补贴”“户口迁移”四大主题，坚持科学、准确、依法、建设性地开展舆论监督报道，先后推出《楼下用蜂窝煤烧水 楼上住户呛得难受 “煤改气”的春风何时能吹到这里？》《小区通道常积水 居民出行难下脚》《小区化粪池堵塞近半个月》《2017年的种粮补贴为何迟迟不发？》《困扰中非混血男孩巴比多

年的户口问题解决了》等报道，引起有关部门高度重视，通过落实整改，推动事件最终解决。开展舆论监督报道，既是对兰溪政府部门工作不到位的提醒，同时也伸张了个人权利，提升了公众的法治意识，有助于形成人人参与基层社会治理的良好氛围。

（二）新闻助农献爱心，真情帮扶解民忧

民生无小事，枝叶总关情。多年来，《兰江导报》始终聚焦区域民生，关注农村热点问题，开展一系列主题突出、特色鲜明、内容丰富的助农报道，献爱心解民忧，体现了媒体的责任和担当。2018 年 3 月份，兰溪市香溪镇将军村村民向《兰江导报》民声热线反映，说全村有 25 万公斤椪柑滞销。随着气温升高，如果再卖不出去，只能全部烂掉，村民们心急如焚。记者接到新闻线索后，马上深入实地调查采访，了解相关情况，先后采写了《将军村 25 万公斤椪柑急寻销路》《清甜椪柑撬动大爱心 三天售出 1.5 万公斤》《电商平台前来对接 橘农近日有望解忧》《市民痴情将军橘 全城买橘成日常》《兰溪一公司认购 10 万公斤 将军村椪柑基本售罄》《将军村椪柑滞销的背后账本》《乡村振兴下"椪柑之乡"将军村的农村样本》等 9 篇连续报道，刊发在《兰江导报》民生版块，尝试用新闻的力量帮助农民解决销售难题。报道刊发后，立刻引发了兰溪全城购买椪柑的热潮，在报社的牵线搭桥下，大批爱心机构和电商平台纷纷伸出援手，或直接购买或搭建销售平台，帮忙解决销售难题。兰溪周边的金华、义乌、永康三地市民得知消息后，也纷纷慷慨解囊，加入购买大军。在将军村村口，三地市民甚至上演了抢购爱心椪柑的温暖一幕。经过这场新闻助农爱心行动，短短几天，将军村滞销的 25 万公斤椪柑被抢购一空，解决了村民的燃眉之急，帮助他们渡过了难关。

四、新闻客户端引入特色购物平台，优化商品服务供给，当好基层社会治理的"服务器"

县级融媒体中心天然具有传播力的优势，与本地产业和市场也紧密连接，立足融媒体新闻客户端发展电子商务平台，既可以帮助企业提升销售额，也能为百姓提供更多便利。融媒优品是兰溪市融媒体中心和浙江微乐科技有限公司合作开发的一款特色购物平台，平台依托"兰精灵"新闻客户端，集结了兰溪独有的人文风情、特色商品和地域美食，给市民提供便捷优质的商品和服务。

2020 年 2 月份，正值新冠疫情肆虐，为了及时保障市民的生活物资，在兰溪市融媒体中心的指导帮助下，融媒优品推出了"你宅我送"公益行动。一方面平台对接各大超市和蔬菜基地，陆续上架了几百种新鲜蔬菜、肉类和日用品，另一方面还联系了生鲜配送企业和餐饮企业，为无法出行的市民提供送餐送菜服务。此项公益行动开展一个月，就惠及十多万群众，销售蔬菜 10 万公斤。根据兰溪市政府统一安排，融媒优品还推出了线上预购口罩业务，通过网上预约，市民可以到全市 37 家药店购买口罩，无法出门的，也可以由专人送口罩上门。通过此项活动，兰溪线上预购口罩达到了 34 万只，有效缓解了口罩购买难的状况。为助力复工复产，融媒优品还推出了“兴兰助企”网络招聘会，通过网上发布企业招聘信息，求职者零接触沟通，实现了网上“云招工”。

在新时代共建共治共享的社会治理格局下，兰溪市融媒体围绕中心，服务大局，关注热点，回应关切，积极探寻基层社会治理的新路径，同时整合资源，拓宽视域，不断提高主流媒体的社会治理水平，推动社会的进步发展。

五、重大报道

融媒体时代如何打造现象级新闻产品

——《兰溪最亮的星》立意与报道

丁嘉露

摘要:媒体融合是主流媒体发展的大趋势,在融合的过程中,主流媒体要努力打造爆款全媒体产品,以促进其影响力和传播力的提升。打造爆款产品,主流媒体要从策略和技巧上转变思路、提升战法。只有将好的作品立意与互联网传播特点结合起来,创新话语表达和传播方式,找到大众的关注点,才能引发舆论共鸣,增强权威话语的传播力、影响力。抗疫期间,兰溪市融媒体中心成功推出了《兰溪最亮的星》《开学第一课》这些成为现象级"爆款"的新媒体产品,在受众中产生了强烈反响,深受欢迎。其主要经验有4点:第一,抓推出时机、跟时事热点,提升爆款可能性;第二,坚持内容为王,打"共情"牌,以受众为中心,提高舆论共识度;第三,巧借力,传播讲策略,口碑延展广度;第四,将爆款产品再次引爆,形成1+N效应。

关键词:现象级新闻产品;兰溪最亮的星;1+N效应

媒体产品的推出要讲究时机,抓住特殊节点。主流媒体往往会配合重大主题推出内容产品,这些产品要符合特定节点的特点和用户的共同需求。天时地利人和都具备,产品的传播力和影响力才能发挥到理想水平。

2020年新春伊始,一场突如其来的新冠肺炎疫情席卷全国。可以说疫情之于所有人、所有行业,都是一场大考,顺势而为才能变任务为使命,汇聚正能量。全国"总战疫",融媒"总动员"。作为刚刚成立不久的兰溪市融媒体中心,能不能在这场大考中精准发力,把媒体融合优势彰显出来,成为此次疫情防控宣传报道"大军"中的一支充满活力的有生力量,就要看我们自己能不能锻炼出融合传播的"十八般武艺"了。

让这场没有硝烟的战"疫"行动,多了一份更接地气的兰溪温度与人文关切,现象级新闻产品的推出是至关重要的。如何推出既能够产生非常好的社会效果又能够通过融合传播赢得更多受众的好产品,则更体现出一个融媒体中心的融合能力。在此期间,兰溪市融媒体中心推出了《兰溪最亮的星》以及后续报道《开学第一课》，被全国各大媒体纷纷转载转发，点击过亿，成为了兰溪近年来受央媒关注度最高的一次报道，主要创作经验有以下几点。

一、抓推出时机，跟时事热点，强创新意识，提升爆款可能性

现象级传播现象绝非横空出世，而是契合了此前舆论背景的铺垫、舆论节点的推动。在打造主流爆款新闻的过程中，要结合当前的时事背景，注重收集相关的政策信息，整理和分析当前形势资讯，进一步丰富新闻信息的传播方式。可以说，每一个刷屏的“爆款”产品，都在某种程度上契合了当下的社会情绪和舆论热点。

特殊时期，创新课程设置方式，增强思政课的吸引力和实际效果，让青少年学生在“润物细无声”中得到更多感触、滋养和启迪，也是媒体人义不容辞的责任。疫情期间，兰溪市融媒体中心在新媒体典型报道方面作了积极有益的探索，尤其是“典型报道＋疫情防控＋思政教育”相结合的模式，收到了意想不到的效果和不错的反响。

2020 年 3 月 18 日，是习近平总书记在全国学校思想政治理论课教师座谈会上讲话一周年的日子，如何用疫情防控中的典型报道做好学生的思政教育，兰溪市融媒体中心对此进行了专门的探索。3 月初，中心成立了以主任徐文相为首的工作专班，共同策划一堂兰溪思政大课。

思政大课怎么上？用什么形式上？怎么上才能取得最好的效果？召开策划会的时候大家各抒己见，经过反复的研究商讨，最后形成了统一的意见：做抗疫先进典型人物的典型报道；针对思政教育的主体，通过新媒体语境传播，达到传播的最大化效果；打破传统的上课形式，用“共情”的方式去打动人、感染人，从而起到教育本身的目的。利用融媒体打造主流新闻的关键是内容创新和创意，只有基于好的创意才能广泛推广新闻，完成打造主流新闻的任务。创新意识具体到策划方面，主要表现在创意上，从某种意义上说，有了好的创意就意味着成功了一半。

二、坚持内容为王，打“共情”牌，以受众为中心，提高舆论共识度

打造传播“爆款”，离不开内容意识。不能为了创新而创新，抓住了形式而丢掉了内容。树立内容意识，需要着重注意两点：第一，坚持正确舆论导向，坚持团结稳定鼓劲、正面宣传为主；第二，把握传播规律，提升内容品质、丰富内容表达、拓展内容呈现，努力推出有思想、有温度、有品质的产品，坚持以真材

实料、真情实感、真知灼见打动用户。

继续以《兰溪最亮的星》为例，推出爆款产品的前提是坚持内容为王。多维度、全方位地把疫情防控中的丰富素材提炼为思政元素，把生命教育、爱国教育、道德教育、法治教育有机融入思政课教学，引导和帮助学生树立对国家民族的强烈认同感、使命感，是这堂思政课最终要达致的教育目的，要在有限的篇幅内展现这些内容，人物、素材的使用是关键一环。几经讨论，大家一致认为兰溪籍中国工程院院士、少将陈薇，李兰娟院士赴武汉医疗团队兰溪籍护士长张园园，抗疫期间对接亿元海外物资、支援一线医护人员的兰溪公益达人胡芳等三位典型人物的事迹，能够全方位代表兰溪抗疫先进人物的群像，层次丰富，特色鲜明，而且人物有着充分的感召力。

框架定下来后，工作专班也迅速进行了分工，首先最紧要的任务就是联系三位授课老师。三位抗疫英雄，除胡芳一直在兰溪，相对容易联系外，陈将军和张园园护士长都身处武汉，而当时武汉的形势还是非常严峻的，她们能否联系得到，成为了这堂课能否上得成的最关键点。我们一路记者开始采访胡芳，作为对接亿元海外物资、支援一线医护人员的兰溪公益达人，胡芳值得说的实在太多太多，记者每次采访都带回了大量的素材，真是既高兴又焦虑，后期的“断舍离”不容易。而与我们之前担心的一样，两位抗疫英雄果然并不容易联络。由于张园园一直坚守在重症监护室，所以和她的联系一直是断断续续，她只能是下班后匆匆回一段微信，连我们发给她的提纲都是第二天才简单地回复收到，但值得高兴的是，听说是为家乡八万学子上思政课，护士长答应得毫不迟疑。说实话，那时候，我们对这段从武汉发回的视频并不看好。采访对象工作的忙碌、所在医院环境的嘈杂、人物本身没有接受过采访的经历加上需要对方自己拍摄传输视频上的技术问题，任何一个环节出现纰漏，整体效果都会大打折扣。没想到的是，张园园给了我们一个大大的惊喜，一位一直跟拍李兰娟院士的摄像协助她顺利完成了课件，而她还悄悄地请李兰娟院士为兰溪学子录制了院士寄语。至此，第二位抗疫英雄也完成了她的视频录制。最艰难的则是陈薇将军的视频。陈将军带领科研团队大年初二飞赴武汉，并没有带家人和助手，3 月初，正是她研发疫苗最紧迫最关键的时期，以至于父母的电话都经常无法接通。陈薇将军家人配合我们多次联系，但是那个时间段刚好是疫苗研发最关键的时期，陈薇将军完全沉浸在实验室里，根本没有时间，采访录制视频成为了不可能完成的任务。

遇到难题怎么破？我们再一次召开了碰头会，没有陈薇将军的思政课能不能上？答案是能上，但是效果会大打折扣。那么没有将军的采访，这堂课能不能上？经过反复的讨论后，我们认为还是能上，关键在于怎么上？将军埋头实验室，无暇接受家乡的采访，从另一个角度来说，是全国人民最愿意看见的情形，毕竟，新冠疫苗的研制关乎无数人的生命安全。所以，我们当机立断，继续用陈将军的主题上思政课，将目前将军工作的情况和之前我们在北京专访陈将军时将军畅谈家乡情的内容进行有机整合，形成一个更加丰满、真实、立体的陈薇。

“我是在兰溪生兰溪长的，不管到哪里都是兰溪人，这个就是血浓于水，肯定断不了，所以兰溪的一点一滴，肯定都能触动这块神经的。”“从根子里我对兰溪很自豪，因为兰溪的历史整个沿革下来，从商业的，人文的，环境的，我们有很多值得骄傲的给人去炫耀的亮点，所以我愿意把家乡介绍给大家，让他们了解兰溪，了解金华，了解整个浙江，了解我生长的环境。”“对兰溪的未来很有信心，我觉得我们兰溪至少在金华是最有文化底蕴的城市，这不是靠一天两天能积蓄下来的。现在，它有一个很好的心态，有一个很好的工业基础，然后还有一个好的文化气氛，我觉得这是一个城市健康的、快速的持续发展的根本点，我觉得兰溪具备这个点。”之前专访陈薇将军时的这些话语，放在今日推出，更能让无数兰溪人为之振奋和自豪。

经过 10 天左右的精心策划、写稿、拍摄、剪辑，这堂时长 33 分钟的思政教育大课呼之欲出。我们的记者在剪辑过程中，也多次被三位抗疫英雄的事迹所感染，面对镜头泪流满面。最后审片的时候，中心主任徐文相眼含热泪看完了整档节目，在对节目肯定的同时，徐主任觉得我们的片名过于普通，他说我们推出这样的节目，目的是什么？希望同学们从中学习到什么？我们的片名就应该叫什么！徐主任的点拨，让我们茅塞顿开。“叫《兰溪最亮的星》?”笔者脱口而出，所有人都只说了一个字：好！于是，《兰溪最亮的星》正式诞生。

三、巧借力，传播讲策略，口碑延展广度

现阶段，利用融媒体打造主流新闻已经成为比较流行的一种新闻传播表达形式，在此基础上可以利用融媒体创新主流新闻，完成新闻的整体性建设和完整性推广。在打造主流爆款新闻产品的过程中需要保证发挥各大传播媒介的合力，突出其原有优势和特点。另外，主流爆款新闻产品还要积极利用融媒体的优势，通过多种途径扩大自身的影响力。

《兰溪最亮的星》的传播效果如何？我们来看一组数据，2020 年 3 月 17 日晚，《兰溪最亮的星》在兰溪市融媒体中心“兰精灵”APP 上正式推出，华数“云课堂”同步直播。播放期间视频点击量超 30 万人次，5 万余人次通过华数

云课堂观看，节目获 143 万次点赞，直播半小时内评论超万条，甚至出现了后台来不及审核的情况。兰溪只有 66 万人口，当晚观看人数已经超过了兰溪全市人口的半数，很多观众是含着热泪看完的，“陈薇是我们兰溪人的骄傲，也是我的偶像，我会努力成为她教导我们的那样，做一个温暖别人、对社会有用的人，让自己的人生更加精彩。”兰溪市育才中学七年级学生吴靖昕说，陈薇的来信使他有了更深的感悟，让他懂得了应该如何去走好自己的人生路。陈薇等抗疫先锋的英雄事迹深深刻进了兰溪青少年的心里，成为了他们追的最亮的星。

节目播出当晚，浙江新闻客户端第一时间推出新闻时评《夜空中最亮的星》。里面这样写道：事有凑巧。今晚，正当陈薇院士老家媒体以《兰溪最亮的星》为名介绍其抗疫事迹时，央视《新闻联播》传来了陈薇院士团队研制的重组新冠疫苗进入临床试验的好消息。

陈薇父亲曾说，取“薇”为名，是因为蔷薇低调不张扬，不管风吹雨打总能怒放。今夜，新冠疫苗含苞待放，陈薇就是最亮的星。

随后，人民网、中新网、国际日报、浙江日报等 27 家国内外媒体，刊播了相关新闻，报道点击量超 3000 万。

《兰溪最亮的星》播出后，形成了轰动效应，成为了兰溪市融媒体中心挂牌成立后推出的最具影响力和传播力的现象级产品，《兰溪最亮的星》的“一炮而红”并不意外。

四、将爆款产品再次引爆，形成 1+N 效应

2020 年 4 月 5 日，武汉解封前夕。百忙之中的陈薇将军给家乡学子们写了一封情深意切的来信，勉励孩子们努力学习，做爱党爱国爱家乡的新时代的好少年。如何继《兰溪最亮的星》后再次引爆热点，我们决定，把陈将军来信推出时机放在一周以后。4 月 13 日，是兰溪第一批学生复学的日子。我们以陈将军这封信为主题，继《兰溪最亮的星》后，再一次成功策划了中国工程院院士、兰溪籍女将军陈薇给兰溪学子写勉励信活动。“听闻浙江 4 月中旬要复学了，同学们将要回到学校上课。我期望，同学们弦歌不辍，潜心向学……做对这个社会有用的人，人生才有意义！只有温暖了别人，你的世界才会更加精彩，更有意义！”课上，同学们收到了中国工程院院士、生物危害防控专家陈薇将军的来信，大家备受鼓舞。信中，陈薇与大家分享在武汉抗疫一线的经历和感悟。“当前，以武汉为主战场的全国本土疫情传播基本阻断。寒冬已经过去，相信兰溪也已经春暖花开……期待学弟学妹们做一个有爱与责任的人，增

强爱国爱党爱家乡的自豪感，为新时代立德立功立言。"陈薇在信中勉励同学们勇于追梦、敢于担当，成长成才、报效祖国。

再次引爆的爆款形成了 1+N 的轰动效应。这一报道受到了媒体的广泛关注。4 月 13 日《浙江日报》3 版大篇幅进行了报道，4 月 16 日，《浙江日报》再次以陈薇给兰溪学子写信为新闻点，对这一活动进行整版深读。新华社、中央电视台、人民日报、"学习强国"等全国 34 家媒体纷纷刊播。据不完全统计，相关新闻的点击量超 7000 万。这也是近年来兰溪受到央媒关注度最高的一次报道。

五、结语

移动互联时代，媒体融合步伐越来越快、越来越深入。在这个大背景下，持续输出"爆款"产品的能力成为媒体竞争的关键所在。"爆款"新媒体产品如何打造？通过《兰溪最亮的星》的实践，我们也深深意识到，只有始终重视创意、把握内容、抓住热点、注重互动，打造传播广、点击量高、口碑好的融媒体"爆款"便有了可能。希望继《兰溪最亮的星》后，兰溪市融媒体中心的爆款产品会不断出现。

参考文献

[1] 倪光辉. 现象级"爆款"新媒体产品如何打造[J]. 军事记者，2018(6).

六、新闻变革

媒介融合背景下新闻生产的模式与机制研究

——以兰溪市融媒体中心为例

周玉兰

摘要：媒体融合成为国家战略已近六年，整合了报、网、端、微、屏等各种资源的县级融媒体中心的发展成为一个非常显性的研究课题。2019 年 3 月 25 日正式挂牌成立的兰溪市融媒体中心在一年之后就迎来了浙江省委宣传部组织的全省媒体融合现场会。究竟是什么原因使得兰溪这样一个社保负担重、经济转型压力大的县级市在融媒建设发展进程中表现亮眼呢？在新闻生产与融合机制中贯彻“充分整、深度融、新闻＋、政策扶”的策略是其核心答案，正是这一策略为全国县级融媒体中心新闻生产的模式和机制提供了可借鉴、可复制、可推广的分析研究的范例。

关键词：县级融媒；新闻生产；模式机制

习近平总书记在 2018 年全国宣传思想工作会议上指出：要扎实抓好县级融媒体中心建设，更好引导群众、服务群众。这次讲话首次明确提出县级融媒体概念，紧接着中央全面深化改革委员会第五次会议审议通过了《关于加强县级融媒体中心建设的意见》，县级融媒体中心建设迎来前所未有的发展机遇。浙江省早在 2017 年 3 月就已经在全国率先启动县级媒体整合和融媒体中心建设，2019 年浙江县级融媒体中心早于全国一年实现全省全覆盖。2020 年 10 月 27 日在兰溪召开的全省媒体融合现场会，使得兰溪市融媒体中心成为浙江推动媒体融合发展，打造新型传播平台，建成新型主流媒体，扩大主流价值影响力版图的又一个典型案例。

浙江 11 地市区域发展差异大、体制机制改革落地难、运营短板突出、专业人才短缺、报台融合协同等问题广泛存在，这些外部、内部的障碍都制约着县级融媒体中心的建设。在这一轮媒介融合创新中，兰溪市融媒体中心探索出了独具特色的道路，其融合创新的典型做法既包括内容、形式、技术等常规“硬件”方面，还包括评估、激励、创意等多个“软件”方面。其新闻生产的模式和机制成为其中最为核心的支撑，作为媒介主打产品顺利完成了融合、创新、提升，融媒体中心整体发展的结构、层次、步伐也同步协调顺畅。

兰溪市媒体融合改革于 2019 年初开始启动，与全国众多县域媒体相类似，兰溪市融媒体中心由原市委报道组、市新闻传媒中心（兰江导报）、市广播电视台整合而成，2019 年 3 月 25 日兰溪市融媒体中心正式挂牌运营，三家单位实现集中办公，把报纸、广播、电视、网站、“两微一端”等多个媒介平台融为一体，建成集指挥调度、采编融合、全媒发布、多元传播等多功能于一体的“中央厨房”，通过机制创新、流程再造和平台整合，最终实现信息内容、技术应用和传播渠道的互通共享，打造出了全新的宣传矩阵，实现新闻宣传、党务政务、便民服务全面融合。

地处浙江中部，经济发展中等，媒介融合资源中等，在各种外部条件只是居中，建设发展并无特殊政策条件的基础上，兰溪市融媒体中心却走出了一条可复制、可推广、可借鉴的融媒发展道路，基于全媒体时代背景，我们尝试对兰溪市融媒中心新闻生产的模式及机制特征进行阐释探析，其中最为重要的核心就在于其做好自身的供给侧改革，有效发挥融媒体中心各项核心要素的功能，在县级媒介各端整合—运行—调整—见效过程中找寻关键环节，在新闻生产与融合机制中贯彻了“充分整、深度融、新闻＋、政策扶”的策略，实现了资源共享、平台互通的体制机制特征，找到形成区域强势媒体的发展通道。我们试图寻找到这种改革的密码对其新闻生产的模式和机制形成的种种关联影响。

一、新闻生产的模式研究

伴随着大数据、云计算、人工智能、物联网、移动通信、虚拟现实等技术被广泛传播和应用，媒体原有的新闻生产方式、媒体运营方式和营销手段等都发生了相应的变化。县级融媒体中心的建设和运营都开始了以互联网为依托的融合行动，这种全国性的基于战略高度的行动从顶层自上而下进行全盘设计。在强化互联网思维、尝试全媒体整合的融合过程中，兰溪市融媒中心就探索出了一个可以借鉴复制并行之有效的新闻生产模式，分析其核心特质，我们发现融媒体新闻生产的模式呈现出了较大的特色。

1. 充分整合传统媒体资源，发挥出中央厨房大屏背后的融合力量

一般情形下，在融媒体采编过程中原本的传统媒体各自的新闻生产路径会比较深刻地影响到融媒体技术平台的搭建，通过“硬件式”的场地与技术平台的充分整合，从物理空间上融合了以往各自分开办公的报、网、广电各单位，使其融合成为一个集中的工作场地，而之后更为复杂的“心理融合”“观念融

合""新闻生产融合"都建立在其基础之上，因此一个非常重要的观察结论为：虽然中央厨房的建设需要耗费大量的财力和物力，但是在此基础上形成的融合态势及发展则是简单的建设资金所不能衡量和判断的。

技术支撑是融媒体新闻生产的核心，是融媒流程再造的重中之重。兰溪市融媒体中心分别与浙江广电集团建立蓝媒学院兰溪实验基地、与浙报集团建立共享联盟工作站，借助省级技术平台、传播渠道，推动采编业务的融合共享，建设兰溪融媒新闻生产自身的工作流程：改变原报纸方正文稿排版系统、版面传输系统与原广电办公文稿、后期非编系统独立运行的局面，启用"中国蓝云"文稿系统，打通技术壁垒，推动采编业务的融合共享。为适应"中央厨房"生产流程特点，新闻生产流程要求记者采编发必须在"中国蓝云"稿库内完成，强化考核，倒逼整个新闻生产的流程再造。

"中央厨房"大编辑部的编辑流程清晰：实行每日晨会、"项目化"采集、新媒体平台首发、差异化多次编辑、内外需联动等制度，全媒策划、一次采集、多种生成、差异化传播、全网覆盖的策划、采访、编辑、刊发等新闻生产内部流程基本成型，再造完毕。由此，在评估融媒体新闻生产的模式时，我们必须充分整合传统媒体资源，发挥出中央厨房大屏背后的融合力量，这个融合力量能够将传统传播渠道的各种心理状态、各种观念、各项资源进行逐层融合，完善了形态融合，从物理反应到化学反应，不断深化新闻生产的融合进程，兰溪市融媒体中心新闻报道的传播力、影响力、引导力和公信力都有较大提升，初步实现了县域媒体融合的初衷。

2. 深度融和观念、渠道、载体、表现，发挥出媒体传播中的融合力量

观念的融合是县域媒体融合最难评估也最难显性的一端，在分析梳理时也较难理出其发展轨迹和脉络，但是观念融合又是媒介融合深度的一个最重要的标识，极为重要。考察兰溪市融媒体中心在融合观念方面的表现我们发现，对移动优先观念的坚持是他们深度融合在观念上的最重要表现。"实施移动优先，不妨发力于一端"，要想把传统媒体打造成为基于互联网的媒体融合新平台，主要的方向和出口就在移动社交，"兰精灵"新闻客户端的打造就是该融合策略的主要表现。客户端集成了原报纸、广播、电视、网站的功能，以新媒体首发全天候编辑推送新闻，并设置了短视频、直播、购物、镇街等版块，"兰精灵"新闻客户端已经成为当地群众最为重要的信息终端。

渠道融合的特色表现是兰溪市融媒体中心的一大特色，其"三宣并举"的发展策略为其他县域新闻生产提供了非常有价值的经验。所谓的"三宣并举"指的就是内宣、外宣和网宣联动，即着力构建网上网下一体，内宣外宣联动的

新闻生产模式，实施差异化传播：内宣依托中心新媒体、报纸、广播、电视等渠道载体刊播发布；外宣对接中央、省、市主流媒体积极上送；网宣则通过“学习强国”或者抖音、快手实现传播效果最大化。一年多来，兰溪市融媒体中心在上级媒体上高频亮相，兰溪元素多次占领央媒封面。

多屏激励则是兰溪市融媒体中心探索搭建的稿件计分激励机制——每一篇稿件鼓励新媒体首发，多平台分发，每一种平台端口都会根据稿件的主题、表现手段及影响力打出不同的分值，每一个分值都直接对应着记者编辑的稿酬收入，整个多屏激励制度特别鼓励创新融合的新媒体新闻报道作品，首发新媒体稿件分数最高，记者编辑在该稿件的收入也相应最高，而同题的报纸稿件、广播稿件、电视稿件、短视频稿件则根据各自渠道表现特色进行各自策划、设计和表现评分，该机制极大地促进了移动优先及稿件采写的媒介融合表现，发挥出媒体传播的融合力量。

3. “新闻+”策略的贯彻运用，媒介融合的指向适应互联网时代的传播特征

作为县级融媒体中心，其媒介融合的指向必须适应互联网时代的传播特征。例如借助短视频的风口，发挥新闻+功用；借助多个互联网强势平台，增加县级媒体的全国影响力；借用机构媒体技术平台打造自身影响力等。

兰溪市融媒体中心极为重视短视频的影响力，以视频工作室为运营主体，以微视兰溪微信公众号为传播平台，大力推进短视频业务，爆款产品不断。短视频解决了用户碎片化时间的传播契合度、文字消息缺乏现场感等问题，紧扣中央、省、市媒体都在大力推进短视频业务的时机，借力大平台传播的途径扩大本地宣传的影响力，中心制作的短视频作品在央视频、“学习强国”等平台采用率高，特别是“古韵兰溪”“寻味兰溪”等内容，九成以上被“学习强国”采用。

4. 内外政策相互支撑扶持，立足真融深合，融合报道增强新闻传播力

传统电视媒体在转型过程中，面临多重压力和挑战，既包括体制机制、思维观念，还包括经济基础、人才储备，可以说广播电视媒体的转型融合是一次深入到其机体内部核心的变革，对其组织成分和资源环境都将产生难以想象的影响变化，而大量主观、客观的影响因素又反过来加重了转型的障碍和困难。

兰溪市融媒体中心建设注重顶层设计，内外政策相互支撑扶持创新体制机制，激发内部活力，新闻生产融合报道增强新闻传播力。在外部政策引导方面，兰溪市级党委政府重视媒体融合工作，出台政策明确融媒体中心的组织架

构、目标定位、运行机制、扶持政策等，明确了融媒体中心市委直属全额拨款公益事业单位属性，同时可以实行企业化管理，从而确定了兰溪财政保障基础上的自主经营权益；同时由市委宣传部对其进行单独考核，参照国有企业，实行工资总额预算管理，并参考经济效益增长情况，给予绩效浮动，从顶层设计上避免了用事业单位老体制来管新媒体的老路，激发了融媒体中心的内生动力。

在内部政策激励方面突出地表现在人心稳定、融媒体环境佳、经营生存能力有提升等方面，整体融合顺滑。兰溪的融媒政策选择温和，实行融入三年收入稳定不变的稳民心政策，同时打破用人壁垒，打破人员身份界限，实行同工同酬；打通编外人才成长通道，中心优秀的编外人才能入编，部分市外融媒体优秀人才也吸引进来，同时编外人员可以担任中层，融媒中心最重要的人才队伍稳得下来，干得愉快，可以顺利成长起来，内部工作环境融洽。另外中心强化资源导入，提升经营生存能力，大力增强造血功能，融媒中心承接了全市便民服务平台、“雪亮工程”等智慧城市建设项目，政府性户外广告、大型活动策划，优先由融媒体中心承办；发展电商平台，鼓励本地企业入驻，等等。

二、新闻生产的机制研究

媒介融合是在数字技术、网络技术的发展和放松规制的语境下，不同媒介产业通过并购、重组和整合，达到渠道、组织、内容和终端融合，实现集约化、数字化、多元化的融合新闻生产的过程。媒介融合使媒介的生态环境和产业价值链发生根本性的变化，新的媒介生态环境需要再造编辑流程和组织架构，创新新闻生产的流程，建构新的新闻生产模式。① 兰溪市融媒体中心的典型经验可以为这一轮媒介融合背景下新闻生产的模式和机制提供一个有说服力的样本，但是中国县域媒体发展情状千差万别，从自身出发，寻找一条适合自己的媒介融合道路才是最为核心适用的诉求。

究其核心，上述问题均因为对县级融媒体中心的建设缺乏一个宏观的总体设计，缺乏一个制度化的安排。比如针对办公场地，比如接入的技术平台，比如整体资金投入，比如工作人员的身份保障，比如对现有传统媒体的融合设计等，这些体制机制方面的障碍，都亟需明确的高规格的政策规定及行动纲领来进行破解。探究兰溪市融媒体中心新闻生产模式与机制的特征，我们提出以下机制性分析概述。

---

① 石长顺，肖叶飞. 媒介融合语境下新闻生产模式的创新[J]. 当代传播，2011(1)：111-113.

1. 媒介融合下新闻生产的组织机制——必须是一把手工程

媒介融合作为一项系统、复杂而且异常艰巨的长期工程，涉及面广、利益纠葛多，必须列为一把手工程才能获得扎实推进和有效落实，只有一把手才能推动组织机构的彻底改革，只有一把手才能动员全员理念的转变，只有一把手才能给予充裕的资源支持，也只有一把手才能排除媒介融合过程中出现的各种干扰。

县级融媒体中心的发展之所以具有紧迫现实意义，主要因为其既面临体制机制困境，同时在融合过程中也面临极大挑战，突出的问题表现在媒体机构活力不足、改革动力不足、区域发展差异大、体制机制改革落地难、运营短板突出、人才瓶颈、信息资源难以整合、报台合作及协同问题等。而这些障碍的主要环节就是对媒介融合观念的认知，兰溪市融媒体中心建设发展过程当中自上而下的“一把手工程”策略正是理顺县级融媒体中心的发展策略，明晰媒体定位、内外网宣联动，延伸社区信息枢纽建设，破解建设进程中的体制机制困局的关键。

“一把手”工程是其历次体制机制革新的核心经验——每次重大活动，均成立由主任任组长的活动领导小组，总编辑任执行组长，分管领导任副组长，成立相应工作小组，顺利推进各项工作的落实。重大项目实行领导负责制，从主任开始，每人都有一个重大项目要联系，确保重大项目的顺利推进，提供新闻宣传、大型活动、品牌营销、网络定制等全方位保障。

2. 媒介融合下新闻生产的理念机制——必须以用户为中心

互联网思维的本质是“以用户为中心，以体验为核心”，媒介融合的最重要任务就是要变受众为用户，这不仅需要连接起用户的互联网终端，也需要各类技术平台对用户进行画像，以实现信息的智能匹配。现在各级媒体在进行媒体融合时，基本理念是坚持“内容为王”，而且采取的融合方式都是基于自身内容优势。这种理念并不是从用户的痛点出发，也不是按照互联网的自身规律去运作(郭全中 2016)。[①] 毫无疑问，内容在什么时代都重要，但是在当前技术快速变迁的时代背景下，需要树立起“用户体验为王”和“信息服务为王”的新理念。

兰溪市融媒体中心近年来探索在坚持内容为王前提下，越来越强调以用户为中心，提供满足用户新闻、资讯、服务、实用、社交、娱乐六大需求的有竞争

---

① 郭全中. 媒体融合的实践及评价[J]. 新闻爱好者，2016(10)：29-32

力的内容产品，把“产品”理念贯穿到核心价值观传播的各个环节，特别强调新闻服务化、服务活动化、活动常态化、常态精品化，每一场活动都形成一个融媒体产品，取得了良好的传播效果。

3. 媒介融合下新闻生产的发展机制——必须以技术为驱动并注重服务

传统媒体由于缺乏技术基因、用户和互联网平台，完全凭借自身之力转型难度很大，在这方面就可以通过和领先的互联网公司合作的方式来进行转型和升级。在技术大变革的时代背景下，媒体的本质是技术媒体，这就要求媒体变革必须以技术为驱动。传统媒体由于自身能力限制，在线上能力方面与BAT等互联网巨头差距悬殊，而其核心竞争力在于多年积累和沉淀的本地化资源和优势，这就需要创新商业模式和盈利模式，采取“新闻＋服务”的商业模式，实现以新闻来引流，以服务来实现价值变现。

随着技术应用对媒体的作用越来越重要，组建高级技术研发团队开发媒体融合技术平台是新闻生产的重要机制建设环节。兰溪市融媒体中心建设融媒体生产平台，推出工作室制度，鼓励跨界融合，孵化技术和内容表现的可用人才，运用融媒体模式，将纸媒、移动媒体、广播、电视媒体与网络新兴媒体等融合成一个信息资源、内容资源共享，协同内容生产，多渠道分发的融媒体技术平台。

三、结语

兰溪媒介融合横断面考察为我们提供了一幅立体考察媒介结构发展变迁的脉络图，以此为模本，我们清晰地把握了传统广播电视媒体变革—发展—融合—前行的轨迹，我国的媒介融合是在特定的政治、经济环境下，传统处于优势地位的媒介组织受到新媒体环境的挤压开始寻找新的生存空间，由外而内、由上而下进行的一次转型实践。对传统广播电视媒体而言，充满了多种可能性及挑战，媒体的掌舵人的灵动将会为媒体的融合带来迥然不同的变数，另一方面，媒介融合也不可能一蹴而就，而是一个复杂的关乎观念再造、人才重构、制度创新的综合性课题。

媒体融合背景下“大编辑部”建制的兰溪探索和思考

陈　丰

摘要：媒体融合背景下的编辑工作在“合”中“分”，在“分”中“合”，“合”是聚力、聚智、聚心；“分”是细化、变化、进化。分合之间，新闻统筹从一个部门扩大到多个部门，新闻传播从“单元”走向“多元”，新闻思维从线性思维拓展到发散思维。虽然存在波折，但总体方向坚定，在实践中解决问题，在实践中摸索路径。

关键词：媒体融合；大编辑部；加减法

一、兰溪市融媒体中心“大编辑部”的沿革

兰溪市融媒体中心是由原市委报道组、市新闻传媒中心（兰江导报）、市广播电视台整合而成。在融合前，《兰江导报》实行采编分离的模式，兰溪市广播电视台采取的是采编合一的模式。

采编合一是一种为不少县级电视台新闻中心采用的运行模式。它的优点是层级少、管理扁平化，有助于提升效率。之所以说县级台“常用”，这是因为省市台除了有本台记者采稿以外，每天还有许多下级台稿件上传。同时，采访任务会通过编辑部策划，确定约稿向下级台和通讯员发放。因此，采编分离，编辑部独立存在有它的必然性。而县级电视台在保证电视新闻正常播出的单一背景下，由于体量较小，采编合一杂音少、干扰少，编辑（中心负责人或栏目负责人）思维能得到有效贯彻。

在这种模式下，新闻策划、新闻行动等从起意、策划到实施，常常是有百分之四五十的模样就先干起来，边干边想、边干边调整，在实施中推进，这也符合电视新闻相对“短平快”的特点。但缺点是有时这一类的运作过于仓促，结果预测不准会导致操作过程中随意性较大，与最初的预期产生较大距离，影响传播效果。因此，前几年兰溪电视台在实行频道制的过程中也短暂设立过编辑部，想弥补这一方面的缺陷。但当时的编辑部从属于新闻综合频道，在人员架

构中，由于人手原因，总监和负责新闻的副总监也和编辑一样承担部分日常的编辑工作，因此编辑部其实没有独立的意义，只是比中心制多了一个层级。实施一段时间后，没体现出效果，频道制再次改中心制后，很快就恢复到原先的样子。

再次改中心制以后，电视新闻中心推行早报题制度。中心主任、分管时政新闻的副主任、分管新媒体和民生新闻的副主任（当时新媒体设在电视新闻中心），时政组、民生组组长，以及两名轮值记者每天提前半小时参加报题会。主要议题是轮值记者前晚对浙江卫视新闻联播的观感心得、外宣早报题，组长汇报每天采访报题，大家根据报题确定当天两档新闻栏目的编排、外宣重点稿等等。曾有金华台同志建议这一制度由两位副主任每月轮流担当统筹编辑，另一人担当外宣编辑，进行这方面的“大编辑部”探索。但通过仔细研判，由于分管副主任各自分管工作的限定，其中一人当班时在对好选题的分配上容易撞车，再加上各自负责的领域外宣成绩年底有数量和质量上的比拼，将好的选题分解到任何一组都容易使双方产生“对手心情”。而在一个中心内，“对手心情”的累积是很容易产生离心力的，因此基于以上考量，没有实施轮值的方式进行新制度的探索。统筹仍由中心主任负责，对同一题材，根据时政和民生两组记者不同的角度来解读，外宣上由两组中的骨干记者或者通联来综合，采用后按照贡献分配奖励。这样，在同一起跑线上的力量比拼，使中心内部竞争氛围相对公平，产生的矛盾较少。

而《兰江导报》融合前实施的是采编分离模式，编辑负责记者部稿件和通讯员稿件的修改编排，每周五有编辑例会，开展评报、评选甲级稿、记者报下周选题、编辑遴选通过、下周采编预排等诸多业务活动。

2019 年 3 月 25 日兰溪市融媒体中心成立以后，融合使两者相加产生更大的新闻力量一直是融媒体中心领导及新闻一线人员在思考的课题。在过渡阶段，（导报）采集中心、（导报）编辑中心、电视新闻中心、电视社教中心、广播节目中心、新媒体中心等各部门信息共享并不充分。针对大家虽然都在同一楼办公，但各自工作还是隔着“毛玻璃”的现状，中心领导要求建立一个信息交流群，开始信息共享。但这时的信息共享并没有形成机制，随意性较大，积极的部门每天发布，有的部门则深度潜水。2019 年下半年，在中心领导的主导下，开展了以“新闻晨会＋新闻例会”为主干的“大编辑部”探索。

二、兰溪市融媒体中心“大编辑部”制度基本情况

兰溪市融媒体中心的“大编辑部”，并非有形实体，也没有办公场所，而是

一套运行机制。主要目的是强化信息共享、深化前期策划、优化资源调配、细化新闻发布，使融合后的新闻采编能更适应全媒体时代，发挥出更大的新闻力量。

"大编辑部"制度的两大架构是新闻晨会和新闻例会。每天的新闻晨会由分管新闻业务的副主任，总编室、采集中心、社教中心、新媒体中心、广播中心、编辑中心相关负责人参加。各中心汇报当日选题，然后晨会人员讨论版面、节目安排等。这一制度看似与以往的早报题制度类似，但其实有许多不同点。

做好提前量：第一是新闻晨会各中心在群里提前将第二天的大致选题进行一个"预报"，以供晨会与会人员有一定的时间"消化"这些信息，同时更好地提出自己的意见。第二是即使是"预报"选题，也不能仅仅简单报一个标题，其中要包含对新闻价值的判断和实际操作的预排。以采集中心为例，一条报题包括：标注是否上传"兰精灵"，是否是外宣稿，稿件大致内容，活动时间跨度，采访记者安排，是否有记者出镜，是否电台连线，是否要航拍或专门安排专职摄影记者等信息。

私人订制：针对各中心报题，晨会组成单位根据自身特点，可以进行"私人订制"。如电视系列报道"后浪"，是一个针对 90 后创业群体的自述式人物报道。放弃都市职业回乡养鸭的"鸭倌"，执着于舞蹈理想的"舞者"，嫁到中国的 90 后美国老师等等，大多例子鲜活、语言"贴地"。对这样的选题，编辑中心会留出合适的版面进行"私人订制"，要求电视记者根据教育、文化等版面特点，有的放矢地增加采访内容，投放到报纸稿库出一个专版；报题中有诸如"全市城乡居民养老保险会议"之类的内容，新媒体中心会要求采访会议的记者将实施的新政详细材料拿回来，专门做一个微信公众号的版面；新媒体中心去拍兰溪端午节的特色小吃"灰汤粽"，采集中心收到浙江卫视外宣有两个约稿，一个是午间的端午习俗综合稿，一个是晚上的端午习俗画面拉滚。因此，采集中心会要求新媒体记者加快剪辑短视频，由通联抓紧上传；社教中心拍摄兰溪黄蜡石的专题，采集中心会要求摘取其中一部分作为上级台电视外宣使用，新媒体中心也会要求剪辑短视频，作为"学习强国"的外宣稿。采集中心在开展建金高速开通前记者体验时，广播节目中心会要求派出主持人跟随，积累对此新闻事件直播时的感性体验和文稿组织，以备正式开通时直播之用。

"私人订制"的实施对各中心来说，是增加了工作量，但好处也是显而易见的。因为在具体工作中，各平台面对的内外宣任务是不一样的，互相之间又不是很清楚。以往信息不交换的时候，当发现其他中心拍摄或采写了适合自己中心的新闻作品时，往往为时已晚，很多关键素材是补也补不回来了。而现在实施"私人订制",能较好地弥补这一缺憾。同时,通过这一模式,也给其他中心以启发,在采访手法和思路上有时能"豁然开朗",原来新闻可以这样做。也给记者以启发,原来工分可以这样赚。

每日的"新闻晨会",主要关注和要解决当天、当下的新闻任务。而每周五召开的"新闻例会"则是总结本周工作,预排下周采访重点,这一制度是导报较为成熟的制度。以往,兰溪电视台也有新闻工作会议,但密度不会细化到一周,也不要求形成文字。虽然一些工作在早报题时快速解决,但缺点是不善于对一段时间的工作进行总结。目前的每周"新闻例会"都要求有较详细的文本,以采集中心为例,需要汇报本周工作亮点、不足,外宣情况和下周安排。虽然每周都要花费一定的时间撰写,但在总结的过程中还是能发现不足,以在以后工作中改进的。与"晨会"相比,"例会"更多关注中期新闻采访任务(下一步的中心编委会可能考虑更长远的中长期目标),也多了网络中心、社会服务中心等部门的参与,而中心领导也常常要求各分中心的副职也参与到例会中来发言、谈观点、说建议,一方面是考量,一方面更是锻炼。

三、兰溪市融媒体中心"大编辑部"制度的"加减法"

县级媒体融合史无前例,没有放之全国皆准的范例可抄袭,更需要媒体人根据各自特点攻坚克难、砥砺前行。在融合过程中,"大编辑部"制度也不断遇到新的问题,只能摸着石头过河,就如本文摘要中所说的做好"分分合合"的"加减法"。

"合"是聚力、聚智、聚心。聚力,不仅是聚融媒体中心的力,还要聚部门的力,社会力量的力。兰溪市委宣传部对融媒体中心的融合工作是高度重视的,部领导也是新闻记者出身,对媒体工作了解深。"大编辑部"制度一定程度上解决了内部的信息共享,但对外部信息的采撷,通过骨干记者的反馈和报选题来实现是远远不够的。针对这种现状,兰溪市委宣传部不定期召集发改、经信、文旅、卫健等重要部门领导及其下属重要科室负责人,与融媒体"新闻例会"成员交流沟通,形成一种有着更大外延的"新闻例会"。这样的"融媒体+部门新闻例会",除了信息量的增加之外,另一个好处是会潜移默化改变部门负责人的"新闻观"。

在以往,部门要求融媒体进行宣传报道,有的仅满足于呐喊式和扁平化,有时处于"低级红、高级黑"的境地也不自知,对记者的建议并不能有效采纳。而通过宣传部主导统筹的"例会",首先思想上处于平等状态,不会出现"我请你来是表扬我的"这样的心态;其次双方的诉求会在沟通中达到一定的平衡,不会如以往一样鸡同鸭讲，鸭同鸡讲。最后，这样面对面的交流，双方都知道下一步的采访“箭在弦上”，会自动挤掉信息中的水分，增强可操作性。

部门和社会力量的凝聚，也做大了融媒体中心的“朋友圈”。在“大编辑部”制度运行一段时间以来，晨会中也常常会出现各中心所经营微信圈里的内容。如广播节目中心的“908 听友 1 群”是个有着 497 人的大群，在做兰溪自来水黄水调查的报道中，就引用了其中不少听友的反馈和观点。而采集中心的民生组，在实施“大编辑部”制度之后，建立了“外宣信息群”，不断增加部门单位通讯员的队伍，在群里将上级台的录用信息和约稿要求进行通报，以实例来培养更多“懂新闻”的人。今年以来，通过这个群的爆料，已经在央视、新华社、“学习强国”等重要新闻平台播发外宣稿件 30 多条。

聚智，是采编工作中的“头脑风暴”。“疫情防控”是 2020 年新闻宣传的重点，上半年各中小学开学后，如何进行思政课的宣传是市里交办的一项重要工作。为此，融媒体中心多次在晨会中就这一课题进行探讨，而在随后的“新闻例会”上也专门设置这一讨论选项，大家集思广益。最后，总编室确定了拍摄陈薇、李兰娟和兰溪志愿者心舞谈抗疫的专题片形式，视频除了面向全市 6 万多学子播出，网上的点击量更是达到了上亿次。2020 年，兰溪还举办了“水上游”、枇杷节、杨梅节、童诗论坛、黄大仙节、李渔戏剧汇等诸多活动，在这些节会的宣传中，如何实现人员少聚集、传播效果又好的目的？在“大编辑部”制度主导的统筹探讨下，最终确定了网上直播并通过央视和卫视客户端发布这样的“借船出海”方案，几个活动的点击量都令人满意。

聚智还体现在对新闻事件的采访“接力”上，2020 年 11 月 24 日，长征五号顺利升空并将嫦娥五号月球探测器成功投送。下午，“新闻例会”成员在朋友圈看到有兰溪人参与其中的身影，马上将信息发送到晨会群。由于采访对象在网上并没有相关信息，社教中心通过组织人才系统获得采访对象的基本情况和联系方式，采集中心分线记者联系到采访对象的所在乡镇、所在村，总编室又拿到采访对象高中老师的联系方法，然后采集中心两组记者积极联系本人和分赴学校和乡镇寻找采访对象家人和老师，当晚就在微信公众号刊出了这条新闻。

聚心，是前两个作用的“水到渠成”。原先有着两个不同采编思维方式的媒体融合后，肯定会有一定时间的磨合，而通过互相交流、互相了解、互相帮助，这期间所经历的所有个例，失败的共同吸取教训，成功的增添粘着力，渐渐形成约定俗成的习惯，都对“真融深合”这一目标的运行产生润滑作用。

“分”是细化、变化、进化。细化，是对采访内容和采编工作的进一步分工。

与其他一些县级市媒体融合后的运作不同，兰溪市融媒体中心现阶段更重视的是锻炼记者"单兵作战"的能力。究其根源，其他一些县级融媒体采用的是"一次成稿，多平台发布"模式。记者写一次稿件，各平台编辑根据平台特性进行修改后发布。这一模式操作性较强，采集人员原先的工作惯性得以保持，也就保证了一定的速度。而兰溪市融媒体中心考核制度引导记者根据不同的发布平台来写稿，同一稿件如果按照不同平台改写，会叠加打分，这一制度势必要求记者或采访小组"单兵作战"的能力更强。如《壮哉！来看兰溪男儿的血性 〈八佰〉中的兰溪壮士》，由于周末没有报纸和电视栏目刊播，"新闻例会"要求先出新媒体稿件。接到采访任务的两名记者，原先都是电视记者，通过商量后，两人分工协作。采访壮士后人，截取电影片段，搜索相关文史资料等，用文字、图片、短视频、列表等元素撰写出4600多字符合新媒体传播特点的新闻调查，点击量达到近两万；如在一些现场活动中，摄像或文字记者需要给广播做连线，文字记者文字组织能力强，但口述能力弱，而摄像可能正相反。任务下达后，两者都要在采访过程中完成这方面的锻炼。因此，这样的细化分工，这样对采集人员熟悉多技能的"强烈"要求，加速打破了原先报纸记者、电视记者"二元"思维定式，加快了在记者脑海中深根厚植"移动优先"理念、新媒体理念。

变化，在"大编辑部"制度统筹下的采编工作，呈现不少新的变化。如，原先可能采集中心接到一个任务后自己默默扛下，现在则可能多部门协作分工。在今年的村社换届试点工作宣传中，新闻、专题、全场录制等，时间紧、任务重。通过"新闻晨会"统筹，采集中心、社教中心（党建栏目组）、技术中心（直播人员）实现分工，各自在自己熟悉的领域分担一块任务，工作效率远超以往的单个部门"眉毛胡子一把抓"。

融合过程中也遇到一些问题，最闹心的是分配问题。以往两个媒体各自隶属，你给我一个稿源，我给你一个信息，合作起来工分加倍。而现在同一稿件共同署名考核，分数均分。那么，在报纸版面中，文字记者会感觉没摄像什么事，联合署名不公平。同时，摄像记者照搬照抄，写稿能力弱化，有悖于中心提倡的加强记者单兵作战能力要求。发现这样的问题后，采集中心尝试"效率优先、兼顾公平"的做法：报纸、电视平台的署名仍按原先方式，但两平台稿件要各具自身媒体特点，不能依葫芦画瓢；新媒体稿件，特别是体现新闻速度的"兰精灵"用稿（属于不同平台发布的稿件，比电视、报纸新闻短，但发布时效快，可另外增加记者考核分数），则由双方共同完成。并且确定"兰精灵"的"标准件"是"文字＋照片（视频）"，文字由文字记者提供，照片和视频由摄像记者提供，两者分工后合二为一才能拿到这一块的分数。这样三个平台的不同对待，确保了原先记者的基本考核分，又在新媒体上体现了双方的协作。而在下一步，融媒体中心还将开展文字记者的摄像、航拍等技能培训和摄像记者的文稿能力培训，进一步增强队伍的采编能力。

在领到"大编辑部"分解的深度报道和记者调查等大稿的时候，采编分配也有所变化。我们知道，在同一新闻的采访中，文字记者和摄像记者的思维方式往往是不一样的，摄像记者写出来的文字其实都是脑子里的"画面"。没有"画面"的文字，记者大多会补充采访或躲避掉该部分表述。因此，文字记者长于抽象的"综合"，摄像记者长于具象的"抓点"。而在领到大稿选题，并且时效又要求很快的时候，目前一般都是文字记者组织面上的材料，摄像记者采访点上的事例，双管齐下、两者相融，这样来确保稿件的快速和鲜活。

进化，是"大编辑部"制度对原先采编业态将带来的更深层次影响。目前，兰溪市融媒体中心的"大编辑部"制度在不断探索中，解决困难，完善机制，删减掉原先一些不合理的规定，增加一些实用的措施，在发展中实现进化。而日新月异的新形势，又将带来更多的变化。

首先是采编人员思维的"进化"，这淡化了融合前两者固有身份的烙印。具体体现在：在采访不到画面的时候，摄像记者会尝试回来写文字稿；在采访非遗时文字记者会想到用手机拍短视频，作为"学习强国"的外宣素材；编辑在看到各中心报题时，会思考什么才是这个题材更好的表达方式。其次是技术的"进化"，编辑中心电视后期编辑从视频制作跨界到 PPT 的制作，将新闻元素进行重组，制作起公益广告。航拍、延时拍摄、水下拍摄，无人机、5D4 等设备的更多运用，不断丰富新闻的表现形式。广播中心的技术改造，使广播新闻直播从有声"进化"到"有形""可视"。最后是各中心功能上的"进化"，采集中心、总编室增强了辅助市里完成大型活动的能力；新媒体中心、广播中心开始"直播带货"；社教中心配合影视公司实现"触电"；技术中心开发出软件在手机上就可以玩吟诗作对的游戏……

媒体融合带了新气象，也让新闻从业者面临着更多新的挑战。我们躬逢这样一个新时代，并且身处其中，只有在新闻事业上不断思考、不断探索、不断前进，才能更深刻地了解这个伟大时代的面目与意义。

源头发力做好时政新闻报道

——浅析兰溪融媒体时政新闻记者真融深合

朱学兵

摘要:近日,国家广电总局印发通知,要求各地加快推进广播电视媒体深度融合发展,力争用 1 至 2 年时间,新型传播平台和全媒体人才队伍建设取得明显进展,主流舆论引导能力、精品内容生产和传播能力、信息和服务聚合能力、先进技术引领能力、创新创造活力大幅提升;用 2 至 3 年时间,在重点领域和关键环节的改革创新取得实质突破。笔者以时政新闻记者的视角,就如何从新闻采访源头发力,做精做强做专全媒体内容,浅析本地电视和纸媒新闻记者的真融深合,并就融合过程中出现的新问题,提出相应的应对策略,探研县域融媒体时政新闻报道工作。

关键词:县域融媒体;时政新闻;应对策略;真融深合

一、动"心"用"行",做好时政新闻报道

(一)源头发力首要条件就是跟班记者思想上讲政治、守规矩,在时政报道上才动"心"出彩

不管机构怎么融合,我们时刻记住,媒体是党和政府主办的媒体,是党和政府的宣传阵地,媒体姓党。这是习近平总书记在党的新闻舆论工作座谈会中提纲挈领的一句话。这句话是一名时政记者的座右铭,是一家媒体的根本属性,是我们在纷繁复杂、千变万化的新闻事件中,能够把握自身方向,不被细枝末节所困惑的一根定海神针。

在融合之前,笔者原是兰溪广播电视台的时政新闻记者,融合之后,变成了"跟班记者",与原报纸的文字记者一起合作,专职服务于市委书记,同时策划重大主题时政报道,报道的内容都是广大干部群众都非常密切关注的新闻事件。笔者负责电视报道,而报纸新闻则由文字记者来完成。尽我们最大限度地利用电视和报纸的不同手法,来表现动态场景、重大事件、重要会议,解读时事热点。正因为地位特殊,所以我们充分认识到自己不是自由职业者、自由

撰稿人，唯有守纪律讲规矩，才能在思想上、政治上、行动上与市委要表达的意思保持一致。记得2020年8月11日，当时市委书记到梅江镇五一村、横溪镇宋宅村走访调研，因为文字记者事先没有与秘书沟通过，想当然就理解出错了，把一次村社组织作风体检会写成了村集体经济发展调研。我及时发现错误后，马上与文字记者沟通进行更正，避免了一起新闻报道重大失误。

（二）源头发力，讲合作、扬正气，做出聚人心的时政新闻

作为时政新闻记者，随领导下镇乡、进企业，长久以来，给笔者感觉见到的情景经常是经过“导演”的，看到的人物是经过“挑选”的，听到的声音是经过“加工”的。但是我始终记得，我是一名党员，党性驱动，让我不能有这样的看法，要让自己沉下去，更接地气，去合作，去发现亮点。比如2020年年初的新冠疫情暴发初期，记得年初五那天笔者刚完成市委书记陈峰查访疫情防控工作的采访任务，当晚又接到市委报道组电话，针对目前严重的疫情防控形势，要出一篇战疫情的重大主题报道，向外界宣传兰溪已行动起来，就是宣传当地政府利用较完整的全产业链生产基础，指导企业转产、复产，加大了口罩、防护服、护目镜、消毒液等防疫用品的供应量，缩短了供货周期，助力打赢防疫阻击战的新闻报道。

难，实在是太难了！当时全市都在居家隔离中，加上开工的企业没有联系电话，部门不知道联系哪个，乡镇也只有值班人员，怎么办？这时，融媒体采集中心的“大家庭”作用就体现了出来。每位时政新闻记者像八仙过海一样，各显神通，根据各自掌握的资源，分头行动，一条条有效消息不停汇总过来，我们得知：游埠镇有家企业，在当地政府指导下，停止原创可贴生产，协调解决口罩生成所需的耳带、鼻梁压条、医用无纺布等原材料问题，重新启用口罩生产线；云山街道的浙江百浩工贸有限公司也在部门和街道帮助下，对生产线进行了及时调整，召回本地员工，加大医用防护薄膜、无纺布复合面料生产。大家现场策划、现场组织、现场调度、现场沟通、现场采访，一气呵成，就这样一篇《浙江兰溪：企业巧做“加减法”助推防疫用品生产》的新闻报道于当天下午2点前完成，当天被省、市级媒体采用，2月4日被央视财经频道《经济信息联播》栏目采用，向全国有力地宣传了兰溪在疫情防控中发挥的作用。也正因为这篇时政新闻的报道，浙江百浩工贸有限公司被国家工信部列入重要防疫物资生产企业名录和省级应急物资生产迫切配套企业名单，订单源源不断。

（三）时政新闻记者讲素质、行使命，在新闻报道上才更有“形”

中心的“时政报道团队”才刚刚成立不到2年时间，还处在相互合作的磨

合期，只有相互交融才能更好发展。因此，团队不定期举行作品评析会，对时政新闻采集过程进行“体检”。简单地说，就是随机从电视和报纸中各选取一周的时政新闻，让每位记者相互间开展批评和自我批评，从前期新闻采访到后期文稿创作、画面剪辑等方面，各自评析每条新闻的“得与失”，分享采访技巧、拍摄经验、写稿手法等。目前，这样的作品评析会，团队已开展了 17 期。

这样的交流方式，不仅加强了时政新闻记者团队战斗力，还提升了各自的素质修养。时政新闻记者始终记住，在媒体求新求变、报道求活求深的当下，记者战斗在党的新闻舆论工作最基层、最前沿阵地，只有不折不扣地把习近平总书记的讲话精神贯彻到工作中去，在围绕中心、服务大局中找好自己的定位和发力点，去杂音、改陋习、沉下去、接地气，从提升“四力”上发力，做发展的“推进器”、民意的“晴雨表”、社会的“粘合剂”、道德的“风向标”。

二、媒体融合背景下时政新闻团队出现的问题

“创新创业、包容自强”是新兰溪精神，时政新闻记者当然要走在前列。但是在采访时，传统思想根深，还是比较难以突破常规走出新路子。不管是来自原电视台的还是报纸，在转型过程中部分时政记者都还存在思想不纯、业务不精，贪图安逸耍小聪明，守新闻、等新闻情况；还有小部分人存在“工分万岁”想法，导致队伍凝聚力还不够强现象存在。分析其原因具体表现为以下几个方面。

（一）时政新闻记者采访途径转型难

时政新闻记者原有采访途径较为老套陈旧，难以符合当下广播、电视、报纸、手机以及互联网“五媒”融合发展需求，基本都还是采用“点对点”或者“面对面”的直白式采访方式，简单地说就是记录领导活动，记者实际就是一个简单的记录者。所谓的新闻信息基本都是被动接受，不具有采访主动权，信息收集的变动性较差。另外，新闻采集过程中，记者要顾及的重点较多。虽然是小组化团队“作战”，但期望与现实之间存在一定距离。再是融媒体背景下时政记者面临较大的工作压力，不仅需要记者积极寻找信息源，抢占播报先机，另一方面还需要记者面对市场，具有较为灵敏的感知，确保采访内容“接地气”。在这样的现实情况下，这样的职位与角色不具有对等性，记者难以突破旧思维的束缚，最终导致采访途径转型困难。

（二）时政新闻记者受管理理念制约

我们虽然进行各方面综合调整，但新闻采访管理理念与社会还是有一定

的脱节，节目操作和管理具有较大的随意性，现实中难以进行正确理念渗透，难以保证管理质量。再加上纪律管理还不到位，对记者行为难以约束，部分记者就缺乏主动性、积极性，更不要说创新性，这也是导致记者自我采访能力难以提升，存在“工分万岁”想法的主要诱因所在。

（三）时政新闻记者掌握“融媒技术”尚不熟练

虽然媒体融合了，也对接上了省里“云平台”，但部分记者在安逸思维作祟下，还是习惯于用传统媒体技术，导致对图文、视频等融媒体新产品采编技术一知半解。宁愿当个敲木鱼的小和尚，习惯于原来媒体的程序式操作，也不潜心研习融媒新技术，寄托于后期技术保障团队来“上门服务”。这也是制约着媒体融合线上与线下联动的一个“绊脚石”。

三、用创新采访模式来提升时政新闻报道水平质量

在现有环境下，时政记者应当充分意识到媒体融合的重要性，重新定位自己的角色，弄清楚自身的工作职责，要从“里子”出发，禁做“面子”工程，要有危机意识，从安逸的圈子中跳出来，不断提升自我专业水平和综合素养，多研习使用多种媒体设备、快捷发送多媒体产品，创新采访模式，做好媒体融合下时政新闻报道工作，具体可以从以下几方面着手。

（一）创新采访模式首要条件是要提升时政记者的素养

在当下广播、电视、报纸、手机、网站“五媒”融合背景下，新技术、新应用层出不穷，自媒体在信息传播中的影响力与日俱增，不调查就断章取义急着发布的人也多了，一台电脑、一部手机胡编乱侃的人也多了。作为时政记者，首先要守初心，不断提升思想素养，增强本领能力。按照习近平总书记对我们提出的增强“脚力、眼力、脑力、笔力”要求，找差距、补短板、强弱项，不断提升宣传思想工作的传播力、引导力、影响力、凝聚力。其次要强学习，不断提升知识文化素养。对于融媒体时政新闻记者来讲，具有良好的文化素养，不仅要具备文化知识，而且要努力形成媒体融合下独特的新闻报道风格。因此，时政新闻记者要尽可能地学习多方面的专业知识与技能，如新闻学、新闻采访技巧、录音技巧、摄影技巧、图文编辑技巧等。再次要强锻炼，不断提升身体素质。从事时政新闻报道工作，没有健康的体魄，哪来的敏捷思维，哪来的挑灯夜战?! 时政记者要注意养成健康的生活习惯，时刻保持充沛的精力、敏捷的思路和健康的身体，避免在采访工作中出现力不从心情况。

（二）时政记者要坚持内容为要

“巧妇难为无米之炊”，没有优质的内容如何让广播听众、电视观众、报纸读者仍旧爱听、爱看、爱读呢？面对眼下各种信息泛滥、标题党横行、如雨后春笋般遍地开花的各种自媒体，虽然我们强调“移动优先”，但必须要以质量为导向。因此，时政记者要始终坚持“内容为王”理念，做好权威、准确、真实的报道，弘扬社会主旋律、正能量。要突破传统媒体的固化界限，心有“五媒”理念，对于采集的信息分工合作进行加工处理，既要确保所采编的信息能够用于广播、电视、报纸新闻供稿，又可以借助互联网平台，使新闻报道能够为网页、手机等新媒介提供视频、音频和图传文内容。要熟悉广播、电视、报纸、手机、网站等多种媒介的运行与操作的方法与技巧，灵活加工与处理文字、图片、视频和音频等信息内容，满足不同层次人群获知新闻消息的新需求。

（三）时政记者要主动作为

时政新闻，顾名思义是关于时事、政治方面的新闻，在我们的报道中，多提供党委和政府职能部门的时事政治活动以及群众对这些活动反应的消息，其中相关部门召开的会议新闻和制定出台的政策新闻所占比重较高。由于这些消息承载了大量的政策性信息，受到受众的普遍关注。因此，时政新闻记者要主动作为，建立好新闻源。要做一个有“心”人，当群众主动向我们提供新闻信息时，每一次联系都记下对方联系方式、所在单位、职务、分管业务等，当我们策划重大主题报道主动联系采访对象时，应建立“联系桥”，做到有备无患；要做一个有“情”人，就是发挥好各自微信朋友圈和镇乡街道、部门单位的宣传干事的作用，私下常联系多沟通，为扩大培育新闻源打好基础。其次是沉下去找新闻，简单地说就是主动挖掘新闻。要充分利用与各部门单位、乡镇街道联办节目机会，主动挖掘、发现线索；每天听央广、看卫视、浏览网页，重点关注党和国家对重大问题的看法、主张和政策方针，学会分析、勤于思考，从网络、报纸、微信中去找到适合本地的“时政新闻眼”。再次是相互间要多补台而不是拆台。经历过多次策划的重大主题时政报道后发现，原先单打独斗的情况已难以适应当下的媒体融合后的时政报道需求。作为时政记者，要团队合作，因为我们在处理时政消息时，自己笔头上、画面上的任何一个失误，都会是政治上的失误，都将给事业造成无可挽回的损失。因此，要慎之又慎，相互包容，打破栏目、部门界限，建立统一信息源平台，统筹安排，团结协助来完成时政报道。只有强强联合、取长补短、协同作战，才能打通我们媒体融合过程中出现的“血管堵塞点”，通畅新闻队伍的“毛细血管”，携手做出时代好新闻，打响新闻好品牌。

(四)进一步完善相应的管理制度

没有规矩不成方圆。想要媒体间真正融合,实现线上和线下联动,发挥出时政记者创新时政新闻报道的融媒体思维,就离不开管理制度的不断完善,并落实好记者梯队培养工作。同时,还要明确相应的工作责任,建立一套完整的自上而下的业绩考核办法。例如,可以推行融媒体"量、质、效"叠加考核,严格细化新闻内容采集考评等级划分,建立以绩效薪酬分配为核心的融媒体绩效考核体系和好劳多得、多劳多得、优胜劣汰的价值导向体系,来激发时政记者的日常采访积极性和创造性。让记者意识到,任务完成要看指标,职位晋级要有业绩,提拔任用要凭实绩。只有实施有效的奖惩办法以及有针对性的人才培养管理制度,才能去除"慵懒"现象,激活存量人才,引进关键良才,促进县域媒体融合的进一步发展。

四、结语

当然,在融合过程中时政记者还存在尚未冒头的问题,还需要我们不断去发现、去磨合、去调整、去改变。正因为时政新闻报道永远在路上,需要时政报道团队在磨合中成长,在成长中成熟,不断去创新时政新闻采访的新思路、新手段,突破传统媒体单一化的界限,从新闻采访源头上发力,来做精做强做专全媒体时政报道内容,扩大传播范围和受众群体,提高影响力,来更好地服务人民群众,更好地维护社会和谐稳定,更好地推动当地经济社会发展。

参考文献

[1] 任丽梅.新媒体背景下县级电视台新闻节目创新探析[J].新闻研究导刊,2016,5(14):244-245.

[2] 张利.浅谈传统媒体与新媒体的融合发展[J].科技传播,2018,12(12):24-25.

[3] 陈诛.融媒体时代记者新闻采访创新模式和分析[J].科技传播,2019,3(17):37-38.

媒体融合时代电视新闻工作者如何践行“四力”实现创新和突破

郑　露

摘要:本文基于融媒体时代的宏观背景,结合笔者自身工作经历,分析探讨电视新闻工作者如何从践行“四力”出发,实现创新和突破。

关键词:融媒体;四力;专业要求;电视新闻记者

2018年8月,习近平总书记在全国宣传思想工作会议上强调,要不断增强脚力、眼力、脑力、笔力,努力打造一支政治过硬、本领高强、求实创新、能打胜仗的宣传思想工作队伍。此后,中国记协也向全国新闻工作者发出倡议,号召广大新闻工作者牢记习近平总书记提出的增强“四力”要求,锻造过硬素质、过硬本领、过硬作风,书写新时代的精彩答卷。从“三贴近”“走转改”,再到“四力”,党对新闻工作者的思想作风和业务实践提出了要求、指明了方向。而在媒体融合时代,电视新闻工作者们如何践行“四力”,实现创新和突破,也成为大家思考的一个问题。

一、善于吃苦,才能夯实脚力

“四力”中,“脚力”显而易见是最根本的。镜头随脚走,苦练“脚力”,是对一名电视新闻记者最基本的要求。在记者团队中,电视新闻记者大概是最辛苦的。因为你不但要肩能抗,还要手能提,较重的体力付出对电视新闻记者的脚力也是一种实实在在的考验。记得2013年,笔者曾与同事一起前往兰溪市柏社乡山区里的一处小村庄采访。当时是去拍摄一位酿酒的老人,这位老人家住在半山腰,通往他家的道路是一条没有浇筑水泥的盘山道路。由于前一天下过雨,在一段山路斜坡上,采访车辆陷进了黄泥中,始终无法向前。眼看着时间一分一秒地过去,这样下去采访任务如何完成?笔者与同事一边联系酿酒老人,希望他能够推迟酿酒时间,以免错过关键镜头的拍摄;一边到周边寻求,看看是不是有老乡能够帮忙一起推车。经历了种种“磨难”,总算是到了采访现场，拍摄的过程十分顺利。在与老人的交谈中，我们了解到，尽管他自己在山中酿酒，并且也没有品牌，但是他的酒却在城里很畅销，甚至还有不少上海、杭州的客户每年都会订购一批酒。稿件的主题，也在采访中不断深化。在完成采访后，外面下起了大雨，山路难行，差点就回不了单位，但是这是一条当天要播出的稿件，不回去节目怎么办？幸运的是，最终，笔者和同事顺利回到单位，新闻也得以在当天播出。

在2017年，兰溪再一次经历了洪水的侵袭。笔者的两位同事坐着冲锋舟，跟随救援人员深入抗洪救援一线，实地拍摄了几个被大水围困较严重村庄的真实情况。而按照以往的经验，这样的新闻都是拍摄好后，回单位制作，在晚间的新闻节目中播出。但是那一次，两位记者还采用了新媒体传播的形式，即一位记者将手机当摄像机，另一位记者口述现场情景，并将录制好的视频通过即时通信软件传回单位，通过新闻APP、公众号等第一时间发布，取得了很好的宣传效果。

为什么要列举这么两个实例？其实是它们有共性，可以说这两次采访的过程都不容易，体现出了记者的“脚力”。行百里者半九十，脚力不够，就拍摄不到最真实、最动人、最具有感染力的画面。电视新闻记者要永不停步，只有在路上，才能拍摄到坐在办公室永远拍摄不到的画面。也只有到基层去，到现场去，才能看到人民群众最真实的情感流露，拍摄到现场感强的画面，抓拍到稍纵即逝的镜头。而两次采访，也有明显的不同点。第二次采访，两位记者可以说是很好地运用了新媒体手段，没有拘泥于传统的报道手法，死守着摄像机拍摄。而是灵活机动，采用了手机拍摄，才更加快速地将新闻事件报道了出去。这也可以说是记者在融媒体时代的一种创新和突破。

归根结底一句话，你要想成为一名好记者，需要夯实的还是你的“脚力”，没有“脚力”，你有再好的创意，也没法拍出一条好新闻来。

二、开阔眼界，从而提升眼力

作为一名电视新闻记者，只有“脚力”还不够，还要有好的“眼力”，这就要求你有一双善于捕捉新闻的眼睛。我们常说，相比文字，画面才是电视新闻的命脉，一般处于主导地位，一个好的画面可以胜过千言万语。

而电视是一门遗憾的艺术，因为电视新闻拍摄，很多现场画面都是一次性的，不能补拍，不能重来。有时会在耳边听到同事在剪辑时说，什么什么镜头忘记拍摄了，这个镜头我竟然没拍到，或者是这条新闻的素材好像不太够等。说到底还是我们作为一名电视新闻记者的“眼力”欠佳。

发现新闻的前提是要拥有“灵活的双眼”。眼力是脚力的延伸，当脚在“走别人未走之路”时，眼也要同时“抵达”，我们既要关注那些经常出现在个人经验范围和媒体中的群体，也要捕捉那些特殊时刻、特殊地点通常会被忽视的人。

一名新闻记者，拥有一双慧眼，才能报道出紧贴时代脉搏、反映人民心声、引领社会风尚的好作品。

其实，在笔者看来，“眼力”也分两层含义：第一层是作为记者的眼界；第二层是作为记者发现新闻眼的能力。都说，一千个人眼中就有一千个哈姆雷特，其实新闻报道也是，同一条新闻线索，在不同的记者手中，能够产生不一样的新闻传播效果。有的人可能只是就事论事，而有的人却能够延伸到社会共性，引起受众共鸣。记得 2018 年的一次市级会议上，当时通知的仅仅是一个会议，其中有一个环节是给优秀和落后乡镇街道颁发红黄榜单。在这个时候，市长说了一段没有在“会议议程”里的讲话，笔者只录到了 2/3，而同在会场的一位同事完整地将这段话录了下来，最终拍摄制作成了一条新闻特写，让原先枯燥的会议新闻有了更好看的新闻点，正是这样的新闻才会生动形象、引起共鸣。

三、不断学习，练就过硬脑力

如果说“脚力”是根本、“眼力”是关键，那么“脑力”就是核心。而作为一名电视新闻记者，其专业性很强，在拍摄时讲究色彩、明暗、构图以及镜头的推拉摇移跟，也就是所谓的镜头语言，没有经过专门系统的学习是很难真正掌握摄像规律的。同时电视新闻也是政治性很强的工作，在重视拍摄技巧的同时，最根本的是要提高政治站位，将党的方针、政策、立场贯彻于新闻的拍摄之中。

而在新时代，传统媒体的角色已然发生了变化。对于新闻报道，社会大众的选择不再是只有电视和报纸。面对新的形势，要求我们新闻记者牢牢守好主流舆论这块阵地，并且要通过不断学习，开拓脑力，才能当好新时代的传播者、记录者、推动者和守望者。

脑力也意味着创新，应勤于思考、善于思考，少做千篇一律的报道，多寻新角度、新节点和新变化，努力制作精品新闻。2019 年，兰溪市出台了《兰溪市“标准地”交地即开工项目联审办法》，这只能采写成一条简单的会议新闻吗？经过前期的沟通，记者联系了第一个“尝鲜”的项目，从项目开工现场，引出兰溪“交地即开工”的联审办法，也让一条原先的会议新闻有了鲜活的现场，更能为观众所接受。

四、不断钻研练就不凡笔力

当下，电脑、手机以及各类新闻媒体终端已经成为了人们获取信息的主要途径。可以说，笔力已经不单单是指写作能力和水平，更要求我们新闻记者有“十八般武艺”，能够熟练运用新理念、新技术、新手段，解决“本领恐慌”问题，加快转型成为全媒体时代的全能记者。

所谓“铁肩担道义，妙手著文章”，就是对我们新闻记者的真实写照，练好“笔力”，就要发挥“口头、笔头、镜头”的作用，将文字与镜头相结合，更好地去处理画面与文字的关系。在写稿时，准确、恰当地运用文字来衬托画面、表现画面。

而在媒体融合时代，要适应互联网语态与全息传播形态的表达形式。新闻记者练好“笔力”不仅要强基固本，还要提升技术运用能力、融合传播能力、数据解读能力，多要素、多手段并用，这样采写的新闻报道才能足够有传播力、凝聚力、感染力和引导力。

总而言之，脚力、眼力、脑力以及笔力是相辅相成、辩证统一的整体，提升自身的“四力”职业素养是新时代每一名新闻记者的初心和使命。这“四力”既阐明了新闻记者要练就的本领，也为新闻记者提升本领指明了方向。基层是产生好新闻的“沃土”，新闻记者就是到“沃土”中采摘丰硕果实的人。当前，媒体融合发展的时代已经到来，新闻记者应当自觉、积极行动起来，将践行“四力”作为增强本领、提升素养的重要方法，更好地担负起举旗帜、聚民心、育新人、兴文化、展形象的使命任务，在新时代讲好中国故事，传递中国好声音。

以三个“心”推进“合而为一”，提升媒体传播力

方一凡

习近平总书记在中共中央政治局第十二次集体学习(2019 年 1 月 25 日)时指出:“推动媒体融合发展，要坚持一体化发展方向，通过流程优化、平台再造，实现各种媒介资源、生产要素有效整合，实现信息内容、技术应用、平台终端、管理手段共融互通，催化融合质变，放大一体效能，打造一批具有强大影响力、竞争力的新型主流媒体。”①媒体融合后，人力、技术、平台、资金等方面资源都大幅增加了，那么，如何通过“量的扩张”来实现“质的提升”，做到“合而为一”，使媒体的传播力更广泛、深远？关键在于三个“心”。

通力合作之“心”

新闻产品的生产看似某个人或某个部门的事情，其实往往需要多人或多部门的协同配合。

2020 年 10 月 1 日，兰溪市召开以“共聚兰溪、共谋发展、共创辉煌”为主题的 2020 兰溪发展大会，邀请 300 余位来自全国各地的兰溪籍党政领导、业界精英、知名人士、新兰溪人代表和嘉宾齐聚一堂，共叙乡情友谊，共谋家乡发展。大会议程多，有招商项目签约仪式、成立兰溪市乡贤人才基金、2020 兰溪发展论坛、主旨演讲、金兰创新城推介等。

为了报道好本次大会，已做好充分准备的融媒体采集中心派出几组记者，或拍摄采写主消息，或进行人物专访，或做新闻特写。由于采访任务重花费时间长，以致记者赶回单位较晚，再加上同期声多，如何确保当天的电视《兰溪新闻》在 18:30 按时“开饭”，这对于节目组工作人员无疑是一场极具挑战的考验。

---

① 见 2019 年 1 月 25 日中华人民共和国中央人民政府网 www.gov.cn。

脚步匆匆忙忙、手机频频响起、话语此伏彼起……随着播出时间的逼近，节目制作现场的气氛紧张得有些滞重，一个个恨不能一分钟掰成八瓣子用。总共 13 条稿子，其中 11 条已完成或正在制作中，还有 2 条，记者正在一脸紧张地字斟句酌。从当时的情势来看，如果常规化地让记者“单打独斗”，独自完成稿子的采写、素材的导入、画面的剪辑、字幕的录制，“这锅饭”十有八九会“夹生”，甚至“揭不了锅”。一旦这样，就属于重大播出事故了。

节目制作部门考虑到问题的严重性，决定打破常规，分头“做饭”，已完成手头工作的人员主动帮忙——有的导入素材，有的先按照同期声录制字幕，有的先制作完成标题和记者名字，并从素材库中寻找适宜的画面制作内容提要。这样，一副担子从独自挑变成几个人挑，减轻了记者的负担，加快了节目制作的速度。记者剪辑到后半部分时，审片人员先审查前面部分的画面是否有夹帧跳帧、是否符合逻辑、是否合乎规范（这不影响记者剪辑）。18:28，整档节目打包完成并下传到播出机房，距播出时间仅有 2 分钟！

需要通力协作的，不只是限于本部门或本单位，还可以运用网络技术，探索新模式，突破区域限制。

陕西省略阳县是国家扶贫开发工作重点县，为了助力贫困地区县级融媒体中心建设，经浙江省记协安排，兰溪市融媒体中心负责对接略阳县融媒体中心。2020 年 11 月 10 日，兰溪市融媒体中心与略阳县融媒体中心联合举办“赏嘉陵红叶品略阳美食”消费扶贫直播活动，通过“兰精灵 APP”“兰溪新闻公众号”“微视兰溪公众号”等方式现场直播。近一个半小时的直播，吸引了 150 万网友在线观看和参与，1500 份乌鸡系列产品被秒购一空。当天的《兰溪新闻》和（电台）《兰广新闻》也予以报道。

这场活动，向兰溪甚至长三角区域介绍了略阳，增进了兰溪和略阳两地的交流了解，为精准扶贫提供了更多信息服务，助力略阳的产品进入浙江市场，巩固了脱贫成果。也为兰溪市融媒体中心今后拓展交流平台，丰富合作模式，提升传播力和影响力积累了可贵的经验。

崇尚敬业之“心”

精神，是成就某项事业的动力源泉和强有力的支撑，那么，传统媒体在互联网迅猛发展，生存压力明显加剧的境况下，融合后要实现超越、发展，最需要什么精神呢？

“记者笔下有是非曲直，有誉毁忠奸……”因此，制作新闻产品要格外严谨，甚至要有“为求一字稳，耐得半晌寒”的劲头。出于职业习惯，笔者阅读、收看各类报纸电视新闻时，特别注意是否有差错，令人遗憾的是，文字使用不准确、画面剪辑不规范的现象比较常见。

表述模糊 用词重复

“景区工作人员预计，今天的客流量将突破六七千人次。”六七千是大致的数字，可以说达到六七千人次，但不能说突破；如果非要“突破”，就应该有一个具体明确的数字，6000 或者 7000。

再如：“社区居家养老服务中心工作人员介绍，社区以老人居多，平时这些老人们可以凭票到食堂吃饭。”“100 多名大爷大妈们举行游园活动。”“100”“这些”“们”都是指并非一个，选用一个就行。“以免造成不必要的麻烦。”既然麻烦是“不必要的”，为何还“怜香惜玉”地“舍不得”去掉？

意思有偏差

为了让学生对毒品危害有更深的认识，某中学联合当地派出所举办“法制教育之远离毒品万人签名”禁毒活动。“学校老师告诉记者，现在正值中学生处于青春期、叛逆期，在学校和家庭的教育下，一些青少年会寻求刺激，容易沾染毒品。因此，预防吸毒教育有着举足轻重的作用。”划线部分的文字说明这样的教育是很失败的，起到了完全相反的作用。

有一起农资纠纷并非是销售方的责任，经过相关部门的调解，销售方表示愿意给予一定的补偿。孰料，记者把“补偿”写作“赔偿”，无责任变成有责任，性质完全不同。

“账目不符”

某司法所调解了 20 多起民事纠纷，成功率 99%以上。如果按照 20 起民事纠纷来计算，调解成功一起纠纷，成功率是 5%；1%的不成功率，折合成纠纷是 0.2 起。不管调解成功与否，纠纷都是整起的，怎么会有零点几起呢？

“截至目前，全市累计销售家电产品近 48043 台。”48043 这个数字已经精确到个位数了，怎么还要“近”？还能怎么“近”？

张冠李戴

某个村在A街道，记者却“直把杭州作汴州”，在稿子里不辞劳苦地将其迁到B街道；某个村开始在A镇“定居”，后来却跑到B镇“访亲问友”不肯回来了。

“别字先生”时有所见

如：不负责任地把“负责人”写成“负责任”；小学生表示好好学习长大后“报效祖国”，“报效”却成了“报销”；“调解”成了“调节”；“组织活动”的时候却去“阻止活动”；别人还未“馋涎欲滴”，记者却已“谗言欲滴”……

画面剪辑混乱

“声画两张皮”、景别组合不合理、“入点”“出点”不稳……更有甚者，不按稿子剪辑而造成结构错位。如，2020年11月24日的《兰溪新闻》有一条片子，开头是市场监管人员在A单位检查，之后在B单位检查，然后又是在A单位检查，且人物同期声的位置不符合逻辑，前后内容对应不上。如果记者按照稿子剪辑，就不会出现这种问题。

工作难免出差错，这很正常；但是，隔三岔五地出差错，何况是很低级的差错，这就不正常了。这不仅仅是粗心，简直是不用心；不仅仅是业务水平问题，更是工作态度问题、工作作风问题。既不利于个人综合素质的提高，又影响新闻的质量和传播效果，不能很好地履行传播信息、通达民意的社会责任，甚至引发纠纷。如果听之任之，那么，久而久之，势必损害媒体的公信力和形象，阻碍媒体事业的健康发展。因此，媒体融合后最需要敬业精神。

敬业是应有的道德素养和工作要求，有的人之所以缺乏敬业精神，是因为把事业当成职业，甘于平庸，得过且过，混口饭吃就行。似此，只能在平地上行走，绝难登上高山，看得更广、更远、更多。其实，事业是职业的支撑点和推动力。不敬业，事业难以发展，还会降低职业的“良好指数”，原本的好职业也可能味同鸡肋。

某一个人不敬业，并非是他自己的事，有时会影响同事的情绪，降低工作效率。崇尚敬业，才会尊重自己，尊重同事，尊重受众；才会端正工作态度，改进工作作风，认真行事而不是敷衍了事，使同事关系更融洽，团队意识和集体荣誉感更强。

敬，源于心而践于行；业，精于勤更精于敬。从个人层面来说，要有高“羞养”——羞于比同事业务水平低，羞于自己不够认真，羞于学习不够努力，继而把“羞养”化为提升综合能力的动力。崇尚敬业，正确认识事业和职业的关系，把职业当成自己挚爱的事业，激发强烈的事业心和责任感，自我加压，勤勉学习，不断磨砺自己、充实自己、提高自己。

从单位层面来说，要制定完善考核激励机制，去揪错、纠错、防错；去鼓励新闻从业人员创优、争优、更优。

不思进取，必然落后于人；不断进取，方能扬帆致远。崇尚敬业，凝心聚力，尽职尽责地勤奋工作，锲而不舍地开拓创新，坚韧不拔地拼搏奉献，把敬业精神这一软实力，化作强大的硬实力，是媒体在激烈竞争中能够阔步前行的可靠保证，是媒体事业得以持续发展的根本。

善于创新之“心”

习近平总书记在全国宣传思想工作会议（2018 年 8 月 21 日）上指出：“要把握正确舆论导向，提高新闻舆论传播力、引导力、影响力、公信力，巩固壮大主流思想舆论。要加强传播手段和话语方式创新，让党的创新理论‘飞入寻常百姓家’。要扎实抓好县级融媒体中心建设，更好引导群众、服务群众。”如何更好地落实习近平总书记的这一要求？有必要明白两个问题——

为什么要创新？

同样一件事情，如果讲得绘声绘色，生动有趣，受众就喜欢看、乐意听，容易记住所讲的内容，并可能口口相传，扩大传播范围，提升传播效果；如果讲得干巴枯燥，言语乏味，受众就提不起兴趣，难以卒读、难以卒听，达不到应有的目的。要提高新闻的传播力，其中重要的一点是善于创新，有新思维、新视角、新方法。

从各级各地主流媒体新闻来看，有相当一部分不同程度地存在语言枯燥乏味、表现形式单一、制作手法陈旧等问题，千人一面、千篇一律，显得严肃呆板有余，轻松活泼不足。究其因，一是有些人觉得做新闻都是套路。诸如：会议新闻必定要领导强调；展望未来必定要满怀信心；施工现场必定要热火朝天；培训讲座必定要受益匪浅……这些都是“程式化动作”“标准化语言”，轻车熟路，得心应手，没必要花心思、下功夫、费力气去创新，不愿意走新路。二是虽然有心开创新路，但怕“邯郸学步迈不开步”，创新不成反而成了“创伤”，让人耻笑；或是由于套路走多了，不知道如何去创新。

不可否认，新闻创新确实很难，但是，如果不创新，如何不断提高新闻的可看性？如何让受众喜闻乐见？如何扩大受众面，使其在潜移默化中接受思想、价值等方面的渗透？如何增强传播效果？创新，既是做优新闻的要求，更是媒体持续发展的动力源。

怎样创新？

以笔者曾经编辑制作的电视专题节目为例。

（一）让语言“俗”起来

当然，这里所说的俗，并不是庸俗、粗俗，而是通俗。生动形象的语言，比枯燥乏味的文字，更能增添节目的趣味，引起观众的兴趣。笔者通常采用如下几种方法。

1. 注重押韵

押韵的句子，读起来朗朗上口，声音和谐、流畅，有韵味，好比一道菜添加了高汤，提鲜，提神，提劲。

如：“刨去肥料、人工等杂七杂八的开支，属于自个儿口袋里的钱没有多少；他估摸着，光是靠种水果，致富的步子迈得太小，就寻思要把其他赚钱的道路再找一找”；“不管养什么，技术是个宝；没有技术，往往是花了钱费了力，还落不到好”；“生意做失败，黄金当铁卖”……

2. 使用土话俚语

土话俚语流传于民间，言简意赅，通俗易懂，别具乡土气息，亲切自然。用来表现变化的词语，常见的大多是翻天覆地、巨大、日新月异等，笔者在表现陈店村的变化时，刻意用了一句当地的土话：排骨变蹄髈。有观众评价，这句话通俗、形象、有趣。

其他诸如：“全村人守着这一大片山，却没有想到利用起来，就让它白白地荒着。唉，真是人在事中迷，有马都不知道骑”；“只觉得今后的道路该怎么走，自己是大雾天里看远方——一片迷茫”；“怎么办？还能怎么办，吃饭没有菜，用点咸盐代一代——就这么对付着过吧”……

3. 巧用谐音

谐音，就是利用汉字同音或近音的条件，用同音或近音字来代替本字，产生辞趣。

《章标仂:创业没有句号》有这样一段话:办工厂有风险,章标仂有现成的铁饭碗不捧,却自己去垒个泥饭碗,这真是吹喇叭发出笛子的声音,章标仂啊章标仂,你这心里到底是怎么想(响)的?

4. 插入诗句

下蒋坞村是专业杨梅种植村,笔者在介绍其昔日的贫穷落后时,如是写道:"穷日子就像人的影子一样,你走到哪里它就跟到哪里,没有一点要离开你的意思。何以见得?有诗为证:低矮破旧泥土房,家中难觅隔夜粮;一年辛苦忙到头,身上仍是烂衣裳。"

近几年,"下蒋坞村的变化有目共睹,让人鼓舞。怎么见得,照样有诗为证:辛勤栽下摇钱树,小康路上迈大步;汗水浇出致富果,家家户户钱袋鼓;穷村有了富模样,笑语描绘新蓝图。"

前后两首诗是笔者根据采访素材自己编的,之所以这样,是为了有别于一般的叙述模式,力求给人耳目一新的感觉。不过,插入诗句要注意内容前后呼应,有助于烘托气氛,强化主题。

5. 善用修辞

修辞的方法有比喻、拟人、夸张等多种,具有使表达的内容生动具体形象、强化意境等作用,给人以鲜明深刻的印象。试举几例:"建筑这一行干得好好的,咋还要办木桶厂呢?就算你能耐再大,难不成一只手还能同时抓起两条鱼?""事实就像冬天里一盆冰凉的水,一直浇到他的心里,冷得他直打寒颤"……

6. 虚实结合

有道是:文章实做则有尽,虚做则无穷。遣词造句也是如此,可以适当采取以实写虚、以虚驭实、虚实结合的方法。如:"眼瞅着种杨梅来钱,乡亲们也更来劲了,撒开脚丫子一门心思在致富路上跑。""致富路"不同于看得见摸得着的道路,具有抽象性,属于"虚","撒开脚丫子"具有形象性,属于"实",虚实相生,能突出乡亲们致富的迫切心情和愿望。再如:"村干部把其中的道理掰开揉碎了,讲给大家听。""道理"具有抽象性,用"掰开揉碎"的形象描写,更能表现村干部做思想工作的耐心细致。还有:"鹿火腿在市场上东奔西跑,为公司跑出一条条销路,也在他的头脑中跑出一条新思路。"鹿火腿根本就不会跑,在这里变静为动、虚实结合,自然有趣。

（二）让人物“实”起来

有些节目在介绍人物事迹时，简单地罗列工作成绩，再让采访对象就如何做好今后的工作来个表态性发言，以通篇只有一个“好”字，来体现人物形象的“高、大、全”，缺乏细节、缺乏情节、缺乏对人物“软、弱”方面的展示，缺乏对主题的提炼深化，显得不可信。人无完人。人，总有这样那样的不足，揭示人物的不足，并不会贬低人物形象，反而更能客观表现其成长历程，塑造真实的人。

有的节目在表现人物遇到困难和问题时，往往用“经过种种努力，终于克服了困难（问题）”一笔而过，显得平淡无奇。其实，如何解决困难和问题，这些是受众所关心、关注的，也更有利于刻画人物形象、深化主题。因此，要善于利用关键材料设置悬念、巧埋包袱、制造冲突、掀起波澜，使人物故事化，故事情节化，情节细节化。

表现典型人物和先进事迹，不能仅仅停留在介绍所取得的成绩，还要从中挖掘经验，起到深化主题、以点带面的作用。

（三）让形式“新”起来

内容决定形式，形式也是内容之一。节目的形式如同人的衣服，时尚、合身、漂亮，会让人眼前一亮，加深印象。

制作小标题。对几件事情的叙述如果“一气呵成”，中间没有“停顿休息”，会给人“眼睛鼻子挤在一块儿”的感觉，易让受众疲劳，来不及“消化”内容。而根据节目内容制作小标题，显得层次分明、脉络清晰，各部分既相对独立，又相互补充，浑然一体，便于多角度、全方位地揭示事物本质，展现人物形象。

笔者在介绍陈店村“村两委”所办的实事时，内容过渡的地方没有小标题，总感觉生硬不自然。再三思考后，抓住3件典型的实事并制作了小标题：“履行承诺清‘旧账’矛盾化解公路通”“甘当‘老娘舅’重续邻里情”“村庄整治谱新篇 旧貌改换美容颜”。这样，“体态臃肿”的节目显得“凹凸有致”，主题突出。

（四）让字幕“活”起来

同期声上字幕，是为了让受众看清楚叙述的内容，而让字幕“活”起来，是为了给观众更有趣、更生动活泼的形象，为烘托主题服务。

在某期表现新官上任三把火的节目中，笔者制作了小标题，第一把火：道路硬化。其中的“火”，以动画式的熊熊燃烧的火把来代替，寓意新官积极向上的工作姿态，饱满的工作热情，昂扬的奋斗意志。

在表现下蒋坞村的前后变化时，用过去的资料镜头——一堵残败不堪的土墙，加上一个色彩暗淡、瘦骨嶙峋、有气无力的“穷”字，接着，一个色彩艳丽、体态丰满、悠然自得的“富”字，旋转着逐渐放大，把“穷”字挤出画框，画面也转为崭新的楼房。

在用较多的数字表现某种变化时，如果一念而过，观众难以记住，而采取动态的、列图表的方式，可以使数字在屏幕上停留一段时间，看起来更直观、印象更深刻。

有时候，标点也可以灵活运用。记得在表现人物遇到的各种困难和问题时，笔者曾同时上了十几个大小不一、横七竖八的问号，这些问号围着人物上下左右乱转，揭示了人物内心的烦乱；当困难和问题圆满解决后，笔者又同时上了十几个感叹号扑向人物，以表现人物的喜悦之情。

创新无止境，创新臻胜境……

七、做深专题

融媒体时代健康类节目如何增强受众黏性

——以兰溪市融媒体中心创办健康节目的实践为例

姜鸣红

摘要:党的十九大报告提出:“人民健康是民族昌盛和国家富强的重要标志,要完善国民健康政策,为人民群众提供全方位全周期健康服务。”近些年来,我国经济社会的发展催生了大量的媒体健康类节目。融媒体时代,县域媒体的健康类节目面对众多竞争者,该如何增强观众黏性,实现健康节目的有效传播?本文以兰溪市融媒体中心创办健康节目的实践为例,进行一些粗浅的探讨。

关键词:媒体融合;健康节目;传播;受众黏性

一、兰溪市融媒体中心健康节目现状与受众关系分析

(一)现有节目设置及类型

兰溪市融媒体中心目前设有的健康栏目:电视这边分别依托当地三家医疗服务机构,联合开办了对应的三档电视健康栏目《好医生说健康》《百城健康大讲堂》《中医养生操》,均为周播,节目时长分别为20分钟、20分钟和5分钟,在每周五、周日晚上播出,次日设有重播。《好医生说健康》《百城健康大讲堂》两档健康栏目是以演播室主持人和专家访谈为主要手法;《中医养生操》则是与当地中医院联合开办,根据中医理论,一年确定一个主题,比如《二十四节气与养生》,每期节目教授观众一个养生操。

兰溪电台的健康节目开办比较早,从2013年6月开始至今,就与兰溪市疾病预防控制中心进行合作。由疾控中心安排全市各医院、卫生健康单位的医生、专家走进908直播室、录音室,讲述健康常识。目前设有《健康大讲堂》栏目,每天播,时长30分钟,分别在调频FM90.8兰溪电台“兰江之声”及对农广播“三农之声”中播出。

另外还有少部分线上线下的健康类直播和小视频节目在新媒体平台上不定时发布。

(二)制作团队人员及构成

兰溪市融媒体中心设置健康服务类节目的定位和宗旨就是为观众提供健康教育、普及医疗知识,同时为更好地建立医患关系贡献媒体力量。相对来说,这些健康类节目主要依靠当地医疗机构出资赞助,大多以低成本高效率的主持人+专家的演播室访谈类节目为主,节目形态相对还是比较单一。这与县域融媒体中心的经济实力和人员配置有很大关系。据了解目前三档电视健康栏目《好医生说健康》《百城健康大讲堂》《中医养生操》由5个人组成一个摄制团队,需承担编导、主持、拍摄和制作工作,其中2个主持人还要兼播别的节目;而电台30分钟的天播栏目《健康大讲堂》由两个主持人轮流播出,这两位主持人同时还要兼任对农节目和行风热线节目的主持人。

(三)受众人群及收看平台划分

目前,健康类节目的载体根据受众年龄、文化、层次的不同,大致可分为:电视健康类节目,以中老年受众居多;电台健康类节目,以中老年和开车族为多;新媒体健康类节目,则以中青年受众偏多。具体可以划分为如下三类。

第一类是忠实型:注重健康和养生的人群。改革开放40多年,随着社会经济快速发展,人民群众追求健康生活成为一种新时尚,其中一部分经济条件较好的人对渴望身心健康和获取健康养生知识更为迫切,对健康类节目的需求也越来越大,凡是看到健康节目,他们照单全收,这类人群是坚定不移的健康节目的最忠实受众。

第二类是需求型:患者和他们的家属。当前,健康问题已经不再分年老年少,由于当今时代快节奏的生活方式、强高压的工作节奏,使患者群体逐步年轻化、低龄化。所谓患者是指患有某种疾病的人,他可以是亚健康患者、也可能是重病患者,正被疾病所折磨的人,这样的群体就会主动去寻找电视、电台节目以及书籍等医院以外的途径来寻医问药、求解病因和治疗方法,他们会自觉地根据自己的需求来寻找适合自己的健康类节目。这个人群可能是阶段性的,也可能转成长期的固定受众。

第三类是游离型:部分受众本人没有强烈收看或者收听健康节目的意愿,因为是当地身边某位专家的朋友,刚好播出这位专家的节目,或者一段时间内受患病朋友影响,抑或偶然恰好看到某个健康节目觉得还不错就看下去了,像这一类被动偶尔收看者,暂且称为游离型观众,像这部分人对健康节目的质量和获取健康知识的途径也会要求更高,节目做得好了,也许他们就转化成健康节目的忠实受众了。

二、融媒体时代健康节目如何突破现状增强观众黏性

健康类栏目相对来说受众年龄偏大，节目形式也没有娱乐节目的轻松、诙谐，由于节目依托于和当地医疗机构的合作，也容易被观众误以为媒体为盈利替医疗机构打广告做宣传。那么如何来吸引更多受众呢？兰溪市融媒体中心从2019年3月25日成立以来一直在探索和寻找健康节目的突破之路。

（一）公信＋专业

2020年一场突如其来的新冠肺炎疫情，让人们对健康的体验达到了史无前例的高度，对健康节目的关注度也直线上升。这对健康节目的制作团队来说无疑是一场大考。兰溪市融媒体中心以抗疫为契机，新冠肺炎刚在国内开始之初，几档健康栏目就迅速做出反应，及时联系当地权威专家，推出关于抗疫防疫方方面面事关百姓健康的系列节目，并随后在新闻节目和融媒体中心的“兰精灵”APP里播出，提醒市民引起高度重视。同时以刚刚被国家授予“人民英雄”荣誉称号的家乡人陈薇院士、少将为亮点，及时播报抗疫疫苗研究等最新的健康资讯，并通过云上课堂播出李兰娟院士、陈薇院士对兰溪市民的深情寄语，给大家树立抗疫必胜的信心。

2020年5月14日电台《健康大讲堂》栏目制作了一期特别节目，邀请兰溪市三位重量级嘉宾走进908直播室。兰溪市医保局医药服务管理科科长杨晓惠介绍了在这次新冠肺炎疫情发生后，为了支持抗疫，兰溪市医保局在政策调整、服务民生等各个方面多措并举的具体做法等；兰溪市疾控中心姜锡能副主任就在防控工作取得阶段性的胜利后，下一步将如何巩固成果，提高全民健康水平等问题在节目中给了大家实用的建议；而兰溪市人民医院呼吸科副主任鲍绪新和大家分享驰援武汉的经历，同时告诉大家：提高个人免疫力对战胜病毒至关重要，以及在日常生活中，我们可以从哪些方面去提高自身的免疫力等问题。这在当时自媒体乱象丛生、信息漫天飞舞的特殊时期，充分彰显了兰溪市融媒体中心健康节目的公信力和对社会公共健康危机事件的迅速反应，起到了稳定当地人心的作用。

人手紧、一人多岗是我国当前县域融媒体中心的特点和常态，但是医学是一门严谨的学科，健康节目是一档专业性要求比较高的严谨的栏目，这就要求参与制作的工作人员必须具备一定的医学素养，实际上我国的健康传播的发展起步较晚，具备相应知识的电视媒体人更是寥寥无几，远远落后于健康节目的发展速度。由于不能做到精通健康专业知识，健康节目选题和内容更大程

度上需要依赖于专家，而县级医院的专家资源也非常有限，并且高层次专家越发缺乏，因为缺乏一定的专业性和缺少专业团队，导致健康节目的广度和深度有所局限。所以，建立一支相对固定的专业化的团队才能确保节目品质，真正为受众做好服务，获得受众的信任，在这方面，兰溪市融媒体中心做了许多努力。

不容置疑，编导主持是健康栏目的灵魂所在。如果栏目的编导主持人只是将栏目视为工作任务来完成，那也是一位只会“抛问题”的播音员而已，成为“摆设”。作为一家县级地方媒体应有的公信力，必须对传播内容和栏目负责，这就需要主持人对所传播的健康知识有一定的了解，最好成为“半个专家”。兰溪市融媒体中心要求栏目人员加强学习，加强规范管理，在节目中认真把握贯彻落实好《关于进一步加强医疗养生类节目和医药广告播出管理的通知》精神，对每期播出节目从专家到选题内容，栏目组有一套严格的三审制度。首先要求编导先和专家前期沟通交流确定选题，然后专家针对编导问题形成文稿后，再由编导完善交主任审稿，稿子通过后再录制、剪辑制作，成片后再三审通过后才能上载播出。因为邀请的嘉宾都是专家名医，他们有很高的专业素养，为了在采访时表现专业、不说外行话，在采访专家之前要求编导先做大量的案头工作，通过网络、报纸和杂志查资料，了解相关疾病的专业知识、背景资料。与专家充分沟通后，结合专家的意见，利用电视媒体的大众传播特点，以观众的视角，通俗易懂、深入浅出地解读相关医学知识，努力让栏目人员做“内行的记者”。

为了让健康节目摄制团队“爱上”健康栏目，兰溪市融媒体中心在保障人员相对稳定的情况下，在考核上也做到有所倾斜。在访谈中，主持人融入性强、对专业知识具有一定的熟知程度，能与专家形成良好互动和专业知识应对，中心对这些俗称“用心做”的节目予以考核嘉奖，这个举措极大地鼓励了员工学习专业知识的积极性。

（二）实用＋服务

兰溪市融媒体中心《好医生说健康》《百城健康大讲堂》两档健康栏目主要是以演播室专家访谈形式为主。如果按照传统的电视访谈形式传播，即请医疗专家走进演播室，主持人根据事先沟通设置的问题进行提问，长此以往，观众必会轻点手中的遥控器，节目被随意切换。“传播”变“窄播”，栏目迟早变“鸡肋”。

因此，这两档栏目做了一些尝试和摸索，以期让更多的观众“锁住”频道，起到更广的传播效果。

首先抛开两档栏目的同质性，避免同一个时段传播内容的重叠，突出节目的实用性和服务性。栏目编导组成员一致秉承“传播健康知识，指导观众科学防病治病”的节目理念，为各类受众带去健康资讯和健康知识，为本地区观众选医看病提供最可靠最有公信力的建议。首先在题材的选择上，与医生专家充分沟通，一方面选择老百姓特别关注的常见病、多发病和季节病，同时也注重介绍老百姓不太熟知，但需要特别重视的疾病，在丰富节目内容的同时，向观众普及更多的医学知识，节目选题做到对病患受众有针对性、对健康人群防未病，增添人文关怀。

例如针对受众们关心的不同季节如何养生话题，重点关注不同季节容易发作的季节病，对季节病的防治和养护做了重点介绍。例如“冬令进补谈灵芝”“冬春季高发的水痘”“春季养生重在肝”“夏季养心防心火”“秋季养肺”等节目，请医生专家教大家如何合理养生。

此外不但对常见病多发病进行深入剖析，更是重点关注了近几年高发的肿瘤疾病、中风、各类型心理疾病，如焦虑症、抑郁症、睡眠障碍各种病症等。同时，在每个有关医学卫生的节日，栏目组都配合主题提前做好策划，如：国际睡眠日、世界心脏日、世界防治糖尿病日、世界慢性阻塞性肺疾病日、全国爱耳日、全国肿瘤防治宣传周、全国爱眼日、全国爱牙日、全国防治高血压日等。

随着二胎政策的实施，高龄孕妇的激增，有可能导致难产和危及母婴生命的高危妊娠行为增加，为此邀请妇产专家制作了“生二胎 你准备好了吗？”“怀孕了，别忘了口腔健康”和“谨防妊娠期糖尿病”等节目，提醒女性朋友在怀孕前后要关注身体健康。

针对我国人口老龄化，节目还着重关注了老年人的健康问题，请专家讲了“老年人吞咽障碍的康复”“骨头怎么脆了？”“你的膝盖还好吗？”“你了解阿尔茨海默症吗？”等等，对老年人容易出现的健康问题给出非常具体有效的医学指导，很实用，也纠正了老年护理中存在的一些误区，很有科普意义。

其次，在节目形式上编导导入“讲故事”的元素让观众有“带入感”。采用故事化的叙事手法来传播健康知识。如秋冬季的老年常见病防治，通过医生专家的甄选，征得恢复健康群众的同意，提前摄制小专题，并在访谈中插播，以“讲故事”的叙事方式，传播专业的预防治疗知识。相比专家单一的传授讲解，这些元素的融入有助于观众的“带入感”，有效地与专家的传授讲解形成补充，有利于观众更立体生动形象的接受。同时尽量要求专家说观众“听得懂”的话，通过主持人的分析、打比方，将“复杂变简单”，让生僻晦涩的健康知识变得通俗易懂。众所周知，“讲故事”的叙事方式比较持续缓慢，节奏变慢也会导致观众对节目产生索然无味的感觉。这就需要对整档栏目张弛度有所把控，在开篇做到节奏紧凑，第一时间将观众迅速带入节目，再结合松紧的叙事节奏进行。如在节目一开始，先导入一则危急事件，而危急关头因为有了简单的急救措施，争取了更长的急救时间。观众被动融入后，"这位患者有没有生命危险、恢复健康的可能性有多大、有没有后遗症……"带着一系列疑问，观众忘记手头的电视机遥控器，也就有了事半功倍的传播效果。同时在前期专家讲解和节目后期制作中，也采用模型、静图、动图、动画、视频插入等增加节目的可看性。

而与当地中医院联合开办的《中医养生操》栏目，则通过老中医的简介，现场嘉宾的演示，再根据养生操动作幅度、快慢的不同，配上节奏欢快的现代音乐，让传统中医保健操也跟上时代节奏"时尚"起来，这个节目虽然每期只有短短的5分钟，却能让受众在欢快、轻松的音乐中既达到了健康养生的目的，又能感受中医文化博大精深之精华。

（三）融合＋互动

融媒体时代，受众获得信息的渠道丰富，选择更加多样化。融媒体借助网络，打破时空界限，将信息的传播变得更快更便捷，部分受众宁可通过网络搜索自己所需的健康知识，也不愿意固定时间坐在电视机前收看健康节目，当下有很大一部分老人也成了"手机族"。但在人人都可以成为健康信息的发布者和传播者时代，信息源头难以监管，不少人可能借助劣质信息吸引眼球、提高关注度，导致相关信息海量却真假难辨，可信度很低。

这对拥有电视、电台、纸媒、新媒体平台的县域融媒体中心的健康节目生产者来说，既是一个冲击，也是一个契机。兰溪市融媒体中心要求健康节目制作团队采用"三多"策略——"多角度采集""多形式多手段生产""多平台分发"。即原先单个健康节目由一个传统平台播出时，记者出去采访一次，只需要制作一个版本，如今一个选题针对不同受众，从采访开始就要多角度采集，分别制作不同版本，同时提供给N个平台播出，实现跨媒体播出、跨屏幕播出，实现健康资源传播的最大化；对固定的健康栏目每期都要通过官方"兰精灵"APP，实现手机客户端的二次推送传播，突破单一电视电台传播范畴。同时不定期地通过手机客户端进行访谈直播，将碎片化的健康科普视频，在直播中进行二度推送，提高受众接受健康科普的参与度，培养观众通过"掌心"学习健康知识的习惯，形成线上线下互补，维护观众、拉近观众，为积累忠实粉丝打响品牌夯实基础。

另外，举办公益活动也是拉近受众距离的有效方法之一。《好医生说健康》栏目经常组织一些公益活动，比如在兰溪永昌街道樟林村举行的免费诊疗现场，老人们奔走相告，自觉排起长队，早早地撸起袖子等待医生帮他们把脉、测量血压。在活动现场有专家现场答疑，也设计了互动提问和健康知识有奖答题环节，所有问题都答对的群众被赋予“健康达人”称号，这次活动吸引了500多人参与。《好医生说健康》通过这样“走基层 送服务”的形式，拉近了栏目与观众的距离，增强了健康节目和受众的黏性。

总而言之，基于主流媒体的公信力和权威性，县域融媒体中心的健康类节目能保障受众们获得真实、可靠的健康资讯。在融媒体时代，健康节目团队需要认清现实，充分发挥传统媒体的优势，用专业化保证节目质量，聚焦百姓关注的健康问题，选择贴近生活的节目内容，并充分利用官方手机客户端、微博、微信等新媒体手段，经常推出线上线下专家微直播交流活动等加强互动，切实做好服务，提高受众参与度，打造品牌栏目。

“串屏”助农团货　对农电视栏目的实践探索

伍惠民

2020年是全面建成小康社会和“十三五”规划收官之年，也是脱贫攻坚决战决胜之年。年初，国务院办公厅印发《关于深入开展消费扶贫助力打赢脱贫攻坚战的指导意见》。《意见》强调，要动员社会各界扩大贫困地区产品和服务消费，大力拓宽贫困地区农产品流通和销售渠道，消费扶贫作为社会力量参与脱贫攻坚的重要途径，更加得到重视并获得积极推进。

在这一大背景下，兰溪市融媒体中心充分发挥主流媒体优势，努力在打赢脱贫攻坚战中贡献力量，将脱贫攻坚的国家战略与助农带货的当下热点有机结合，对农电视栏目《金色田野》及时推出子版块《帮侬带货》。版块利用传统电视媒体的公信力和影响力、新媒体、手机客户端传播快捷、广泛的优势，聚合农村基层经济合作组织和家庭农场、电视主持人的力量，打造以传统电视媒体＋新媒体＋手机客户端，助农带货为主导的“串屏”新形态，助力农产品销售，破解农产品滞销链路、打通农民网络销售难的堵点，彰显地方媒体的担当与服务意识，激发观众参与消费扶贫的互动，以电视带货的创新形式，切实助力贫困地区农民脱贫增收。

2020年1月下旬临近春节，传统节日的氛围日渐浓厚，群众开始筹备2020年春节。按常理，接下来就是张灯结彩欢度春节了，可是一场突如其来的新冠病毒疫情打乱了所有人的传统生活常态。

从疫情开始后，全国自上而下，管控措施有条不紊。各省、各地、各县市、各城镇基层村，积极响应国家号召严格把控，劝导群众闭门不出，杜绝新冠病毒交叉感染。一时间，除了疫情防控流动宣传车不断“广播”防疫措施知识外，城市、乡村一片冷清。而此时，市民所需的日常必需品购置也一度受限，更别说春节年货置办了。

兰溪市融媒体中心对农电视栏目《金色田野》创办于1998年5月。栏目面向“三农”，以服务“三农”、助农增收为己任。宣传党的方针、政策，展现美丽乡村新貌，反映农家生活，传播科技知识，发布行情信息，解决农事难题，集指导性、服务性、实用性于一体。

面对疫情，栏目编辑、记者服务感知城市居民和农村群众的迫切需求。一方面是生活必需品购置的困难，另一方面是农产品销售的受阻，栏目果断推出"战疫情送大米蔬菜进社区"公益行动。利用联系广泛的优势，编辑、记者不顾个人安危，扛着摄像机奔赴规模型果蔬合作社、家庭农场。边采访，边联系价格适中的时令蔬菜和大米。同时，积极联系城区各街道社区和物管公司，加入各大生活小区"业主微信群"，告知"战疫情送大米蔬菜进社区"公益行动。

一时间，编辑记者成了志愿"搬运工"，带着果蔬合作社负责人和家庭农场主，在各大生活小区主出入口处支起桌子，将配置好的蔬菜一字排开方便群众选购。8 斤装，3 个品种，价格仅 10 元的的时令蔬菜组合，受到城区居民的追捧。在各生活小区物管人员的协助下，戴着防护口罩的居民们，自觉间隔一定距离前来采购蔬菜。同时，"战疫情送大米蔬菜进社区"公益行动，通过自有栏目《金色田野》的宣传，令越来越多的果蔬合作社、家庭农场主加入队伍，巡回为城区居民提供便捷的服务。种粮大户们也积极响应，不日，优质的大米也出现在各居民小区主出入口。

通过上上下下的努力，疫情有所缓解，但农副产品销售仍然不畅。为此《金色田野》栏目加大"主播团货"《帮侬带货》版块的采编播出频次。栏目主持人化身"网红"助农销售，掀起了一波又一波的热潮，用实际行动解决群众生产生活难题。

2020 年 5 月中下旬，兰溪市香溪镇蓝可蓝莓基地进入了采摘期。由于基地种植面积广阔，加上疫情影响下采摘游尚未全面恢复，销售严重受到影响，基地负责人吴国仙向栏目寻求帮助。众所周知，蓝莓与兰溪其他传统水果相比，销售价格略高一筹，属于"小资"水果。如果纯粹用常规的宣传手法，达不到理想的帮扶效果。面对基地负责人吴国仙期待的眼神，《金色田野》栏目编辑记者经过讨论，决定采用团购带货的方式，帮助种植户缓解燃眉之急。

利用栏目移动客户端做团购带货，消息一旦宣传转发，粉丝就不仅仅是原有栏目粉丝这一群体。如果蓝莓的品质得不到保障，将对栏目品牌和公信力造成无法挽回的影响，栏目编辑记者决定先测试不同天气状态下的蓝莓口感。他们利用午休和下班时间，前往基地进行测试比对。为了创新节目的形式，大家反复讨论斟酌，甄选出的 6 位"吃货"观众代表，前往基地作"踏勘比对"，最后推出了略低于市场价格又"买一送一"的优惠措施。

通过电视和新媒体的传播，节目播出首日就有不少"吃货"报名。对于观众粉丝来说，报名参与团购并没有固定的时间。网络回复和登记的工作，大家都主动来承担。晚上,“两娃爹”的记者将小孩托付家属、亲戚照看,端着手机耐心回复每一位观众粉丝咨询的问题。

为方便观众粉丝的领取,在融媒体中心大门口设立临时领取点。两天后的中午,500余箱蓝莓运抵,编辑记者撂下手里的快餐,转身成了“卸货员”。随即,又通过栏目移动客户端告知观众粉丝前来领取。得知现场缺人手,栏目所在部门的其他编辑记者也顾不得吃饭,加入登记发放的队伍。前来申领蓝莓的观众,有的在现场就“开箱验货”,对蓝莓的品质赞不绝口,对融媒体编辑记者服务观众的付出表示感谢。为保证蓝莓的品质,让没有时间领取的“吃货”第一时间品尝到蓝莓,记者编辑的私家车也成了送货车。虽然忙碌,但看到客户端“好评如潮”,心里也是美滋滋的。经过5小时的陆续发放,500余箱蓝莓申领完毕。

进入杨梅销售旺季,《金色田野》栏目的编辑记者顶着烈日,奔赴马涧杨梅山,与种植户展开一趟趟的对接。通过中心的移动客户端、微信、朋友圈、抖音等融媒矩阵,义务为种植户推广宣传,拓宽杨梅销路。

观众粉丝在杨梅山观光采摘、品尝鲜果,通过栏目手机客户端和栏目微信群的传播,杨梅的团购数量达到万余斤。编辑记者用镜头记录美好瞬间,以服务观众、消费扶贫的方式助力后疫情时期的农产品销售脱贫攻坚。

《金色田野》作为兰溪市融媒体中心的老品牌栏目,一直以贴近“三农”、服务“三农”为主旨。新冠疫情期间和后疫情时代,栏目持续发挥电视大屏和手机客户端、栏目微信群的优势,观众和网友通过传统电视,扫描电视屏幕下方二维码,参与团购互动。通过手机客户端和栏目微信群“小屏”下单。“电视+”团货带货,从选择农副产品门类、价格比对,到节目形态上,给观众和消费者呈现新颖的传播形式。完美实现了电视大屏、手机小屏、线上线下的立体互动。

从新冠病毒疫情期间的大米蔬菜配送服务,到季节性时令水果、乡间特色小吃、农家乐、民宿、组团美丽乡村游……《帮侬带货》“无所不团”,栏目主持人被观众和“粉丝”称之为“我们的团长,我们的团”。

借助农村基层专业生产能力和内容资源等优势开设团购带货节目,以团货带货这一新兴购物方式与助农相结合,以电视大屏+手机小屏“串屏”,打造一档“城里人爱看、农村人喜欢看”的扶贫团货带货节目,让观众在享受出手快感的同时,感受到内容创意展现的奇妙与魅力,兰溪市融媒体中心才只是“蹒跚学步”。对于高品质视觉呈现增强团货带货互动体验、增加农民收入,在“融合”的新常态下,团货带货专业化、栏目的品牌化和升级,用新时期的电视大屏

+手机小屏“串屏”互动形式，用年轻人乐意接受的语言风格、喜闻乐见的消费形态，形成全网联动线上、线下矩阵传播，电视对农栏目助力“三农”发展，彰显脱贫攻坚、乡村振兴媒体的新担当、新作为，还有很多路要走。

带泥土味的融合传播
——对农电视节目如何做实做活做精

李　霏

摘要：融媒体时代，一场传媒技术的变革已经拉开序幕，电视、报纸、广播“遇上”微信、微博、网站、APP等新兴媒介，播出内容、传播方式、制作理念等悄然发生着变化。对农电视节目，是一类带着泥土气息的节目，是传播“三农”信息的重要途径与载体。近年来，国内农业节目不断增加，形式日益丰富，但在融媒体发展的背景下，对农电视节目创作及传播中仍有诸多问题亟需解决，基于此有必要对融媒体时代下对农电视节目融合传播展开思考和探索，以促进对农电视节目的创新发展。

关键词：融媒体；对农电视节目；传播；探索实践

“扎根基层、服务三农”是对农节目的宗旨，对农电视节目在服务宣传“三农”，推动新农村建设发展中发挥着重要作用。近年来，兰溪市融媒体中心以品牌栏目让对农电视节目“靓”起来，以特色活动让对农电视节目“实”起来，以媒体融合让对农电视节目“活”起来，以锻造铁军让对农电视节目“精”起来，坚守初心，对融媒体发展背景下的对农电视节目开展积极探索。

一、对农电视节目面临融媒体的挑战

“融媒体”，是指将信息通信技术作为主要核心，力争借助电子设备和网络技术及时获得信息，同时完成用户参与、反馈，继而形成社群媒体。融媒体，不是单纯的广播、电视、报纸等媒介的相互叠加，而是充分融合几者的优势，进行互补整合。媒体融合工程复杂，是媒体发展史上的一次重要变革。其基本特征如下。

以内容为王。融媒体时代，媒介生产及经营出现较大变化，人人都有麦克风，人人都是记录者，新闻发布人群逐渐增多，每个人都可以通过新媒体平台随时随地分享与传递信息，这就使信息的传播渠道不再单一，内容质量变得尤为重要，需要更多的有创新、深层次的独家新闻报道，达致“人无我有，人有我

优”。

以技术为先。在融媒体传播环境与舆论生态中，以技术为先，即技术融合。在信息及网络技术快速发展的当下，就是要将先进的技术手段融入文字、图片、音频及视频等内容产品生产传播的各个环节，使传统媒体的传播优势与新媒体的技术优势深度融合。在全媒体矩阵下，扩大新闻的覆盖面，拓展信息的传播范围，满足受众日益增长的信息需求。

以创新形态为要。融媒体时代，新闻传播形态发生了质的变化，曾经以广播、电视、报纸等传统媒体为主的传播形式，变为综合运用视频、动画、H5、直播等新媒体的传播方式，使内容产品的生产变得更为生动形象，可观性更强。

融媒体时代对为农电视节目提出了新挑战、新要求。兰溪市是传统的农业大市，全市 66 万人口中农业人口达 54.1 万人。兰溪市融媒体中心的对农电视节目《金色田野》是中心最接地气、最具“土味”的电视栏目，其独特优势就是熟知本地三农信息，通过每期节目的播出，为兰溪广大农村受众提供实用科技和市场信息服务，然而，在融媒体时代下，“土味”栏目如何面对挑战，在三农领域中持续凸显宣传优势，实现常办常新，需要我们去思考和探索。

二、融媒体时代对农电视节目存在的问题

要正确把握融媒体背景下对农电视节目的传播发展，首先就要厘清当前对农电视节目所面临的问题。

对农电视节目缺乏清晰定位，与受众脱节

节目定位准确与否，直接关系着受众的粘合度，如果一档对农电视节目缺乏对三农市场信息和三农科技知识的准确把握，势必会给受众留下套路化的印象。纵观我们县市级电视台的对农电视节目，大多是以展现农业发展动态、反映农业问题、宣传农村新面貌以及传播种植经验为主的节目类型，缺乏实质性的节目定位，不仅难以吸引受众，也会使节目陷入瓶颈，乏善可陈、止步不前。究其原因，主要是没有深入农村一线展开详细分析与调查，没有掌握农民真正的信息需求，没有将这些需求与海量新信息有效融合。

对农电视节目质量参差不齐，节目形式大同小异

传统对农电视节目以传播三农信息为主，常常是唱着“四季歌”，做着应景化、程序化的节目。节目名称、版块内容的设置大同小异，对农支农政策照搬照抄、照本宣科，缺乏有效互动，让受众感到生涩难懂，缺乏吸引力。同时，节目拍摄机位单一，画面语言不丰富也是当下对农电视节目的一大通病，一定程度上影响了节目的质量和效果。

对农电视节目传播者缺乏责任感

作为对农电视节目传播者，肩负重要的社会职责。现在农民文化水平不断提高，信息渠道日渐丰富，对市场信息判断的需求不断增强，所以在传播对农信息时，对农电视节目传播者要严把质量关。但从当前情况看，一些对农电视节目以不同种类的广告作为节目内容，将经济效益当作主要追求。在舆论环境相对复杂的当下，媒体竞争日趋激烈，对农电视节目传播者更应将公信力当作媒体竞争的主要诉求。

受众提供内容主观性较强

受众提供的内容主要是他们在微信、微博、视频网站等互联网平台上创作发表的音频、文字、图片及视频等方面内容，这样的信息具有个人发布特点。当下人人都能发声，媒体市场的信息源越来越丰富，这就导致这边记者刚得知新闻事件，那边和本新闻相关的内容已在媒体平台上大为传播了，使得新闻时效性不再是传统新闻的优势特点。同时，提供新闻的受众因其非专业性，所传达的内容具有较强的个人主观性，新闻第一时间发出后，其观点常常被作为新闻传播的风向标，但有时新闻事实却另有真相。

传统农村意见领袖“水土不服”

农业科学技术不断发展，传播媒介日渐多样化，农村传统意见领袖心有余而力不足的情况日益凸显。由于他们相对年长，不十分熟悉互联网，难免会“水土不服”，产生抵触、恐惧、焦虑的心态。相应的，许多新意见领袖相继出现，这些新领袖呈现年轻化特点，多为大学生村官、村干部、农村干部、返乡创业人员等群体。和传统意见领袖相比，这部分年轻人掌握时代脉搏，熟练运用互联网，会将其转变成自身学习和掌握市场的主渠道，农村意见领袖的多元化使得农民信息需求多样化。

三、融媒体背景下对农电视节目传播策略和实践

坚守内容品质，以品牌栏目让对农电视节目“靓”起来

一档成功的对农电视节目势必会将“三农”作为话语中心，时刻关注农民需求，这就要求对农电视节目不断创新节目特色内容，鲜活表现形式，提供有温度、有品质、有创新的三农新闻。《金色田野》作为兰溪市融媒体中心的一档老牌对农节目，这两年也在不断地提档升级，将“三农视角”融入节目的包装设置，从曾经关注传统农业生产拓展为关注现代农业、新农村建设等三农的方方面面；节目形式从主持人在演播室播报新闻向“我在现场”播报风格转变；节目表现形式从最初的文字、画面加同期声的传统手法，向充分运用各种电视、新

媒体元素的多元表现手法延伸。《小康路上夸夸我们的村》版块，是《金色田野》节目基于助力兰溪乡村旅游发展所增设的一个新版块，兰溪各村百姓以主人翁的姿态，手持手机拍摄短视频宣传推介家乡，让乡村百姓成为节目的生产者和传播者，以此增加节目的可信度和吸引力，也为兰溪乡村旅游引来一波又一波的“流量”。

一部手机或一台摄像机，一盏补光灯，一支话筒，“直播带货”成为媒介生态的全新产物。《金色田野》节目发挥传统媒体的权威性及自身独有的文化属性，全方位推出扶贫助农版块《小王直播带货团》，构筑全新的生态传播链，实现电视大屏和手机小屏深度融合，使产品变产值，流量变销量，在提升兰溪农产品的知名度、影响力的同时，促进对农电视节目转型升级。

细分受众需求，以特色活动让对农电视节目“实”起来

社会经济快速发展，使农村社会结构发生了明显改变，对农电视节目的受众除了普通的耕地农民、种养殖户外，还有基层干部、农民工、农村城镇化居民等。对农电视节目，关键是这个沉甸甸的“农”字，想农所想，急农所急，解农所忧，帮农所求，跳出传统单一的农业报道，以多样化的视角和各层次受众的需求为引领，对三农信息进行合理分类、科学阐释，开发出形式多样的内容产品，报道好惠农富农政策，组织好惠农助农活动，使之更贴近不同受众的生活。

2020 年疫情期间，兰溪众多农产品出现严重滞销，《金色田野》节目发挥媒体优势，访高山茶园，进生态鸭场，走蔬菜基地，通过举办“战疫情—菜篮子公益行动”，帮助种养殖户打开农产品销路，让百姓得实惠的同时，也让节目更亲民，更接地气，更有影响力。

柏社乡是兰溪的农业大乡，《金色田野》节目和柏社乡联合组建了兰溪首支“红色跑团”队伍，推出了“红色村播”养成计划行动，为农民朋友搭建平台，组织系统的直播业务培训，使农民变主播，手机成农具，直播成农活，将柏社乡的好产品吆喝出大山，助农增收。2016 年，兰溪实行行政村规模调整，将行政村数量从 646 个调减为 327 个，《金色田野》节目结合调整后的新村情况，推出了美丽乡村系列报道，为加快推进新村融合发展营造氛围，为村干部做好“村富景美人和”文章提供治村思路。此外，为了丰富广大农村妇女的业余文化生活，还举办了广场舞大赛，以广场舞大赛作为乡村文化建设的重要内容，掀起农村广场舞活动热潮，展现了农村妇女意气风发、蓬勃向上的精神风采。

创新传播格局，以媒体融合让对农电视节目“活”起来

习近平总书记说，推动传统媒体和新兴媒体融合发展，要坚持先进技术为支撑，内容建设为根本。随着新媒体的兴起，受众接触信息的渠道日渐重塑。

中央厨房，是媒体积极寻求融合的一项新探索。2019 年，兰溪建成金华首个县级融媒体中心“中央厨房”，这也给《金色田野》节目打了一剂强心针。“中央厨房”实行的是移动优先、新媒体首发，通过对全市农业新闻热点的大数据分析，实现“一体策划、一次采集、多种生成、多元传播、全天滚动”的传播格局。同时，通过可视化移动端页面、H5 页面、VR 新闻、大数据新闻实现融合报道，改变传统对农新闻的内容定位、表现形式以及新闻呈现方式，让对农新闻“活”起来、“传”起来，刷新受众的收看习惯、方式和思维。

四川省汶川县是兰溪东西部协作对口帮扶城市。2020 年 3 月，兰溪在深化产业扶贫的基础上，积极将成熟的优势农业经济作物杨梅栽种到汶川。为了更好地帮助汶川农民栽种杨梅树，《金色田野》节目利用兰溪市融媒体中心“中央厨房”，邀请兰溪农业农村局专家通过现场连线的方式，一边与在汶川挂职的记者连线，现场向当地农民普及杨梅树的种植技术；另一边节目工作人员将关于杨梅种植相关知识的文字、图片、视频进行编辑，在多平台同时发送，实现多元传播，让农民多渠道学习。

此外，《金色田野》在日常播出节目中，还充分利用图表、数据图、三维动画等技术表现手法，让受众更加直观形象地了解新闻事件，丰富新闻内涵。

真情心系三农，以锻造铁军让对农电视节目“精”起来

脚下沾有多少泥土，心中就沉淀多少真情。在广袤的农村，生产生活条件远不及城市，想要做“精”一档对农电视节目，关键在于真心为农，要组建一支帮农民说话、助农民办事、领农民致富、展农民风采的对农采编队伍；要组建一支懂政策、晓农时、知农事、会农话的“土专家”队伍；要组建一支“专精尖”的新闻铁军队伍。只有深入最“土”的田间地头，接受夏日酷暑、冬日寒风等种种艰苦环境的挑战，才能挖掘出更多、更好、更有深度的三农信息，传达好农民最真实的心声，创作出更高质量水平的对农电视节目。

枇杷是兰溪的特色水果，也是兰溪女埠街道农民的“致富果”，可今年枇杷树接连受到梨木虱等病虫害的侵害，导致当地果农损失惨重。《金色田野》节目的记者接到农户求助后，立即联系了省市农业专家，第一时间赶赴现场进行指导，有效控制了梨木虱的侵害，为果农减少了损失。“700 斤鸭蛋滞销，村民发愁急寻销路”，《金色田野》节目记者在朋友圈看到农户发布的求助信息后，马上和农户取得联系，组织开展了认购“爱心鸭蛋”活动，短短一个小时，700 斤鸭蛋被抢购一空。事后《金色田野》还专门推出“我的团长我的团”助农团购活动，探索农产品销售新模式，让广大农户拥有相对固定的销售渠道。经过这些年的发展，《金色田野》节目也被农民朋友亲切地称为“兰溪的中央七频道”

“兰溪农民自己的节目”。节目还先后荣获首届全国地方电视台科教片评选科教栏目类二等奖、浙江省优秀对农栏目奖、浙江省广播电视对农节目政府奖、浙江省广播电视新闻奖电视对农节目奖、金华市广播电视政府奖、兰溪市“三农”工作宣传奖等荣誉。

四、结语

融之有道，合为精彩。融媒体时代，是互联网社交媒体普及和发展的必然趋势。融媒体，并非是单纯的媒体融合，而是技术、内容、人才、资源等各方面的多元融合。融媒体时代背景下的对农电视节目更应合理利用“媒体＋”优势，以内容为王、技术为先、创新为要、形式多样、特色鲜明为运作理念，深度挖掘对农新闻，讲好对农故事，交出对农答卷，创办出具有泥土气息而又大气有担当的对农电视节目，使对农电视节目成为乡村振兴的“助推器”。

参考文献

[1] 刘松美.电视对农栏目《金色田野》十五年的探索与思考.视听纵横，2013(04):59-60.

[2] 孟亚萍.纪录片与真人秀的融合探究》[J].戏剧之家，2017(8).

[3] 张伟英.融媒体时代外文电视节目传播策略探析[J].出版广角，2018，319(13):62-64.

[4] 张收鹏.融媒体时代电视新闻如何“活”起来——以中央电视台《改革在哪里?》为例[J].西部学刊，2018，74(05):77-79.

[5] 程宏玲.融媒体时代对农电视节目传播研究[D].济南：山东师范大学，2018.

[6] 张春湘.地方对农电视节目的发展策略探析[J].视听，2017(5).

[7] 刘敏俊.融媒体时代对农宣传服务的路径探索——以温州对农广播为例[J].视听纵横，2017(03):17-19.

[8] 赵君，付蓉.浅谈微信公众号在广播电台中的应用[J].今传媒，2016(8):140-141.

八、广播变革

广播线下活动在融媒体环境中的蜕变探索
——以兰溪市融媒体中心广播节目中心为例

周瑶芬

随着社会不断开放发展，媒体需要提速创造，建立新的传媒理念和传播方式。

网络时代的飞速发展，让越来越多的人们从传统媒体转向移动屏幕接收信息。公众号、短视频、微博、微信、APP……传统的电台节目已经不能满足听众日益增长的需求。

908兰溪电台在兰溪市融媒体中心成立之前是兰溪市广播电视台广播节目中心，每天早上5:50开播，晚上22:30结束，分别有调频FM90.8兰江之声，以及农村有线广播“三农之声”两套节目。全天共有“908早晚高峰”“兰溪味道”“兰溪新农村”“健康大讲堂”“太阳部落”“阿荣说法”“部门与您零距离”“908旅行者”等多档自办栏目。

广播线下活动，一直是兰溪电台多年以来的重要阵地。以广播节目为依托，通过节目与活动的整合，可以更好地扩大广播的影响力，合力打造广播品牌节目，提高电台的社会知名度和美誉度。

兰溪市融媒体中心成立以来，兰溪电台以节目为依托，进一步拓展线下活动，改变“我播你听”的传统广播方式，以媒体融合为契机，博采众长，锐意创新，力求让广播节目及线下活动展现出全新的生命力。

一、第一阶段：整合

自1994年兰溪调频立体声节目开播以来，兰溪电台就曾组织过多次线下活动。那时的活动多以电台周年庆或迎接新年到来等为主题，选择的活动地点，大多是城区的公园、广场，以主持人表演节目、现场有奖竞答等环节为主，很多听众参与节目的初衷就是想看看电波后面的主持人真实的模样。后来现场活动的范围逐渐扩大，除了周年庆等特殊的主题活动外，以栏目为依托的现场活动也开始逐渐显现出来。

比如兰溪电台《部门零距离》栏目，就曾在和平公园现场搭台直播。《部门零距离》是一档由兰溪市委宣传部、兰溪市融媒体中心主办，兰溪电台承办的直播节目。每周邀请一个上线部门（单位）走进908直播室，与听众零距离沟通。而现场的“零距离”活动则以电台节目为依托，组织相关部门单位的工作人员来到活动现场，接受群众的咨询，办理相关的服务，接受市民的监督。

《部门与您零距离》活动除了在电波中进行直播外，还在现场布置主题横幅，放置系列展板，为受众带去电台节目在音频之外的视觉补充。同时，通过礼品的赠送，吸引收音机前听众、活动所面向的特定群体以及活动现场附近的随机观众来关注活动，参与活动。

传统的电台节目只是耳朵对耳朵，口耳相传，而线下的现场活动是主持人和受众面对面的交流沟通。在这个阶段，社会公益活动或商业需求行为，和广播结合节目在一起，电视新闻、报纸专题也会对活动进行报道或解读。但无论是电视还是报纸，都只是把广播线下活动的内容作为一个新闻线索，与自己主体本身关系不大。所以，整合从某种意义上来说是融合的初级版。

二、第二阶段：聚合

在第一阶段初级版的融合中，对电台的活动现场，电视新闻进行了拍摄报道，报纸也进行了图片和文字的报道。而到了第二阶段“聚合”，我们用他山之“强”，也就是另一个传播媒体的长处来加大信息传播的能量。

电台的优势除了音频之外，快捷也是其中非常突出的一项。作为一名电台记者，可以在新闻事件的现场直接进行电话连线直播，所需要的工具只是一个电话。

电视直播的便捷性则无法与电台相比，报纸除了前期的采访、文字的撰写、版面的编排外，还需要进行印刷和分发。但电视除了声音之外还有同步的画面展示，报纸便于人们进行保存，很明显，这三种不同的传播媒介，具有的优势也截然不同。

所以，在聚合阶段，不是把对方的东西拿过来，而是把对方的强项跟媒介本身结合起来，来凸显它的功能。

在目前的信息传播中，通过移动端及短视频传播的范围越来越广阔。传统的新闻或活动传播，人们必须在相对固定的介质，比如电视机上进行收看。但电视机一般情况下都是被放置在一个固定的位置，而且它的体积与重量都是令携带不方便的。

而把电视的画面，移动端的便携与广播的快捷、报纸的图文聚合起来，用另一种媒介的强、长处，来弥补第一种媒介的弱处，这就是聚合。

2020 年 4 月，兰溪电台以《兰溪味道》为载体，推出公益主题活动——“908 暖春行动”。“暖春行动”集结兰溪电台多位主播组成“908 暖春逛吃小分队”，寻找“兰溪味道”，体验“舌尖上的兰溪”，助力新冠病毒疫情时期兰溪实体餐饮经济复苏发展。

兰溪电台在美食节目《兰溪味道》中，专门推出“908 暖春行动”专栏，908 兰溪电台的主播们不仅对自己所推荐的美食进行了音频节目的采访制作，同时两两组合，用手机拍摄制作小视频，现场出镜、串场。

从 2020 年 4 月 8 日推出第一期“908 暖春行动——没什么能让我放下手机，除了小龙虾”，到 4 月 29 日推出“908 暖春行动——主播宋希推荐‘超硬核小吃店’，不服来辩！”，“暖春行动”在“快乐 908”微信公众号及新媒体中心的微信公众号“微视兰溪”上共推送了 10 期专题，内容包括音频节目、小视频、图文及优惠活动，在兰溪城区掀起一股跟着主播去寻找美食的潮流。

《兰江导报》“寻味”版同步刊登美食图文，以彩色的版面印刷，把美食的瞬间定格在报纸上，用文字将美味包含的情怀进一步提升，将“暖春行动”的影响力多方位持续扩大。

908 兰溪电台作为本次公益活动的策划及传播主体，与兰溪新闻、新媒体、兰江导报等部门进行合作。电台的优势是有擅长语言表达的各位主播，电视的优势是有专业的摄像记者，而报纸美食专版的摄影记者则把食物拍摄得令人向往。除了广播节目、电视新闻、报纸专栏等传统的形式展现报道之外，移动端的推送，更是让受众们拿着手机就可以津津乐道地在评论区里发表自己的观点，并实地感受一番美食的魅力。

在这个阶段，电视、报纸、新媒体都不再只是“旁观者”，也不再只是“报道者”，他们共同聚集到活动的主题中，用自身的优势来加大事件的影响力和覆盖面，真正聚集各家所长，合为一个活动的报道呈现。

三、第三阶段：融合

融合，并不是不同媒介简单的结合。

媒体融合其实质是一个多媒体，而多媒体概念已经跨越了我们以前认为的媒介的特性。以前我们觉得媒体在电台、电视台、报纸、杂志甚至现在做的短视频，但现在已经跨越了，跨到哪儿去了？已经进入到“事件”和“人”的行为传递。

2020 年 5 月，在第 109 个国际护士节来临之际，为致敬白衣天使，感谢他们用生命守护生命，用平凡成就伟大，同时倡导更多的人们感恩、信赖、呵护医务工作者，908 兰溪电台策划推出了"感谢有您·守护生命"特别节目及公益活动。

(1)前期预热：广播＋移动端＋实体宣传

"感谢有您·守护生命"护士节公益活动开启前一周，兰溪电台在全天直播节目、广告时段播放活动宣传广告，充分展现广播伴随性的特点，整个宣传广告时间短，播放的频次高，使不同时段收听节目的听众都能了解到即将开展的护士节公益活动。

除了全天的音频宣传，在兰溪电台"快乐 908"微信公众号上同时进行预热宣传，利用好移动端的信息传播。

此外，兰溪电台联系了某品牌汽车 4S 店、鲜花店及提供礼品的商家的实体店铺、微信公众号，都对进行中的活动广泛宣传；同时，兰溪电台还在 6 个微信听友群中大力推送和发布相关信息。

(2)活动进行时：多平台＋多兵团作战

经过前期较为充分的准备和预热，2020 年 5 月 11 日上午、下午，5 月 12 日上午，908 主播们分组分批为兰溪人民医院医共体、兰溪中医院医共体的援鄂医护人员，以及在此次疫情发生后奋战在医疗第一线的 15 名医护人员送上鲜花、祝福和礼物。

908 的主播们，戴着口罩，来到不同医院的各个科室，把鲜花和送福送给每一位坚守在一线工作岗位上的医护人员。一个个真实的故事，一段段动人的细节，在主持人的提问和医护人员的讲述中流淌出来。

在本次"感谢有您·守护生命"护士节活动中，每一位电台主持人不仅与电台直播节目进行电话连线的报道，同时以组为单位，拍摄每个人负责的医护人员的视频、照片，按规定的格式汇总到编辑处，由编辑进行后期的剪辑制作，在当天的"兰溪新闻"进行新闻报道，由"快乐 908""微视兰溪"等微信公众号进行推送。同时向省市级上级媒体进行外宣上送。《兰江导报》也在 5 月 13 日第 2 版(要闻)刊登了"感谢有你"护士节图片新闻。

而前面提到过，送花主播所乘坐的是由爱心商家特别提供的车辆，在车子的引擎盖和车身上，贴有"致敬白衣天使——'感谢有您·守护生命'"大型车贴，相当于在活动进行时送花的途中，车辆也是一道流动的宣传风景线。各爱心商家的店堂里通过手机、电脑、广播等载体，同步播放电台节目的直播音频……

在整个护士节公益活动的进行过程中，越来越多的人们知道了这个活动，看到、听到、感受到这个活动并参与其中。

(3)持续发力:小视频+移动端图文转播+热点事件的继续关注

“感谢有您·守护生命”活动现场送花的时间是一天半,特别直播节目是两期,但在活动告一段落的时段中,我们继续通过移动客户端的图文推送、小视频直播及人们对热点事件的持续关注,继续发力,进一步扩大活动的影响力。

除了官方媒体的传播之外,与这一事件相关的个人传播也一直在持续。

908 主持人的朋友圈、视频号,收到鲜花的医护人员的朋友圈、亲友群……多媒体概念已经跨越了传统媒介的特性,进入“事件”和“人”的行为传递。与这一事件相关的人员,包括接收到这些信息的人们,通过自己的转发和口口相传等不同的方式,把这些消息再一次发布出去。人们的关注点不再是电台、电视或报纸、手机,而是这所有的媒体融合在一起所要传达的一个主旨:这些奋战在一线的白衣天使,在抗击疫情中,他/她们是战士;在产房,他/她们是第一个拥抱我们的人;在病房,他/她们抢救患者到生命的最后一刻;但在今天,他/她们是主角。我们倾听他/她们的故事,我们体会他/她们的心酸,感受他/她们内心深处的喜与悲。

通过对护士节活动多角度、多方位的报道,在全市乃至周边地区的群体中,引发一股热流。这股热流就是引发更多的人们从不同的角度去体会去理解去深刻明白医护人员这个职业的分量,给守护人们健康的天使们,多一份关爱和理解。

四、未来可期

(1)可视化电台

2020 年 8 月兰溪电台调频直播室、对农直播室启动升级改造工程。在提升音频工作站、调音台、话筒等传统广播节目不可缺少的硬件设施之外,还增加了直播室中适合主持人视频直播的灯光及多方位摄像镜头布置等,目前硬件及管件都已基本完成改造,并已尝试进行直播室直播、直播室和活动连线进行视频直播的测试工作。

(2)进一步融合媒介优势

媒体融合对传统的广播节目而言是挑战也是机遇,在线下节目的运行中,可以深刻地感受到,优质的广播节目是活动的根本依托。兰溪电台在贴车标等活动中,不断建立扩大微信听众群,让听众与节目的黏度更高。同时持续打造品牌栏目,贴近社会热点。以广播节目为主体,做好主体,才能更好地发挥出融媒体的优势,根据不同媒介的特质,组合思考、组合操作、组合运用。

(3)进一步提升融媒体思维

目前,兰溪电台所有的节目和活动,从一开始,就以多媒体的视角来进行策划。

2020年10月1日,兰溪首届发展大会隆重举行。9月9日,兰溪电台在微信公众号"快乐908"上推出了《兰江水》K歌大赛启动的信息,908主播宋希、小雪、倪楚率先录制了《兰江水》MV,在公众号及兰溪市融媒体中心官方APP"兰精灵"上同步推送。

兰溪电台在《908早晚高峰》节目中,选出优秀的演唱作品进行播放,听众也可以在当天节目直播的过程中发送歌曲的演唱音频进行互动。

启动活动以来的20多天中,兰溪全城演唱《兰江水》、拍摄《兰江水》小视频的热潮涌动,进一步激发了大家对家乡的热爱之情,而9月23日12点至25日24点的《兰江水》大奖赛投票环节,共有22万+的人次访问投票页面,同时"兰精灵"APP的下载注册人数急剧增长。

在这个媒体不断融合的时代,只是依靠音频的传播形式已经不能满足公众对信息的需求,也不能更多地获取听众对广播的关注。与移动端、PC端、小视频的组合,可以使广播线下活动不但在形式上有所创新,更重要的是在广播主持人的意识概念中打通融媒体思维的思考,建立多元立体的传播模式。

而融合的核心观点是:不管与什么样的传播形式进行融合,做好主体是第一要素。比如在兰溪电台所开展的各项线下活动中,电台节目本身要做好,要具有一定的知名度,这样才是活动取得成功的基础所在。而电台线下的活动策划要融合各种不同的传播手法,比如视频、图片、文字等,对单纯的音频节目进行丰富、补充和强化,但是如果这个活动一开始的定位就不够准确,或者定位不够完善,那么即便其他的手法再多,活动也不一定能够获得成功,或者说比较完美的成功。

可视化直播系统将使兰溪电台在立足根本,做好主体广播节目的前提下,全面引入视频直播、移动端可视化收听收看,以融媒体思维引领,打造更具影响力的广播线下活动,在互联网时代焕发出新的光彩和魅力。

融媒大背景之下，县级广播对农节目如何转型升级

——以对浙江省名优对农栏目《兰溪新农村》探究为例

徐 瑛 祝 佳

摘要：县级广播对农栏目，如何从物理距离与听众最近，实现心理距离最紧贴？作者结合浙江省名优对农栏目《兰溪新农村》近年创新创优历程，就栏目内部考量如何发挥融媒优势、强化策划监管、完善考核评优，对外加强协作联合等方面进行阐述。本文还就兰溪市融媒体中心创新传播渠道，县域广播对农节目在新融合的时代背景下，如何在乡村振兴战略中发挥作用作了思考。

关键词：融媒体；县域广播；对农节目；创新求索；转型升级

一、基层电台对农广播的情怀和求索

《兰溪新农村》是浙江省最早的一批县级对农广播栏目之一，其前身雏形是20世纪60年代初当地的广播对农专题。据已退休的兰溪电台第一代广播工作者回忆，因山乡地理环境因素及电台传播特质，县级广播在对农宣传方面的作用地位一直相对突出。在20世纪90年代之前，该广播对农专题节目主要是发布农事建议、科普农技知识。农村实行联产责任承包之后，此对农专题一度热播。如果将兰溪电台最初以科学种田、多打粮棉支援国家建设为宣传核心的对农广播专题定义为当地对农节目的初级“1.0版”，那么，20世纪90年代，随着社会主义市场经济概念确立，兰溪电台1993年正式命名并开通的《兰溪新农村》栏目，可视为当地对农节目的升级“2.0版”。该栏目特点是传播内容逐渐突出农业的产业效益；努力引导习惯面朝黄土背朝天的农民，要跟着市场走；以引导勤劳致富，发展多种经营为主旋律，大幅提升了“种什么，养什么，卖到哪”的理念。电台的硬件建设上，在整治原有农村有线广播的同时，开通了调频广播，搭载调频电波的对农广播也迎来了广播事业的又一段红红火火。

浙江省从2005年起力推广电惠民工程，将广播电视对农节目作为其重要的子项目，以此推进全省广电工作“三贴近”，此后又将对农栏目评优列入省新

闻作品政府奖。《兰溪新农村》也迈出了“2.0版”向“3.0版”再次升级的步伐。与此前增加调频广播相比，此次主要是体现在栏目的筛选增减上。尤其是党的十八大召开后，随着“十三五”五大发展理念全面实施，三农领域宣传发生了重要变化：农产品从追求效益型逐渐地转化为注重安全、特色，个性化需求等品质要求也提上了日程；全社会更加关注农业生产与资源、环境等的协调性和农村的基础设施配套；城乡二元边界模糊，农民的收入分配、社会保障、群体均衡等生存状态的公平待遇成为社会热议的话题。《兰溪新农村》紧跟时代步伐，围绕这些节点所开展的系列创新报道实践，为社会需求与舆论看好，在省内同行栏目竞技中颇为引人瞩目。

二、现实“3.0+版”的情怀传承与融媒背景之下节目创新

如果将党的十八大后在对农宣传上不懈创新探索中迸发的《兰溪新农村》定义为“3.0+版”，那么2019年3月25日兰溪市融媒体中心挂牌成立之后，节目更是搭乘了网络科技“新媒体”创新的高速列车，主要是在以下几个方面有了实质性的突破。

（一）融媒背景下的多样化发布

随着计算机技术在广播电视业的深度介入，《兰溪新农村》在2012年初实现调频、对农有线广播（应急广播）两套节目常态并机直播。与以往录播相比，遇到突发事件，直播更具时效性，也随时可以申请打通节目延长播报时间。2017年6月25日当地遭遇了有记载以来的第二高洪峰（兰溪区域内的兰江处于钱江流域中部，洪涝多发），栏目连续直播50小时。

2019年3月25日，兰溪市融媒体中心挂牌成立，中心将原报社、电视台、电台人员重组后，《兰溪新农村》借助中心新整合成立的“新媒体中心”“采集中心”“大编辑部”等编辑记者，搭乘网络科技“新媒体”创新的高速列车，充分将新媒体的各个运转平台和广播本身具有的传播快速、便捷特点相融合，以双倍“快”效果的优势，直接将现场记者所见所闻通过音、视频连线的方式来播报涉农新闻、最新动态，既可听，又可看，完全颠覆了传统主流广播节目的播出形式。2020年，在遭遇突如其来的新冠肺炎疫情期间，节目顺应疫情发展而催生的“网络直播带货”潮，利用908“全媒体”直播间，采取主持人和记者、农户三方同时视频直播在线方式，不用接触，也可以做到在线上推荐农产品，比如帮助游埠镇下叶村叶大伯带货甜葡萄柚，在线推荐15分钟，销售额达到近3000元等。同时，在调频、有线对农（应急广播）播出外，还在兰溪市融媒体中

心“兰精灵”APP以及喜马拉雅FM、蜻蜓FM、听伴FM上线直播，鼓励节目主持人既是“主持人”，又是“记者”，还能是导播，节目结束之后，主持人也能是“小编”，通过频道微信公众号、朋友圈、视频号等，形成多平台发布的格局。给全市城乡居民提供了最权威、最可信、最及时的可靠信息。

（二）融媒标准化评价倡导工匠精神

融媒体中心成立之后，在全台推出适应新背景的考核机制，《兰溪新农村》建立并完善了组长负责制，有力保障了栏目直播节目的可控性与播报质量。

栏目组规定要求，组长每天提早半小时上班，参加台里的节目晨会，每月参加市委宣传部新闻例会，从会议要求中梳理报道选题，指派采访任务。协调台新闻、对农电视专题的记者，及时向对农广播发送稿件。栏目主持人在前一天下班前，将次日直播文案递交审查，节目播出前两小时与栏目组长沟通，确定基本框架后进直播间。节目组长对直播节目进行全程监听，确保直播延时，严把节目播出关口，并对每日直播情况进行登记小结。

在组员的考核上，栏目组借用农村曾经的计酬方式工分制。《兰溪新农村》采取量化考核的方式，对工作人员进行较为精准的打分，并充分运用考核结果。考核办法分选题、采访、文稿、主持状态、监评反馈等方面，细致到兼顾差错、故事性、吸引力、录音素材音质等。量化考核办法的导向可概括为以下几个方面。

1. 注重自采

一、新闻素材堪比食材，是味道的第一道关。在少有下一级协作单位的县广播电视台，考核讲到底要满足节目自采量，否则特色、贴近等都是奢谈。量化考核办法根据栏目采编人员不同岗位，规定了月度自采量。二、全程掌控采访质量。栏目记者报题时，必须附上采访文案。鼓励采访过程中根据具体情况调整文案，要求注重发挥故事性，显现细节，“像田头的蔬菜一样新鲜”。在撰稿过程中，如果有缺憾，一般都会采取办法补救。三、题材倾斜规定。为鼓励采编人员进行调查性报道，培养记者发现问题，敏感捕捉有价值的三农新闻，在考核办法上对这类题材给予倾斜，以保证组员有足够的时间和精力完成任务。

2. 推敲提炼

强化以做新闻的理念服务“三农”。栏目组考核办法设角度选择一栏，营造了栏目组议稿氛围，涌现出了一批从新鲜、有趣、轻松、活泼的题材中淘出重大题材的稿件。例如，2017年获省一等奖广播新闻作品《这里的农民爱种地》

就是经过反复推敲，忍痛割爱舍弃了2/3的素材，巧选角度完成的。而2016年获奖作品《十分钟乡村文体娱乐圈》，则是集中素材的“大串烧”，将当地游埠镇三个行政村的各自新建的游泳池、篮球场和电影院单篇稿件整合成一篇专题稿。可以说，像做新闻那样做对农专题已经成为目前栏目组的常态。

3. 锻造个性

栏目根据个人的特点，尝试以主持人名字命名开设版块，成熟一个推广一个。如《小君走农家》《佳佳聊家常》《奇哥乡村游》就是通过主持人“小君”“佳佳”“奇哥”深入农村生活生产一线，说道亲身体验，评说乡情村况，互动活动。节目也经常使用908“全媒体”直播间，在美食节、农展会等活动期间，主持人现场与直播间视频连线，在听觉和视觉上一起呈现给大家节目内容，尤其是画面感丰富，受众在直播间留言基本都表示被主持人所感染，无论是活动还是日常节目，通过融媒传播，呈现的方式更加直观立体化，主持人或快言快语娓娓道来，或铿锵有力说事明理，或活泼生动探访。农民听众从“只闻其声不见其人”，到手机一点就能认识栏目主持人，更加熟稔她(他)的声音。笔者相信，融媒体通过各种宣传平台渠道播发，不仅有利于提高农民听众对于广播节目的忠诚度，也有利于提高栏目和子栏目的品牌效应。

4. 优化互动

一是反馈评价。定时反馈监听监评员的意见建议，这其中多为阶段性印象整体评价，管理人员用以提振士气。相对于受聘的监听监评员，听友群的评价就显得“口无遮拦”，管理人员都能认真而艺术地将评价传递到相关人员。二是需求答复。无论是节目里播出的市场信息、解疑答惑，还是问题反映，都做到有效答复，在帮忙和解疑中树立节目的诚信。三是每天的直播节目中设计互动话题，吸引听众参与。四是新媒体互动。“兰精灵”APP、公众微信平台、视频号、抖音等推送栏目出彩的视频音频，点击量往往出乎意料。当然，各种反馈信息都是考核的评分依据。

5. 创优评优

量化考核办法只是栏目组、广播节目中心内部的标准化评价体系，发挥的是电台栏目“期期评”的考评职能。此外，还借助“月月评”(面向台内，全单位的电视、广播节目)和“年年评”(全省及地市级的台外同行的创优评比)，激发潜能。

（三）融媒协作机制催生“得心应手”

1. 争取县域主要领导重视

克服广播不被重视的自怨情绪，以作为争地位。近些年《兰溪新农村》在县域内的“声音”及“举动”越来越多、越来越大，原因是只要地方政府有关于农业农村方面的活动和宣传，栏目组都积极主动参与配合。如“五水共治”“三改一拆”“小城镇环境综合整治”现场会，节目组做到了创新现场播报的形式，让现场经验介绍在与会人员坐车转场过程中，通过直播实现，节约了会议时间，受到好评，也培养了“地方高层”的收听习惯。

2. 争取乡镇及相关涉农部门协作

“问渠哪得清如许，为有源头活水来。”《兰溪新农村》进步不断的主要原因，除了栏目组凝心聚力、不断创新外，还有一条就是建立和完善了涉农部门及乡镇（街道）的协作联运机制。目前栏目组和兰溪市的农林、水务、质监、市场监测等部门建立了密切协作机制，每年签订战略合作协议，也基本覆盖乡镇（街道）加盟。部门乡镇甚至将栏目用稿情况列入相关人员的责任考核范围，这些都确保了栏目有效运行。

3. 争取台际交流合作

融媒体大背景之下，栏目组主动和省台浙江之声对农节目《美丽乡村》对接，把兰溪的相关农产品和创业故事或通过音频、或通过视频上送播出，拓宽了信息渠道。积极参与浙江之声的“新农村建设带头人——金牛奖”评选等大型活动，做好兰溪样本，起到了挂靠效果。近两年，与地级台金华电台联手完成《八婺问水》《生态廊道行》《绿水青山兰溪行》等大型系列报道，其中《寻梦游埠古镇两地主播邀您共赴“怀旧”之约》采用主持人在不同点位进行现场网络直播的形式，跨地区合作完成节目线上播出，也是融媒体创新之尝试。与金华区域的各县市实行广播联盟，联合组织“听友”古村自驾游，举办采摘、品鉴、试吃等系列农特产品推广活动，达到了台际地方区域间的互利共赢效果。

三、融媒体背景下，对农节目的规划与愿景

融媒体背景之下，县域广播对农节目如何在乡村振兴战略中发挥作用，是《兰溪新农村》接下来的规化发展方向。

1. 坚持一个定位

时代在变，传播手段在变，情怀依旧。《兰溪新农村》节目的宗旨就是“全

心全意为农民服务”，报道农业最新动态，解答农民困惑疑虑，记录农村的百味生活，所以对农栏目要以一贯之地把握“服务三农、走在前列”的定位，讲好三农故事，传递农民声音。

2. 坚守一个基调

融媒新时代广播对农专题栏目必须要把握绿色、协调基调，才能履行好追梦“产业兴旺、生态宜居、乡风文明、治理有效、生活富裕”的过程中的宣传引领职能。无论面对农业产业体系、生产体系、经营体系，还是农业社会化服务体系、乡村治理体系中显现的典型和创新探索，都应该彰显栏目的总基调，要注重典型和探索报道的系列化，力推大型系列报道，形成宣传声势，以达到成风化人的引导效果。

3. 坚挺一种作风

县级广播是目前承担内容生产的最基层新闻媒体。虽然没有上级媒体俯瞰全局的广度和高度，但有着敏感的神经末梢，优势在于深度和细节。栏目在传承优良的传统作风上做到全员全程“贴地”。保持简洁明快的节奏，强化故事性、亲和力。加大参与性，开门办节目，努力实现活动常态化，增强互动性。

4. 坚定一种融合

就发布形式而言，“全媒体”影响力日益扩大。利用融媒之后的硬件设施，无论是直播间立体机位实现可视化，手机客户端实时阅览收听，还是各平台短视频及微信公众号等的播发，对农栏目都要充分利用融合之下的创新模式，将节目打造成听觉上亲切，视觉上身临其境，采用节目、活动视频直播，音频碎片化，同步推送各种对农节目内容。必须打破融媒体之后广播与电视、报纸传统媒体和新媒体的壁垒，做到“软硬件皆通”，做到新闻资源共享和深度利用，拓展源头，扩展发布。

5. 坚立一个团队

《兰溪新农村》这些年能取得一些成绩和优异表现，最重要的原因就是，有一支作风扎实、吃苦耐劳、技能全面、品行优良的采编播队伍。如今，一些90后、00后年轻主播的加入，让这个节目组充满了“青春”，但也面临队伍人才梯队建设的考验。要努力培养全能型人才，完备人才梯队建设，形成年轻播音主持、采编人员进位晋级的管理体系。

媒体融合时代下早晚高峰直播类节目的探索

胡艳静

媒体融合之后，媒介环境和传播内容发生巨大变化，“互联网＋”时代，广播面临着前所未有的挑战和机遇，随着5G时代的到来，传播格局的主战场、主平台变成了移动端，对传统媒介和信息传播具有革命性的影响。作为一档服务性资讯类节目，908早晚高峰节目通过整合各类媒体资源，利用互联网这个载体，将传统的广播直播节目提升创新，打造出符合本地受众需求的一档具有可听性、可看性、可玩性的广播节目新形式。

一、融媒体时代下早晚高峰直播节目现状

(一)节目收听人群分析

随着卫星技术、数字化技术和网络技术的进步，新媒体形式层出不穷，传媒由“大众时代”过渡为“分众时代”，消费者的角色也由受众变为用户。在受众时代，信息传播主要是单向传播，由信息发出者决定受众需要什么，且传播内容少，媒介经营注重收视率、收听率和覆盖率。到了融媒时代，市场以消费者为中心，用户多元化＋个性化的升级需求，实现点对点的传播，电子商务与传统媒体的结合也加强了用户的互动体验。

数据显示，中国每年的人均拥有私家车数量不断增加，汽车除了充当人们的代步工具外，也延伸了人们的生活半径，逐渐改变了人们的生活状态。自驾游不断兴起，让人们有更多的机会去接触外面的世界。另外，每逢节假日和周末，以家庭为单位的出游活动比例不断增加，缓解了平日工作中的紧张心绪和工作压力，换言之，车主的汽车生活所涉及的范围非常宽广。因而，可以进一步挖掘汽车广播电台节目的深度和广度，做好路况信息仅仅是其中的内容之一，更多的是要关注汽车听众群所期盼了解的多元化信息。

一档节目的播出，目标受众是非常重要的因素。CSM媒介研究数据显示，2019年，车载收听仍然是广播听众最重要的收听场景，2019年，在所有收

听场景中，广播受众以25～54岁中青年为主，占比67.9％，这一人群中通过车载方式收听的占比76％。从收听人群来看，FM90.8听众中男性占比70％，他们大部分年龄集中在25～45岁，因此，节目内容也将更多的关注点放在男性的普遍偏好上，另外私家车车主的职业呈多元化特征，其中公司职员、个体工商户所占比重最大，中层管理人员、私营业主也占有一定比重，他们呈现年轻化、素质高、消费能力强的特点。从早晚高峰节目播出时间段(早上7:30—9:00；下午16:30—18:00)来看，正是每天上下班的时间段，同时也是城市拥堵的高峰期，"有车一族"在路上花费的时间基本能够跟节目时间相吻合，这其中，男性、中青年的人群数量占比更大；从收听方式上来看，车载收听明显高于其他用户端收听。

(二)节目内容分析

针对节目收听人群的分析以及节目的播出时段可以得出，我们需要打造的是一档集新闻、资讯、路况为一体的能够提供每天最及时的路况信息、交通资讯的综合性节目。为了满足用户的收听需求，早晚高峰节目的时段不同，内容设置上面也会有所不同。早高峰节目主要以国内外新闻、交通信息等资讯盘点为主，结合路况和话题互动等，偏新闻性脱口秀，最主要特点是信息量大、内容简明扼要，节奏紧凑，太复杂的新闻内容对于时间紧迫的上班族人群来讲是一种负担；晚高峰节目以本地资讯、美食、音乐、娱乐为主，结合路况和话题互动，偏娱乐性脱口秀，例如，晚高峰节目中设置了《908吃讲师》《嗨～头条》《908车学院》《娱乐汪汪队》等小版块，对于忙碌了一天的下班路上的收听人群而言，节奏上较为舒缓，更具有伴随性和趣味性。两档节目共同特点是接地气、有针对性，能够满足不同群体获取资讯的需求。

(三)节目主持人角色定位

主持人作为节目中的重要角色，其角色定位随着融媒体的到来也在发生转变。对于一档服务性资讯类节目，除了专业能力之外，个性、积累、配合也是主持人自身所必须的特质。

1. 专业

早晚高峰节目主持人要有扎实的专业技能。在传统的广播节目当中，主持人往往是用记者编辑好的稿件进行播报，而在新媒体时代，人们获取信息的渠道变得多样化，加上各类音频媒体的出现，音频节目也呈现多元化的形式，以往的播报模式显然已不适应现在受众的需求，广播节目主持人如何在一众音频节目中脱颖而出，除了节目内容形式要创新之外，主持人自身的专业技能也非常重要，尤其是早晚高峰节目，需要具备采、编、播、说于一体的综合型主持人，在节目中要善于从服务性视角导入或延展新闻内容，以及选择人称代词的使用，增加亲切感。

2. 个性

早晚高峰节目要强调主持人与栏目的对应，强调主持人的个性。对于大部分听众来说，收听广播节目主要目的除了获取知识之外，更多的是娱乐与休闲。因此，主持人要用简洁、清晰与生动的语言让听众理解与接受，进而才能够激发听众的收听兴趣与欲望，更要结合当地特色、当时背景以及个人思想，对于某现象或某问题，主持人可以表现自己的个性主持风格，只有这样，才能更加贴近听众。

3. 积累

早晚高峰节目主持人要有独到的摘要能力、深厚的知识储备和经验积累。早晚高峰节目中，除了路况之外，资讯占了很大比例，但是互联网平台上资讯庞杂、真假难辨，这就要求主持人在海量的信息当中筛选出时效性强、符合节目特质并且真实有效的信息，准确地传递给受众。在语言表达上面还要避免说教式的播报方式。广播语言的传播方式注定了听众没有时间去消化它的深层内涵，所以节目中不能使用过于书面化的语言，必须做到不仅通俗易懂还能旁征博引，而要抓住听众的耳朵就需要艺术性地进行表达，对于主持人平时的文化积累有着非常高的要求。

4. 配合

早晚高峰节目主持人要有为搭档服务的意识和“一心多用”的技能。早晚高峰节目一般采用对播形式，主持人两两搭档、相互配合，节目中主持人除了正常节目运作之外还需要同时处理微信平台上的留言、听友群的互动、热线电话的联系、实时插播路况信息等，非常考验主持人之间的默契度，所以，主持人在保持自己个性的同时，也要磨合与搭档之间的配合度，保证节目的完整性。

二、互联网+广播，早晚高峰节目战略升级

（一）直播场景转化，从“透明直播间”到智能化演播室

广播是一种“伴随性”的媒介，但“不可见”也使其发展受到了限制，打破传统广播只能听的模式，需要大力推动可视化传播，让广播“看得见”。近些年，兰溪市融媒体中心在广播“可视化”方面也做了不少探索。

2017年，908早晚高峰节目首次尝试了在手机客户端同步视频直播的方式，取得了不错的反响，在线观看人数达到3000+。通过视频和广播同步直播，对于原先只闻其声不见其人的广播电台来说，通过数字技术将图像、文字和数据进行传输，受众不光能听见主持人的声音也能看见主持人在直播间的主持状态，大大丰富了广播电台的节目元素。

2018年，兰溪市融媒体中心在市区闹市地段打造了第一所“透明直播室”，908早晚高峰节目主持人每天在透明直播室进行直播，吸引了无数市民前来观看，也让广播节目主持人走出以往单一的直播室，在现场与听众实时互动，同时还在节目进行中设置特别版块，邀请现场观看的市民参与，通过场外和场内的联动，大大提高了节目的参与度与互动量。

2020年，广播节目中心直播间进行提升改造，在原有的设备基础上升级软硬件，建立了“可视化”的演播场景，主持人摆脱固有的单一化节目直播模式，通过更高的技术手段进行节目制作，达到临时、及时的互动方式，也更加适应移动端的节目形态。比如早晚高峰节目中，最重要路况信息不光可以“听”到，也能实时“观看”到，通过与指挥中心的视频连线，受众对于各个路况的车流量、拥堵情况等实时路况能够及时掌握，通过视频画面强烈地刺激感官，引导和鼓励受众积极参与。同时，栏目窗口形式多样，结合不同的节目内容，用福利红包、在线互动等进一步维持与听众的良好关系，减少了节目对微信的依赖，所有活动结束后可通过视频后台关注数据变化，进一步对效果进行评估，为下一次活动提供参考。

（二）传播形式转化，提升节目可听性和观赏性

1. 打破传统思维模式，扩展多元化收听模式

互联网时代，人与人之间的距离不断缩小，广播收听方式也在不断发生变化。广播可视化提升之后，带来的是听觉和视觉的双重体验。首先，通过新媒体可将早晚高峰的节目内容以文字、图片或者视频的形式在网上进行预告，吸引听众，赋予受众更大的选择权。其次，将节目与网络视频相结合，在直播间进行视频直播，受众可以看到主持人的一举一动，拉近彼此的距离。最后，与网络技术结合后，节目能够回听、储存甚至上传到各音视频平台和客户端，改善了广播传播转瞬即逝的劣势。

2. 打通线上和线下，让数据为内容赋能

除了线上的节目内容之外，可视化直播还带来了线下的直观体验。一档直播节目中，除了为听众提供本地化的交通信息、新闻资讯、移动服务，还要制

作反映受众心声，为受众的日常生活出行出谋划策、排忧解难的节目，听众可以在新闻现场通过视频连线直接参与到节目中。同时，通过后台大数据分析，针对各类话题互动量和听众活跃时段进行分析，合理安排设置更贴近受众的节目内容。

3. 更多互动式体验，提升听众参与感

广播呈现的物理性状是线性传播，最大的弱点是传播稍纵即逝和信息接收的被动性。通过可视化的呈现，节目内容通过多画面切换、双屏以及多屏连线、画中画的形式，多方位多角度呈现新闻现场，另外，在直播过程中设置弹幕、抢红包等方式，使听众、用户、粉丝获得全方位的互动体验，增加节目的吸引力。

（三）主持人角色转化，从话筒前走到镜头前

直播场景的转化也对早晚高峰节目主持人提出了更高的要求。除了专业、个性、积累、配合这些基本要求之外，主持人已经不单单是直播间的主持人，同时也是外场出镜记者、现场导播，因此，要培养主持人在新媒体时代的数字化生存能力。

1. 提升技能，适应角色转化

通过智能化平台，广播节目主持人从话筒前走到镜头前，直播间变成演播厅，节目中必须做到“眼观六路，耳听八方”，不光要关注公众平台上的互动留言、实时路况，还要根据节目节奏实时调整视频播出的内容，及时切换画面，丰富节目形态。所以早晚高峰主持人必须拥有扎实的基本功、专业的知识积累，适应智能化操作模式，积极调整状态去适应角色的转换。

2. 打造主持人 IP，增强粉丝黏性

融媒体环境下，主持人不光在角色上需要转换，观念也需要随之转变，才能焕发新机。在这个全民偶像时代，主持人也是节目的形象代表，尤其是“可视化”直播之后，打造有本地特色的主持人 IP 势在必行。听众需要的是有温度、有态度的主持人，也是互联网时代的 KOL（关键意见领袖）。因此，要根据早晚高峰节目内容的不同，建立个性化的主持人形象，给节目贴上主持人的标签，鼓励主持人开创出自己的主持风格，使节目变得具有温度，让上下班路上的人们在开车途中也能感到温暖和愉悦，增强粉丝黏性。

三、融媒体时代下，早晚高峰节目提升方向

（一）注重听众体验，增强服务观念

2020年，兰溪市融媒体中心创建了属于自己的APP客户端“兰精灵”，对于早晚高峰节目听众来说有助于建立“一人一机”的绑定关系，成功弥补了广播传播转瞬即逝的缺点，同时也形成了一种更为灵活的收听模式。“点播”也为具有偏好或者时间限制的人们提供了更多的选择，对于近期播出的节目可以随时进行点播，同时实现“边听边聊边看”，同过语言、文字甚至图片参与节目的互动，增强听众在节目中的参与度。同时，继续对声音市场进行细分，生产适销对路的好节目，可以加入地方特色文化，从而保持听众对节目的忠诚度和黏度。

（二）打造粉丝社群，开展线下活动

“节目活动化，活动节目化”是广播提高影响力、提高听众对于广播节目的关注度及增加广告创收的重要一环。908早晚高峰节目自开通后，深度融合新媒体，进行了一系列的线下推广活动，微信平台粉丝2万+，活跃微信听友群6个（500人群）。落地的活动使主持人与听众近距离接触，从语言传播、事件营销、人物形象、观点传播、娱乐共享等方面转换提升到全渠道的媒体价值传播，扩大了其影响力。

广播可视化升级之后，908早晚高峰节目结合新技术，将以往单独的线下活动变成节目中的一个版块内容，主持人在节目中和外场主持人对现场活动实时联动，比如晚高峰节目的美食版块《908吃讲师》，外场主持人带领听友“探店”，直播室主持人在外景视频中能够实时关注到外场动态，有效避免了以往电话连线的单一性，节目内容呈现也更加生动精彩。

融媒体的关键之处在于“融”，通过把传播技术、传播形式相融合，生产出一批有质量、有内容、接地气的优质节目。而媒体融合的目标，就是要实现优质内容生产与新兴传播技术的有机融合，通过视听技术、大数据、云平台等，明确核心受众群以及自身和新媒体的各自定位与优势，打破现有节目模式，立足本地，办出新媒体取代不了的节目，同时和新媒体融合，依托互联网的用户思维、迭代思维、极致思维，根据“差异化竞争”原则，做出高质量的“看得见”的广播，才能突破瓶颈，探索出富有特色的融合发展模式。

九、新媒矩阵

探究县级融媒体“内容视化”的创新传播

——基于兰溪市融媒体中心的调研

刘茂华

在国家和全社会“互联网+”行动计划的持续影响与驱动下，信息化、视频化、智能化对社会同时对人类带来的益处越发明显，网络和新媒体的快速发展对我国社会经济发展所带来的影响也在加速。而媒体融合发展，尤其是县级融媒体发展，这种情势关系着整个国家互联网发展、治理步伐，也关系着我国由网络大国向网络强国转变。

特别值得一说的是，作为县级融媒体发展的短板之一——网络直播、短视频等一些新信息生产样态持续革新新媒体生态，共享经济与网红经济共同推动着新媒体产业的更好、更快发展。当今，媒体发展视频化已比较普遍，但在新的网络体制下，又呈现出创新发展趋势。

本文结合当前融媒体发展实况，基于对兰溪市融媒体中心的实地调研，从“内容视频化”或者说“内容视化”角度对县级融媒体发展的新趋势作粗浅的探讨，同时期待该案例能够为同类型融媒体中心发展提供一定的借鉴经验。

一、主流舆论的传播力：优先选择正能量内容

媒体融合的根本目的是要做大做强主流舆论，切实提高正面宣传和舆论引导的水平。要朝着“融为一体、合而为一”的方向迈进，融媒体从业者更应该着力推动媒体融合向纵深发展，创新传播手段，丰富互动模式，拓展传播渠道，实现传统媒体业务落地发展。

基于“内容为王”的理念，兰溪市融媒体中心上下有一致的认识：媒体融合不是简单地捆绑传统媒体，而是把传统媒体打造成基于互联网的媒体融合新平台。在具体实践中，兰溪市融媒体中心把手机客户端建设放在头等重要的位置，在过去一年多的时间主打“兰精灵”新闻客户端，针对“内容视化”的努力方向专门设计有短视频、直播、镇街等版块。兰溪市融媒体中心打造有内容、有质量、“有正能量”的新媒体阵地，而且优先选择具有正能量的各方面内容，

实现内容的“视频化”。在兰溪常住人口只有55万的情况下，“兰精灵”APP下载安装量高达24.6万——业已成为基层群众所言“装在口袋里的电视机、握在手中的遥控器”。

兰溪市融媒体中心在“兰精灵”APP产出很多1分多钟的短视频，时长虽短，内容却不简单，部分作品上线后短短几个小时点击量就突破了百万，解决了过去长视频用户耐不住看的突出矛盾。为契合当时的传播氛围，兰溪市融媒体中心根据抗疫实际推出《没有你的夜晚》MV视频作品，该作品以满满的正能量登上了“学习强国”平台，感动了无数人。

同时，地方性尤其是县级融媒体中心扩大对外宣传，这也是借力大平台传播的有效途径。兰溪市融媒体中心质量较好的短视频，获央视频、“学习强国”等平台频繁采用。作为基层融媒体中心，在传播渠道上并不占有优势，所以，内容发布时既要造船出海也要借船出海。传播力是形成影响力的前提，“一次采集，多次生成，多元发布”的融媒体生产格局已经形成，在这个全员媒体、全息媒体、全程媒体、全效媒体的时代，创新传播手段，拓展传播平台，领先数据流量，扩大传播范围，使短视频新闻得以效益最大化十分重要。

与商业性新媒体不同的是，主流媒体必须坚持既定的舆论导向，兰溪市融媒体中心有自己的成功经验：兰溪是历史文化名城，挖掘地方文化资源，打造文化品牌，传承文化，这是主流媒体必须完成的任务。

兰溪市融媒体中心充分发挥专业媒体“内容视化”方面的优势，引进江泉盛景文化传媒，合作开拍兰溪文化题材的电影《兰湖水畔》《血兰花》。这样做的结果显现了县级融媒体中心提升文化的引领力，能够增强群众的归属感、认同感，同时也推进融媒体中心产业的发展壮大。

二、日常生活报道：用善于发现的眼光挖掘“爆款”

媒体融合的浪潮中，好内容自然难得，但最难的莫过于实现传统媒体的生存，要从身边的人和事挖掘好潜在的“爆款”作品，服务于广大人民群众。

主流媒体的视频产品，主要朝着两个方向努力发展：一是大众化，二是专业化。所谓大众化，就是面向所有用户，而专业化则得益于传统媒体的转型。很长时间以来，脱胎于县级广播电视、报纸的地方融媒体中心，一直被认为是不具备专业视频生产能力的。兰溪已经初步建立了自己的视频团队，虽然人数不多，但毕竟有了专业意识，也有了质量不错的系列作品。

必须说到一个概念：移动时代视频应用的普及，带来了一种视频化生存方式，它既是日常生活的媒介化，也是媒介化后的日常生活。短视频以内容短小精悍、传播速率快和互动属性强等特点受到用户的广泛追捧，也是日常生活媒介化的具体表现，以抖音、快手等为代表的短视频应用不仅深刻影响了人们的现实生存，也对传统电视媒体造成了强烈冲击。中国电视剧制作产业协会发布的《中国电视剧（网络剧）产业调查报告》（2019年）显示，短视频用户使用时长首次超过长视频。可见，随着生活节奏加快，碎片化时间增加，思维方式转变，人们的收视行为正在被短视频平台最大限度地分流。

短视频新闻的出现，向受众提供了全新的叙事模式及新闻视角。如何让受众有“沉浸感”，内容质量上，要善于挖掘新时代身边的故事，用小切口反映大主题大时代。另外，还需有独特的视角并注重短视频新闻的持续热度，从热点话题、情节冲突、优质视觉素材及深度背景等方面多角度展示短视频内容，从而吸引受众。

兰溪市融媒体中心根据不同的情景策划不同的短视频，比如中秋节来了，“每逢佳节倍思亲”，家乡之外的游子如何借助于网络表达自己的思乡之情和对家乡的感情？“兰精灵”短视频栏目为他们提供了表达感情的平台，“我对家乡说句话”系列短视频就此诞生了，这不仅仅是媒体策划的作品，更是“兰精灵”用户以互动方式创作的好作品。

除口语化的表达、平民化的视角外，制作短视频时还应想用户之所想，比如搭配适合内容调性或营造情绪的背景音乐等，将电视新闻的表达方式转换成短视频情感化表达。一些看似简单、枯燥的报道同样可以变成有温度的“爆款”。

不仅仅是短视频，就是时长较长的视频同样可以利用互联网传播的特性，以日常化、轻量化的形式呈现短视频新闻的深度内容。而在宏观层面上，融合家国情怀与国际视野的社会关注意识同样是包括短视频在内的视频新闻进行深度报道的生产目标。面对新媒介技术的冲击，传统主流媒体尝试采用互联网思维进行内容生产，“以用户为中心”也已成为运作共识。从这一意义上讲，体现社会服务意识，满足用户高质量内容的接受需求显得尤为重要。换言之，互联网思维同样需要具有高质量的深度内容凸显家国情怀与国际视野，突出强烈的社会关注意识。

2020年疫情期间，兰溪市融媒体中心推出一个爆款产品《兰溪最亮的星》。该片的主角是被国家授予了“人民英雄”荣誉称号的中国工程院院士、少将、兰溪人陈薇。经过精心策划，兰溪市融媒体中心推出了以陈薇院士、李兰娟院士赴武汉医疗团队中护士长张园园、抗疫期间对接亿元海外物资的志愿者胡芳等三位兰溪籍抗疫典型事迹为主题的专题片。33分钟的《兰溪最亮的星》系统讲述了这三位最具代表性抗疫先锋的英雄事迹，期间还播放了李兰娟院士的深情寄语。播出当天，“云”课堂视频点击量超30万人次，5万余人次通过华数云课堂观看，节目获143万次点赞，直播半小时内评论超万条。

小小的兰溪只有66万人口，当晚观看人数已经超过了兰溪全市人口的半数，很多观众是含着热泪看完的，可以说，这样的一个专题片甚至影响了一代人的成长。节目播出当晚，浙江新闻客户端第一时间推出新闻时评《夜空中最亮的星》。人民网、中新网、国际日报、浙江日报等27家国内外媒体，刊播了相关新闻，点击量超3000万。疫情，这对于所有人、所有行业，都是一场大考，顺势而为才能变任务为使命，汇聚正能量。陈薇等抗疫先锋的英雄事迹深深刻进了兰溪青少年的心里，成为了他们追的最亮的星。

无论是短视频还是其他类型视频，走红不是偶然的，这也给县级电视媒体转型带来了更大生机。“内容为王”始终是媒体实际的“核心武器”与信息过载时代的稀缺资源。兰溪市融媒体中心的实践经验告诉我们：在视频内容的生产与创作中，电视媒体具有与生俱来的天然优势，传统电视媒体拥有巨大视频储备资源、经验丰富的视频采编团队、专业的设备制作技术，只要在日常生活中有一双慧眼，一定能够深挖出“爆款”产品，能够提供高质量的信息服务。

因此，优质内容从来都是形成爆款产品、构建媒体影响力的重要法宝，在各类视频新闻发展过程中，吸引受众，获取关注，永远离不开好的创意和内容。持续生产、制作出优质内容的视频新闻和其他类型信息，是提升主流融媒体中心竞争力的必要条件。

三、内容视化的全面拓展：建构“新闻＋政务＋服务”传播模式

随着移动互联网络的飞速发展，给传统媒体与传播技术与方法都带来了巨大的影响，传统媒体视频化发展已成大趋势。移动互联的视频传播对公众的吸引和指导作用的潜力非常大，其中蕴含了巨大价值。而在5G时代，由于媒介全面融入社会各行各业以及人们的日常生活，视频内容将包罗万象。从医疗健康到交通安保，从生产调度到物流旅游，5G视频将成为社会生活日常运转的基本要素。于是，人作为内容核心的需求也会逐渐下降，大部分视频将褪去大众传播年代那种仪式感和权力的光环。

因此，融媒体中心必须具备超前意识，及时调整和拓展视频内容生产的功能与外延，充分利用既有的专业视频制作经验和人才技术基础做好为社会各行各业生产和创作多样化视频内容的准备，这就是我们常说的“新闻＋政务＋服务”的传播模式。需要说明的是，“政务”和“服务”也是优质内容。

非常值得探讨的是兰溪市融媒体中心拓展“兰精灵”APP的服务功能——为市民提供各项便民服务,实现新闻宣传向公共服务领域拓展。

在2020年“战疫”实践中,兰溪市融媒体中心结合传统媒体内容生产的优势创新服务,延伸放大融媒服务端。兰溪市融媒体中心整合卫健、文旅等多个平台,为群众提供综合服务,为当地市民提供公益预购配送。兰溪市融媒体中心结合本地特色,还推出各项有利于复工复产复学的公益行动,建设离基层群众更近的重要新闻宣传和社会治理平台,汇聚“战疫”力量。

兰溪市融媒体中心在“兰精灵”APP客户开设“融媒优品”版块——这是兰溪市融媒体中心和浙江微乐科技有限公司合作开发的一款特色购物平台,主要推广兰溪特色产品等,并为兰溪本地实体商户提供线上促销活动。作为兰溪首家官方指定的购物平台,融媒优品积极参与“你宅我送”公益配送行动,疫情期间,线上预购口罩34万只,仅此项活动,半个月内,就为“兰精灵”APP新增用户13万。另外还推行“兴兰助企”网络直播招聘会,实现“云招工”。

不仅如此,兰溪市融媒体中心上线名师“掌上课程”,打造“云课堂”,为当地受众提供最好的内容服务,还设置实时公交、公共自行车、停车位等信息查询服务,还在洽谈“信义居”项目,将所有小区物业费缴纳工作嫁接到“兰精灵”APP平台上来,未按时缴费的列入征信名单,既方便群众又服务物业公司,全力打造流量入口。

兰溪市融媒体中心还在内容服务方面深入探索,值得研究和借鉴。丹曾人文(兰溪)学校有限公司是兰溪市融媒体中心等三家国企参股,与北京丹曾文化有限公司共同组建的国内第一所人文类智识学校。长期以来,国内人文通识教程单薄。随着互联网在线教育的快速发展,原有人文通识教程的短缺和互联网在线教育人文教程的空白问题日益显著。在兰溪市融媒体中心牵头之下,丹曾人文(兰溪)学校计划邀请全国100多名高校人文学科带头人,对已有的人文知识进行通识化整合、智识化提升,为本地互联网用户提供优质的内容资源并通过独立的人文在线平台向全世界进行在线教育。毫无疑问,这打开了我们县级融媒体中心发展的无限空间。

伴随着信息技术的快速迭代,新媒体行业发展随之突飞猛进。回顾新媒体的发展之路,不难看出,新媒体用户触媒平台也在不断迁移,从PC互联网到移动社交平台,再到如今包括短视频在内的各种平台,视频逐渐成为新媒体传播的重要载体。从行业出发,新媒体在不断向前推进的同时,融合发展趋势也日趋明朗。无论怎么发展,融媒体趋势下,内容创新和形式革新是立足的根本,但是透过现象看本质,探索出一条“实用发展模式”才是发展之道。

新媒体的视频化时代是融合的时代，融合体现在与媒体融合和与产业融合。众多实例也表明，只有融合才能实现补缺，做到资源实时共享，优势互补和利用。同时，我们还应该看到，随着5G时代的到来，技术的进步为媒介发展插上了翅膀，新媒体行业对视频、图像、语言、文字、声音的处理取得突破性进展。展望未来，借助5G的高速度等特性，以兰溪市媒体融合中心为代表的主流新媒体行业即将迎来崭新的应用场景变革。

主题化、本土化、精品化、个性化
——"视频＋"浪潮下县级融媒体中心新媒体矩阵建设的兰溪经验

李 维

摘要："视频＋"时代，如何通过视频生产让县级融媒体中心在互联网空间拥有一定的话语权？如何发挥好主流媒体的公信力和号召力？如何打造具有区域影响力的新媒体视频品牌？本文通过对兰溪市融媒体中心在新媒体视频生产中的探索和实践，提出了以"主题化、本土化、精品化、个性化"推动县级融媒体中心新媒体矩阵建设的路径。

关键词：视频＋；主题报道；民生话语；品牌打造

"视频＋"时代，我们是当看客，还是成为时代的"弄潮儿"？当传统媒体话筒的音量越来越轻，而普通人平等发声的机会越来越多，传统媒体如何才能成为不断翻腾的新浪花？如何避免变成最后被拍在沙滩上的"前浪"？看似不容易回答的问题，却有许多人在做着探索。

"兰溪，我回来了。""兰溪，我回来了。"一句句发自内心的呼唤表达出离家在外的兰溪人对家乡的一份眷恋，短短的十几秒饱含了天下兰溪人对家乡的深情。"世上最美的风景，就是回家的路。"以这样质朴的主题，兰溪市融媒体中心制作的短视频《回家》在一夜间传遍了兰溪人的朋友圈，点击量达到了45万，以兰溪市常住人口数计算，真正做到了家喻户晓。

抓住新技术为媒体带来变革的机遇，兰溪市融媒体中心因时而动、因势而为，不断抢占短视频发展的制高点，通过"主题化""本土化""精品化""个性化"，以短视频、长视频、视频直播的策、采、编、发、推为发力点，打造具有区域影响力、品牌号召力的新媒体矩阵。2020年1至10月，已发布200多个短视频，点击浏览量最高达600多万，上百万浏览量的短视频有5个，上十万浏览量的短视频有5个。

一、强化主题，围绕矩阵建设做文章，凸显视频生产的权威性、专业性

面对当前媒体融合的使命任务，兰溪市融媒体中心不断增强“脚力、眼力、脑力、笔力”，推出“有思想、有温度、有品质”的优秀视频作品，推动宣传事业再上新台阶。自媒体融合以来，兰溪市融媒体中心对原兰溪市广播电视台融媒体传播中心和《兰江导报》新媒体部门进行了整合，加强沟通协调，遵循移动端新闻传播规律，紧紧围绕市委市政府中心工作，依托“一端”“一网”“三号”精心打造适合移动端传播的视频产品。

“多做一些有利于凝聚人心、提升士气、鼓舞干劲的工作”，这是习近平总书记对新闻宣传工作提出的希望，也是兰溪市融媒体中心在围绕主题开展的视频创作工作中一直坚守的核心立场。主题报道是县市融媒体中心的看家本领，也应该成为传统主流媒体主办的新媒体的拿手绝活。在主题报道上，兰溪市融媒体中心紧紧围绕市委市政府中心工作，把握市委对新媒体传播的需求，依托融媒体“中央厨房”，积极整合新闻资源，充分发挥新媒体优势，展现新媒体特点，唱响主旋律，打好主动仗，讲好兰溪故事。兰溪市融媒体中心通过对主题报道的精心策划、精选角度，在文字和图片推送的同时，侧重视频的拍摄和制作，让视频尤其是短视频成为吸引粉丝的“定海神针”。如《陈薇被授予“人民英雄”荣誉奖章》的短视频点击量超过 33 万，而《2003 年，习总书记到过兰溪这些地方！今天，我们沿着足迹重走当年之路！》等作品都取得超万的点击量。

在围绕中心、服务大局的同时，兰溪市融媒体中心通过整合平台，强化矩阵建设，不断增强移动端舆论引导力。目前，兰溪市融媒体中心已经形成“一端”“一网”“三号”共同发力推进新媒体传播的好局面。“一端”兰精灵客户端作为具备综合服务功能的新媒体宣发平台，全天候编辑推送新闻，在视频生产中强化“视频直播＋短视频”的概念，着力通过真融深合打造有内容有质量的新媒体阵地。“一网”兰溪新闻网以新鲜、广泛、随时更新的新闻为主，通过网络版视频做好“视频＋”的文章，让在手机端无法畅快传播的长视频有了宣推之处，做到了短视频传播的有效补充。“三号”的整合是兰溪市融媒体中心在推进视频生产尤其是短视频生产过程中的重头戏，在对“兰溪新闻”“微视兰溪”“兰溪发布”进行整合后，为避免内容雷同而造成推送资源浪费，三个公众号的定位也形成了有效区分：“兰溪新闻”微信公众号侧重时政新闻和短视频的发布，以“用户思维”来审视内容生产和传播方式的创新，尤其是积极探索时

政新闻类视频的创新，注重引用新技术，增强新动能；"微视兰溪"侧重民生新闻和短视频的发布，通过近6年的运行，已成为具有一定影响力和个性风格的微信公众号，是兰溪市区域范围内最有影响力的大号之一，根据新榜数据分析，2015—2019年传播力已超过99%的本地运行者，延展力已超过95%的本地运行者，累计阅读数超过6000万；"兰溪发布"侧重新闻和公共短视频的发布，旨在打造权威信息发布平台、民生信息服务平台及热点事件回应平台，自上线以来，把握互联网传播规律，创新信息传播渠道和方式，发布权威信息，解读重大政策，推出民生资讯，及时回应热点事件，目前拥有粉丝量22万户。各有侧重、各有特色，不同的主题设置让各个公众号都形成了稳定的风格和稳固的粉丝群，稿件质量稳步提升，粉丝总量突破60万，点击浏览量实现周周破万，"兰溪新闻"2019年内2次报道达到10万+，兰溪市融媒体中心的传播力、引导力、影响力及公信力得到进一步加强。

主题性视频的生产不仅满足本地民众对资讯的要求，更是宣传和推广兰溪的一个好办法。兰溪市融媒体中心在做好内宣的同时，在网络外宣上积极拓展视频对外传播的渠道，主动对接国家级、省级网络媒体平台，通过向人民网、新华社客户端、央视新闻移动网等平台投稿，宣传兰溪、推广兰溪，将兰溪的民生建设和社会发展通过网络平台向全国乃至全世界发布。如《市委书记授开学第一课》，兰溪市融媒体中心及时与浙江卫视新闻客户端沟通开设网络直播通道；在纪念新中国成立70周年报道中，兰溪市融媒体中心在"中国蓝"新闻客户端发布的《70年·70秒》系列短视频，每一条的点击量都在3万以上。

二、根植本土，围绕百姓民生做文章，凸显视频生产的贴近性、地域性

当下一些短视频平台十分火爆，其很多内容给人的印象是有看点但缺深度，有笑点但缺内涵。作为主流媒体创办的新媒体，如何创作既具有满满正能量又符合用户特别是年轻用户口味的内容？在围绕中心工作做好报道的同时，兰溪市融媒体中心根植本土，从百姓需求出发，从民生民情入手，注重弘扬社会主旋律、倡导社会正能量、及时揭露网络谣传、提高兰溪美誉度，将镜头对准普通百姓，将话筒伸入平凡人家，重点围绕鲜活的人、从人的感情上入手，突出展示一些温暖人的细节和故事，先后策划推出了一批有看点、有影响的作品。如《兰溪闹市区一幢民国"小洋楼"，隐藏着一部近代商业传奇！》《又一"新地标"！兰溪这处微景观也太震撼了》《兰溪各座大桥新添一物，众人看见都拍

手称好！》《超前观影！“想再吃一碗兰溪牛肉面”邓超剧透银河补习班里那些兰溪元素》等都成为网络传播的热点。

以本土为出发点，以区域为着力点，是县级融媒体中心在视频生产上值得借鉴的好方法。立足本地，才能具备挖掘更多好看内容的基础；立足本地，才会在和省级、地市级媒体的竞争中占有不败之地。从兰溪市融媒体中心多件点击量过10万的作品中，就可以看出题材的本地化对县级融媒体中心的重要性，如《重磅！金兰同城化又迈一大步，兰溪年引“金华优质水”1000万方！》《今天，有一批兰溪人去汶川，跨越2000多公里的追梦之旅！》《兰溪一万亩田园项目落地，令人向往的“诗和远方”来了！》《你去过吗？兰溪这些地方超红超火！》。

贴近百姓、贴近生活，增强服务功能，通过“视频＋”的形式服务本地网友，是兰溪市融媒体中心在新媒体领域的新尝试。在疫情期间，兰溪市融媒体中心第一时间在“兰精灵”客户端开设空中云课堂，发挥短视频生成制作的优势，推出“视频＋”服务，与教育局、学校联动，开设了语文、数学、兴趣、疫情心理辅导等课程，以音频、视频等形式，将知识化成有趣的课程，供学生学习，为停课不停学助力。同时，针对疫情对返工复工的影响，兰溪市融媒体中心携手兰溪市人劳局推出了“职等你来”栏目，通过制作短视频、发布信息等形式推出就业信息，实现“零距离”“不见面”沟通，为数十家企业输送了上千名用工。围绕省文明城市的创建，兰溪市融媒体中心开设了《文明创建》专栏，对礼让斑马线、行人闯红灯、电动车违规行驶、出店占道经营等不文明现象进行连续曝光，这一类视频产品贴近百姓，与民众的生活息息相关，在获得较好点击量的同时，也为省文明城市创建营造了良好的舆论氛围。

三、打造精品，围绕品牌口碑做文章，凸显视频生产的影响力、美誉度

2020年，5G时代加速到来，短视频站上全媒体时代的风口，成为激活媒体融合的“棋眼”。兰溪市融媒体中心充分利用原电视台的视频生产能力，充分利用多年积累的视频资源，充分利用多平台直播和现场即时制作发布技术，在视频生产中努力凸显广电的特色和优势，全力推进精品视频作品的生产，把精品视频作为标志性的新媒体品牌来打造，在“一端、一网、三号”推出更多、更新、更优的视频产品，以顺应新媒体的发展趋势。如《兰溪最亮的星》网络直播观看人数超30万，点赞143万；《李兰娟寄语兰溪学子》播放量达300万；《兰溪发现恐龙足迹》播放量达165万；同时还打造了《兰溪美食有多诱人？央视

足足播了半个小时》等多个10万+作品。

以短视频为基础，结合长视频、视频直播做足视频产品的文章，是兰溪市融媒体中心在新媒体发展上一直坚持的一条路。3月17日晚，兰溪市融媒体中心制作了以陈薇院士、李兰娟院士赴武汉医疗团队张园园、抗疫期间对接亿元海外物资的志愿者胡芳三位兰溪籍抗疫典型人物为主题的《兰溪最亮的星》思政大课。兰溪八万学子课后以观后感、诗歌、绘画等多种形式致敬《兰溪最亮的星》。浙江新闻客户端第一时间推出新闻时评《夜空中最亮的星》，点赞兰溪思政教育，27家国内外媒体进行了刊播。此外，兰溪市融媒体中心还利用已有爆款做好二次爆款开发工作，在兰溪首批学生复学之际，《开学第一课》融入抗疫英雄元素，陈薇给兰溪学子的一封信的视频再次掀起一场网络热潮，活动被全国34家主流媒体报道，共获得超亿次点击量。

为了更好地实现出精品的目标，兰溪市融媒体中心不断加强交流学习，实施业务轮岗制度，打造一支具备“一技多能”的队伍。针对融合之后人员掌握新媒体技能参差不齐、相关业务不熟悉的情况，兰溪市融媒体中心开展业务交流学习，采取周一例会制度、轮岗制度等方法，每位员工尽可能地掌握、熟悉相关业务创造条件。通过持续的业务学习，新媒体从业人员具备了“一技多能”，每位员工清楚了自己业务发展方向。在这一前提下，兰溪市融媒体中心组建了4支短视频拍摄团队，专职负责短视频的创作，还对短视频拍摄团队的原创视频数量、视频的播放量进行量化考核，与月度、年度奖金考核挂钩。同时，兰溪市融媒体中心对三大公众号实行了专职专岗考核运营，将点击率阅读量与编辑的奖金考核挂钩。

四、增强个性，围绕有趣好看做文章，凸显视频生产的传播力、吸引力

在拥抱互联网的进程中，兰溪市融媒体中心一直走在县级媒体的前列，无论是在全省县级融媒体中第一批推进网络平台建设，还是在本地媒体中率先尝试视频个性化生产，“第一口水”“第一桶金”都是兰溪市融媒体中心孜孜不怠的追求。

兰溪市融媒体中心利用主持人做好文章，凸显兰溪的地域文化和个性符号。主持人章霞将兰溪特色景点、人文风情、农特产品等进行挖掘，制作出符合当下媒体传播潮流的短视频作品，通过视频号等平台进行发布，目前共发布19个作品，微信视频号总浏览量200万。如五一兰江水上游首航时制作的作品《诗路·兰溪》，单条浏览量突破47万+，点赞量1.1万，转发量近2500次；

《光影兰溪》单条浏览量25万+，点赞量近7000次，转发量超3000次;《以梦为马不负韶华》单条浏览量18万，点赞3127次，转发量1197次;《夜阑沐江风》单条浏览量15万，点赞近2900次，转发量1097次。通过兰溪主持人的参与，这一系列作品打破传统媒体传播方式，以“融媒体网红”的新角色，用更贴合新媒体发展的新视野、新手段，传播钱塘江诗路文化之美，为县级媒体融合后时代发展提供了全新思路。

在视频个性化生产上，兰溪市融媒体中心不仅强化主持人符号，还不断加强与国内短视频平台的合作交流，注重对抖音、快手等短视频平台账号的运营，分析不同账号之间的传播特点，在根据其特点创作与之适合的短视频产品的同时，聚合技术、内容、服务、用户、流量资源，打造具有本地特色、具有个性化特征的短视频、微电影系列品牌，提高视频产品的精神高度、文化内涵和艺术价值。兰溪市融媒体中心还通过对不同短视频平台的深耕细作，逐渐做大账号的粉丝数量，为短视频的更广泛传播打好基础。

在个性化视频的打造上，利用新技术也是非常重要的一方面，毕竟“好内容+新技术”才能真正赢得新媒体的传播新优势。兰溪市融媒体中心不断运用融媒体技术创新表达手段，通过在视频中融入图文、音频、动图、手绘、漫画以及VR、AR、3D、实时弹幕等科技元素，让新媒体视频产品每次都能以新的面貌出现在受众面前，不仅充分传达信息，还能让受众喜闻乐见，有意愿分享。

精准服务公益新平台　有效引领媒体新生态

——兰溪市融媒体中心客户端高速发展模式探析

李　佳

摘要：随着网民数量不断增加，新兴媒体影响力也在不断上升，传统媒体，尤其是县市级媒体，如何在激烈的竞争中脱颖而出？本文对兰溪市融媒体中心新闻客户端的做法、成效与存在问题、现状做了深入调研，并以此为例，重点阐释引领群众、服务群众，精准推进公益行动，对传统媒体新闻客户端高速发展的作用。县级媒体融合要把握国家政策的高度，要从群众的利益和需求出发，改变传统媒体灌输式的传播理念，做到精准化营销与靶向推广，有效引领媒体新生态。

关键词：融媒体；公益；服务；创新；新生态

伴随着信息社会不断发展，新兴媒体影响力越来越大。2020 年我国网民达到 9.40 亿，其中手机网民占比 99.2%。新闻客户端成为很多年轻人第一信息源。互联网时代，为了赢得更多的受众，从上到下，各大电视台、报社，都纷纷开发了自己的 APP 客户端。可如何在激烈的竞争中赢得一席之地？尤其是财力、物力、人力都相对弱势的县级融媒体，在“互联网＋”的时代背景下，只有立足本地，找准本地特色和优势，为本地政府出谋划策，为本地群众关心的问题提供解决方案，县级媒体转型融合才能守正创新、获得认可。

2018 年 8 月 21 至 22 日，习近平总书记在全国宣传思想工作会议上发表重要讲话，指出“要扎实抓好县级融媒体中心建设，更好引导群众、服务群众”，从国家战略层面提出了县级融媒体建设的发展方向。

2020 年 11 月 7 日，笔者对兰溪市融媒体中心进行了调研，与融媒体中心相关领导、记者编辑做了深入交流，了解到兰溪融媒体客户端“兰精灵”的创新经营模式：将媒体功能由原来单一的信息传递媒介，拓展为新闻＋电商＋服务＋就业＋公益的全新模式。如今，“兰精灵”客户端，除了新闻资讯外，还集合了购物、招工、求职、志愿者服务、公益行动等多项内容，真正让当地百姓实现了“一机在手，万事不愁”。已经成为兰溪当地不少市民装在口袋里的电视台，握在手中的遥控器，放在心中的万事灵。在此模式运营下，短短半年时间内，“兰精灵”APP 下载安装数量达到了 24.6 万，在目前兰溪常住人口只有 55 万的情况下，实属不易。

一、“融媒优品”点一点，点出公益新平台

“融媒优品”是由兰溪市融媒体中心和浙江微乐科技有限公司共同创办的官方特色购物平台，是“兰精灵”APP 中的一个子版块，以浙江兰溪为背景，多元化地展示兰溪当地的人文风情、旅游文化、特色美食等，推出“吃、喝、玩、乐、住、游、土特产”等版块，让老百姓足不出户，只要手机点一点，就能感受到兰溪的生活变化，领略到独有的兰溪文化，购买到地道的兰溪美食和商品。“融媒优品”，原本这是一个完全走商业模式的购物平台，但是，在 2020 年疫情特殊的情况下，兰溪市融媒体中心又赋予了其新的内涵。

1. 媒体融合要改变态度，要有服务理念

媒体作为沟通上下的机构、社会的中介场域，拥有众多条线的记者编辑，更应该也更能够常年奔走于区域各地，对所服务区域的各方面情况了如指掌，然后精准服务、有效引领。

2020 年春节，新冠肺炎疫情突然来袭。受疫情影响，各个领域面临着从未有过的问题：蔬菜种植基地的农产品销不出去，农民一筹莫展；百姓买菜很不方便，家中没有新鲜蔬菜；居家隔离人员出不了家门，生活物资极度缺乏。大家都很着急！兰溪市融媒体中心的新闻热线、客户端后台，都是群众急盼帮助的留言。第一时间感受到疫情之痛的兰溪市融媒体中心迅速行动起来，联合乡镇红色网格员、蔬菜基地、连锁商超，在“融媒优品”平台推出“你宅我送”集中配送活动。

参与“你宅我送”公益行动，用户只要在“融媒优品”上手指点一点，选择出自己需要的物品；蔬菜基地保本销售，兰溪城区“星地买”连锁超市负责采购，网络员志愿者、记者跑腿送货，大家多方携手，形成完整闭环，千方百计保障人民群众在疫情期间的基本生活。

公益行动中，记者编辑更是主动下沉到蔬菜基地、社区、乡镇街道，与网格员一起，做好农民售卖蔬菜登记，再统一上报乡镇（街道），再由乡镇（街道）上报 APP 平台，最终统一配送到指定超市，网格员再领取物资，送到百姓家中。一方面，解决了农户卖难的问题，同时也解决了百姓缺乏生活物资的后顾之忧。“你宅我送”，让大家都安心“宅在家中”，同心协力，打好疫情防控的阻

击战。

在配送的过程中，因为有需求的群众太多，网格员来不及配送，兰溪市融媒体中心记者编辑亲自上阵，化身“外卖小哥”，将物资送到居民家中。此行动感动了不少兰溪当地居民，出租车司机主动要求加入“你宅我送”配送队伍。

疫情期间，“你宅我送”公益行动共惠及居民上万人次，销售蔬菜 10 万公斤以上，其他生活必需品成交订单共计 2638 单。两个月内，就让“兰精灵”APP 用户增加了上万人。

2. 媒体融合要转变观念，整合本地资源

建设县级融媒体，应该根据当地发展情况，将群众需求作为定位标准，综合考量人才数量和技术水平等各方面条件，结合群众应用新媒体的习惯明确开发方向，制定相应内容和分发策略，做到精准化营销与靶向推广。

主流媒体的观念从“我写什么，你看什么”，受众被动接受，转变为“你需要什么，我提供什么”。

2020 年年初，兰溪市融媒体中心专门设立了一个新部门——基层服务中心，专门负责公益行动的开展，其实看名称就一目了然，这个中心的成立，就是要为当地群众做好服务。

新冠肺炎病毒来袭，“戴口罩”是最佳防护办法，随着宣传的深入人心，一时间，口罩的需求量大增，很多药店门口都出现了排队购买口罩的现象，增加了人员聚集感染的风险。同时，市场上的口罩还一度销售一空，市民们很难买到足够的口罩。

了解到群众的需求后，兰溪市融媒体基层服务中心的工作人员第一时间将信息上报给兰溪市疫情防控指挥部。在口罩物资储备和本地企业产能有限的情况下，整合本地资源，最终经指挥部商议后，决定以 1 元 1 只的平价销售部分口罩，满足群众的需求。不过，如果将口罩送到药店销售，势必又会造成人员聚集，不利于防控工作，那么，如何来解决这个问题呢？此时，兰溪市融媒体中心再次发挥“融媒优品”的作用，只用了三天时间，迅速在“融媒优品”中开发预约销售程序。至此，由兰溪口罩生产厂家将口罩集中到指定仓库，邮政工作人员再将指定数额的口罩送往各家药店，用户在“融媒优品”中下单口罩，然后凭借消费码，去药店核销领取，大大缩减了付费等待的时间。从 2020 年 2 月 13 日活动发起开始，每天约 2 万只口罩上线供预约销售，兰溪城乡 37 家药店积极参与，34 万只口罩安全送达群众手中，满足了当地群众防疫需求，也为兰溪市融媒体中心“兰精灵”APP 新增了 10 多万新媒体用户。

干事业好比钉钉子。钉钉子往往不是一锤子就能钉好的，而是要一锤一锤接着敲，直到把钉子钉实钉牢，钉牢一颗再钉下一颗，不断钉下去，必然大有成效。

在分发销售口罩的活动中，并非一帆风顺，兰溪市融媒体基层服务中心也遇到了始料未及的困难。活动发起当日，就有10多万人在线点击购买，大大超出了主办方预期的人数，一度导致服务器崩溃，不明真相的群众怨声不断。为了解决问题，兰溪市融媒体中心技术人员加班加点开展工作，从金华请来专家，两天内将服务器升级，解决卡顿问题。另一边，基层服务中心工作人员去各个药店门口收集群众反映的问题，在“兰精灵”首页发布道歉声明，并承诺问题解决时间。媒体人员放低姿态，真正做到急群众所急，想群众所想，才能获得群众的认可，才能将公益之路走好走远。

现在，在县级融媒体建设的契机下，如果县级媒体能够真正转变理念，以服务为根本，确立在地发展、深耕本地方略，在外充分整合本地各方资源，在内整合媒体内部力量，实行组织重构、流程再造、一体化发展，必将既解决好信息传播与服务的“最后一公里问题”，又实现自身的腾飞。

民生无小事，枝叶总关情。无论是“你宅我送”还是平价送口罩活动，其实都是县级融媒体中心精准定位群众和企业需求顺势而为的结果，在聚焦群众生产生活的难点、堵点上，打通服务群众的“最后一公里”。

二、强化融媒体精准服务功能，体现新媒体公益价值

干事业不是做样子，不是做表面文章。任务一经确定，决不能搞一阵风、一下子，而是要发扬钉钉子精神，稳扎稳打向前走，过了一山再登一峰，跨过一沟再越一壑，积跬步以至千里。

对于正在建设中的县级融媒体来说，本地化特色服务是其生命力所在，也是关乎能否持续和高质量发展的重大命题。疫情之后，更需要在服务性与功能性方面做进一步探索，使其不仅仅只是信息传递的媒介，更是综合服务平台，助农助企平台和社区信息枢纽，从而更好地引导群众、服务群众。

1. “后疫情”时代，县域融媒体如何发挥效能

疫情期间，“融媒优品”发挥了积极作用，让当地百姓受益，也在短期内，大大增加了兰溪市融媒体中心客户端的粉丝。随着疫情的缓解，主流媒体网站也要继续发挥公益价值，为当地百姓做好服务。为了响应一手抓疫情防控、一手抓复工复产的号召，解决企业用工难题和百姓求职需要，兰溪市融媒体中心发挥本地主流媒体的优势，推出《职等你来》大型电视招聘人才节目，并同步在

移动客户端“兰精灵”APP 上推出“兴兰助企”行动，直接参与助力企业复工复产。

大型电视招聘人才节目《职等你来》，通过主持人和用工企业家的对话，拉近企业和求职者的距离。节目共举办了十期，每一期的链接都会放在移动客户端“兴兰助企”版块中，让求职者可以随意点击，并在后台留言，与企业 HR 直接交谈、对接。首批共有 18 家纺织、光电、生物医药等兰溪支柱企业入驻“兴兰助企”平台，展示企业风采、发布企业招聘信息，开展线上咨询、线上面谈、线上签约的全链条式招聘服务，改招才“面对面”为“屏对屏”，变项目人才“见面签”为“在线签”。同时，在“兰精灵”平台还推出了高层次人才“云社区”千企万岗引才直播活动，发布了 1.2 万个技术岗位，50 万人次在线观看，实现面谈 3.49 万人次。在特殊时期，兰溪市融媒体中心充分发挥了主流媒体的社会责任，破解了当地企业招人难的问题，为上万名用户解决了求职问题。

2. 东西部扶贫，县级融媒体的价值取向

东西部扶贫协作和对口支援，是推动区域协调发展、协同发展、共同发展的重大战略，是实现先富帮后富、最终实现共同富裕目标的重大举措。

四川省阿坝藏族羌族自治州汶川县是兰溪市东西部扶贫协作帮扶县。每年 5 月至 6 月，是当地甜樱桃大量上市的时节。优质优产的汶川甜樱桃让汶川县先后获得“樱桃之乡”“甜樱桃基地”等称号。2020 年，受疫情影响，当地游客量减了不少，2.7 万亩甜樱桃的销路也让人犯了愁。为助力汶川县农民渡过难关，前期，兰溪市对口工作领导办公室联合市委组织部共同发出《关于党员干部带头支持东西部扶贫协作消费扶贫的倡议书》，市机关事务服务中心还与汶川县灞州镇周达村签订了认养(购)协议。

为了进一步拓宽汶川樱桃销售渠道，并让兰溪当地百姓也能购买到新鲜采摘的汶川樱桃，兰溪市融媒体中心再次发挥“融媒优品”的作用，与汶川立轩合作社签订了购销协议，利用“融媒优品”进行在线销售，助力对口帮扶农户增收。半个月内，兰溪市党员干部、各地商会和企业共认购甜樱桃 3 万余斤。“兰溪认购汶川甜樱桃”，也成为东西部精准扶贫的“浙江样本”，被许多上级媒体报道。

由此，兰溪市融媒体中心已经将媒体功能由原来单一的信息传递媒介拓展为新闻＋电商、新闻＋服务、新闻＋就业、新闻＋公益，媒体功能逐渐丰富。

随着服务党委政府中心工作、服务群众生产生活能力的提升，兰溪市融媒体中心的传播力、影响力、公信力、引导力也在进一步提升。

三、做强融媒体有效引领功能，重塑新媒体生态

县级融媒体中心，无论是在新闻资源、人力物力、技术水平上都无法与央媒、省媒相提并论，要想生存，就必须从本地实际情况出发，结合本地资源，坚持本地特色，做好文章。

中宣部在县级融媒体中心建设现场推进会上强调："要把准功能定位，坚持分类指导，因地制宜开展工作，努力把县级融媒体中心建成主流舆论阵地、综合服务平台和社区信息枢纽。"这些要求突出了县级融媒体中心的舆论引导作用和服务群众的功能。其中特别值得注意的是，习近平总书记对服务功能的强调，让主流媒体借助移动传播，牢牢占据舆论引导、思想引领、文化传承、服务人民的传播制高点。

在兰溪，一大批社会公益组织活跃在各大社区、乡镇（街道），如爱在兰溪助学中心、我们都是兰溪人 QQ 群志愿服务队、心舞工作室、兰溪市义工服务队、网兰救援队……他们为居民、村民提供助学、敬老、救援等服务，为兰溪增添了一抹抹暖色。

公益组织虽多，若没有统一的平台和有效的统筹，就会出现"单打独斗"的现象。为进一步整合社会资源，凝聚最大志愿合力，兰溪市融媒体中心联合兰溪市文明办、市委网信办专门组建网上平台"红网联盟"，将其挂靠于兰溪市融媒体中心官方 APP"兰精灵"。一方面，握指成拳，进一步提升公益事业水平，深入推进新时代文明实践，另一方面，也方便群众通过网络参与公益活动或申请志愿服务。

该平台是兰溪深入推进文明实践的创新探索，以新时代文明实践中心为依托，充分整合各类志愿服务资源，开设多个"个性化"服务菜单，线上线下齐互动，为市民提供多元化服务。"群众点单—联盟派单—志愿团队接单—群众评单"的服务模式是红网联盟的一大亮点，通过问需于民、现场核实，实现精准配送。自 2020 年 5 月初组建以来，兰溪全市共有入盟成员 18 家，志愿服务团队 197 支，为群众提供文明宣讲、科普咨询、中医义诊等志愿服务 500 余场次，受益群众 2 万余人次。

县级融媒体不仅仅是媒体，更是一个集纳了媒体职能的"平台"，而这个平台服务作用的更好发挥则离不开扎根社区，以社区服务为基础，只有这样才能最终实现综合服务平台这一目标。社区服务与公众的日常生活息息相关，因为，如果能够先从各个社区着眼，以社区居民急需的服务为开拓点，将融媒体的服务职能与社区居民需求相对接，那么融媒体的服务职能也就真正落到了

实处。

现如今，兰溪市融媒体中心还在“兰精灵”客户端设置实时公交、公共自行车、停车位等信息查询服务，并在洽谈“信义居”项目，将所有小区物业费缴纳工作嫁接到“兰精灵”APP平台，未按时缴费的列入征信名单，既方便了群众又服务了物业公司，全力打造流量入口，为本地用户提供信息分享通道，通过服务于民，重塑新媒体生态。

浅谈新媒体短视频的策划与拍摄
——以兰溪发展大会主题报道为例

郑　佩

摘要：网络时代的发展，使信息化技术被广泛地应用，能够根据各领域的发展，为其提供有利条件，充分发挥出信息化技术的重要作用与价值。尤其是在新媒体领域中，在媒介融合背景下，新媒体编辑记者面临众多的挑战，特别是在短视频的策划与拍摄上，传统思想与模式已经无法满足现代化媒体行业的发展需求，还对新媒体编辑记者自身的专业水平与综合能力提出更高的要求。对此，需要新媒体编辑记者不断提升自身的综合能力，具备创新意识与能力，创新多样化的工作模式，从而提升自身的综合能力，为现代化媒体行业的发展奠定良好基础。

关键词：策划意识；新媒体；短视频；重要性

新媒体时代下，新闻短视频为主流价值传播扩展了新的空间。根据《2019中国短视频创新趋势专题研究报告》显示，在中国，短视频用户规模2018年已达5.01亿人，2019年预计用户规模将会达到6.27亿人，高达6亿多的用户规模，无一不在昭示着短视频作为娱乐方式的强大支配力。在2019年里刷抖音、快手、拍短视频内容已经成为生活常态，无论是搞笑幽默、生活技能还是新闻现场类的内容都得到了爆发性的增长，短视频的渗透率与增长速度已经超过传统视频行业。这个兴起短短数年的娱乐方式无疑是时下最火的。

随着短视频领域的不断升温，我们也开始思索着怎么快速切入这个潜力十足而又全新的领域。

兰溪市融媒体中心自2019年3月25日成立以来，以"移动先行"作为打造新型主流媒体的新方式。2020年2月，兰溪市融媒体中心新媒体中心更是成立了视觉创意小组，专门提升短视频的策划与拍摄。短短9个月时间，创作出"古韵兰溪""寻味兰溪""两山理念""兰城秋色"等系列短视频近400个。特别是2020年8月，新媒体中心《微视兰溪》公众号开通了"微视兰溪"视频号。截至2020年12月，累计推出短视频118个，总浏览量近300万。其中，兰溪女儿陈薇被授予“人民英雄”荣誉奖章的短视频点击量40万+。兰溪发展大会期间，推出《回家》《乡音》《团圆》《期待》《This time I,M in the 兰溪》五个系列短视频，总点击量100万+。“人民英雄”陈薇给兰溪发展大会发来祝福视频点击量40万+。这一个个“爆款”短视频的背后体现了创作团队非常强烈的策划意识。

本文以兰溪发展大会创作的“爆款”短视频为例，谈一谈在短视频创作中策划意识的重要性。

兰溪市融媒体中心新媒体中心视觉创意小组，由新媒体中心分管视频创意的副主任带队，由3名广告多媒体专业、动漫设计专业毕业的90后组成，专门负责短视频、H5和创意海报制作。从兰溪援鄂医疗队的抗疫故事，“两山”理念15周年，到“古韵兰溪”系列、“寻味兰溪”系列，再到兰溪发展大会等，创意小组(简称)积极培养策划意识，发挥每一位成员的创造力，在影视中寻找创意，在游戏中寻找创意，在热点中寻找创意，在跨界中寻找创意，大家集思广益，随时迸发出新的创意。

2020年9月30日至10月1日，兰溪举办2020发展大会，以“共聚兰溪，共谋发展，共创辉煌”为主题，充分展示兰溪近些年来的改革发展新业绩，凝聚广大在外乡贤爱家乡、为家乡发展献计出力，激励大家反哺桑梓、泽被故里。为了提早营造兰溪发展大会的“乡愁、乡情”氛围，创意小组把握“十一”和“中秋”这个时间节点，提前5天主动策划。

一、以物传情，一条回家路“点燃”乡愁

“世上最美的风景，就是回家的路。”每个兰溪人心中都有这样一条路，也许，一年只走一次，但是却再熟悉不过，这条路，也许不比城市的热闹繁华，但却从不寂寞。这条路，它承载着兰溪人的思念和家人的期盼，它可以是所有人眼中的平凡的路，但对于兰溪人来说，却意义非凡。这条路就是兰溪城区南大门的主入口——横山大桥，是城区衢江两岸交通联系的重要通道，也是通往金华市区的交通要道，区位路网地位极其重要，是一座重要的国防交通桥梁。而这座大桥又位于兰阴山下，也就是横山下。横山自古以来就是兰溪的地标，兰溪人有句俗语叫：“一天看不见横山就要流眼泪。”所以创意小组策划拍摄的第一个短视频就叫《回家》。短片只有短短的45秒，片中没有过多的情景渲染，只拍摄了横山和横山塔的大远景以及中景这两个镜头。虽然只有短短的两个镜头，但却是每位兰溪人回家时最真实的场景。当车辆缓缓行驶到横山大桥，远处的那座横山和横山塔就会映入眼帘，随着车辆的往前行驶，横山和横山塔

就出现在兰溪人的眼前。看到横山,家就到了;家到了,心就安了!

随着音乐的缓缓响起,视频中,先用播音员的一句深情配音,配上一行字幕:“世上最美的风景,就是回家的路。”紧接着响起了来自兰溪东西南北的乡音方言:“兰溪,我回来了!”视频字幕采用了网络上观看视频时弹出来的评论性字幕——弹幕,用红色、蓝色、黄色、白色等“弹幕色”,表达了兰溪人回家时绚烂的心情。《回家》短视频经“微视兰溪”视频号推出后,马上就在兰溪人的朋友圈内“刷屏”,48 小时内浏览量达到了 10 万+。许多网友在后台纷纷留言:“看到横山就想回家了,这就是我的乡愁!”“兰溪,我回来了!”截至 2020 年 12 月,《回家》短视频浏览量突破了 50 万。

二、以声传情,一句乡音“击中”乡愁

唐代诗人贺知章在《回乡偶记》中这样写道:“少小离家老大回,乡音不改鬓毛衰。”故乡的印记早已深入兰溪人的骨髓,乡音是在外兰溪人对故乡最好的怀念,是兰溪人身上的一张名片。继《回家》短视频“刷爆”朋友圈后,创意小组趁热打铁,创作了第二个 10 万+短视频《乡音》。

《兰溪棹歌》是唐代诗人戴叔伦创作的兰溪人最熟悉的诗句名篇,描写了春夜兰溪江边的山水美景和渔民的欢乐心情。这首诗后经兰溪文艺界人士改编创作,采用“兰溪摊簧”的曲艺形式,用兰溪方言清唱,歌声高亢,优美悦耳,余味无穷。这就是创意小组要寻找的最能触动兰溪人柔软心间的“乡音”。

“凉月如眉挂柳湾,越中山色镜中看。兰溪三日桃花雨,半夜鲤鱼来上滩。”根据词中的诗意,创作小组配上了圆月、山色、桃花雨、鲤鱼上滩等诗情画意的镜头画面,以声传情,以情带声,以情动人。

许多网友在后台留言说:“用兰溪话唱的‘兰溪棹歌’太好听了,余音绕梁。”“听得泪流满面,想家了。”“乡音”把握住了情感上的“爆发点”,引起兰溪人心灵上的共鸣,成为兰溪人心中的一首有温度的歌,一个不老的记忆。

三、以食表意,一种味道,万般乡愁

千年古城兰溪,自古就是南方各省贡赋的转运点,也是连接沪、杭的水运交通中枢。民国时期编写的《中国实业志》将兰溪列为浙江省七大商埠之一,与杭州、宁波、绍兴并列。四海八方的商贾来来往往,各地的美食文化在此交融,融合出了独属于兰溪的味道。用“大仙菜”做馅的兰溪咸汤圆就是一种特别的兰溪味道,是兰溪人的舌尖记忆。

“大仙菜”又名“落汤青”。炒熟后青碧如玉，故俗称“落汤青”。此菜原生地为黄大仙故里——黄溢村，而食后略带苦味，传说是大仙用治病救人后的药渣作肥料后长大，因此被赋予神奇名称“大仙菜”。“大仙菜”色、味俱佳，食后回味无穷，具有清凉理气之药效，又加上美丽的传说，是兰溪民间一道食之不厌的佳肴，又是招待亲朋好友的地方特色菜。据说只有大仙故里种植的才是正宗，移植别地，味道全然不如原产地的。所以，美味的“大仙菜”，是兰溪人眷恋家乡的味道，有着小尾巴的兰溪汤圆，鼓登登地包裹着大仙菜和豆腐干，皮薄馅多，汤里放酱油、猪油、葱花，口感独特，几乎每个兰溪人回家都要吃上一碗这独有的兰溪味道，而且，汤圆又是象征快乐团圆的美食，所以，创意小组的第三个 10 万＋爆款短视频《团圆》就这样应运而生。

四、以情传情，拨动“情弦”

如果说电影、电视剧是“视听大餐”，影视娱乐节目是“视听快餐”的话，短视频可以说就是“视听零食”了。如果你的短视频 5 秒没有进入主题，15 秒没见到高潮的话，观众一定会手一滑，进入下一条视频。更不用说实现完播、点赞、评论、转发、加粉等这些短视频传播效果了。因此，为了吸引观众的眼球，保持观众的收视耐心，我们有必要建立起短视频的思维方式，在短时间内快速完成信息接受和情感代入过程。创意小组的第四个 10 万＋短视频《This time I, M in the 兰溪》具有带动情绪的能力，而且是朝向真善美的正方向带动。

兰溪位于钱塘江中游，是一座有着深厚文化底蕴的城市，更是钱塘江诗路文化带建设的一个重要节点。三江汇流、两山对峙、一岛独秀，说的就是景观独特的兰溪三江六岸。

作为钱塘江诗路文化带的重要节点，近年来，兰溪紧紧围绕省委十四届七次全会、金华市委七届七次全会提出的目标要求，努力在“钱塘诗路建设”上走在前列，加快推进文旅融合，全力打造长三角文化休闲旅居目的地，令兰溪成为令人向往、令人流连、令人怀念的诗和远方。《This time I, M in the 兰溪》，1 分钟左右的短片节奏明快，采用 Rap 的叙述方式，讲述兰溪人的一日三餐、休闲娱乐，以及兰溪的风景名胜。每一个离开家乡的兰溪人都会特别思念家乡，早餐的时候想兰溪的大饼油条，中饭的时候想兰溪牛肉面，晚餐的时候想兰溪的黑鱼煲，早上起来逛逛古城，晚饭吃好到中洲公园散步，周末休息，还可以到周边的古镇、古村去喝早茶、吃农家饭、住民宿。这是多么惬意的小城生活啊！片尾最后的“焦点”定格在一行字幕上：“我在兰溪等你！”简单的一句话却让这个短视频显得很有韵味，令人回味无穷。又在有形和无形之中，拨动了兰溪人的“情弦”，再次在朋友圈中“刷屏”。

情怀、情感、情绪是人类感情活动的三个层面，情怀最为稳定深刻，是深层次的价值观认同，而情感和情绪则逐级外化。一个得到广泛认同的短视频通常会有情怀、有感情、带情绪，三个要素总要具备一个。有了这些“情”，观众才会共情、动情，才会更有点赞分享的热情。

如今，“视频化”“全视化”的媒介拓展、转型已经成了众多传统媒体机构发展的大潮流，高质量短视频内容的创作、生产也成为众多机构和有识之士研究的重要方向。好的短视频内容特质都是相通的：小切口、高浓缩、精制作；同时还要不拖沓：追求快速点燃、节奏明快；更强调新鲜、有趣、有用，尽可能地讲故事，讲有情节有冲突的故事，一定要 get 到一个点上，并且还不能曲高和寡，在保持品质的同时，要尽可能接地气、接人气。兰溪市融媒体中心新媒体中心在实践中摸索，在摸索中前进，不断提升编辑记者“抢、抓”新闻采集的业务能力，充分认知“价值观”“社会洞察”“场景”“人设”“语言”“动作”的短视频底层逻辑，将创意性镜头表现思维和影视技术充分利用结合起来，创作出更多高质量的短视频作品。

如何做大做强"新闻+"县级融媒体新闻 APP
——以兰溪市融媒体中心"兰精灵"APP 为例

徐桢瑾

摘要:随着移动终端和互联网技术的发展,新闻 APP 成了人们日常获取新闻信息的主要渠道之一。县级融媒体中心作为主流舆论建设的"最后一公里",是传统新闻媒体新的变革和机遇。与此同时,县级融媒体中心的新闻客户端建设也成了诸多地方探索真融深合的一条重要路径。作为地方主流媒体创办的 APP,县级融媒体新闻 APP 也具有其得天独厚的优势。本文以兰溪市融媒体中心推出的"兰精灵"APP 为例,分析阐述融媒体环境下如何做大做强"新闻+"的新闻 APP,同时探析该类 APP 面临的困境及破解之策。

关键词:县级融媒体;新闻 APP;新闻+;兰精灵

互联网作为一种"高维媒介",正深刻地改变着我们当前所处的媒体格局和舆论生态。在此背景下,传媒行业已处在一个重要的发展时机,在媒体融合的浪潮中积极探索、寻求发展。2018 年 8 月,习总书记提出:"扎实抓好县级融媒体中心建设,更好引导群众、服务群众。"这给了市县、区域级融媒体机构以"正式名字"——县级融媒体中心。因此,打通宣传工作的"最后一公里",在全国范围内建设县级融媒体中心,已是大势所趋。

与此同时,随着信息化不断的成熟发展、APP 的不断普及,现在人们足不出户知晓天下事的媒介不再是报纸、电视和电脑,而是手机里面一个小小的 APP。根据中国互联网络信息中心发布的第 46 次《中国互联网络发展状况统计报告》显示,截至 2020 年 6 月,国内网民规模达到 9.4 亿,相比 2020 年 3 月新增网民 3625 万,互联网普及率达到 67%,单季度增长 2.5%。其中,连续两年手机网民比例超过 99%,基本达到全民手机上网。

在这样的现状下,传统媒体的"战场"转向了移动端,新闻客户端便是其跨界转型的"标配"。同时,县级融媒体中心如何发挥好党媒、官媒的作用,守好党的舆论宣传阵地,也成了所有县级融媒体必须考虑的现实问题。因此,充分运用手机这个载体,全力打造一款完全属于自己的、独具影响力的融媒体新闻

APP，来提高关注力、影响力和传播力，已是迫在眉睫、势在必行、刻不容缓。

一、县级融媒体新闻 APP 的优势

新闻 APP（Application 的缩写），又称移动新闻客户端，是指在智能手机、平板电脑等移动终端上使用的，为用户提供新闻信息资讯的应用程序。当前，手机新闻 APP 主要有三种类型，一是门户类新闻 APP，主要特点是内容丰富、用户广泛、互动活跃，内容由原创报道、授权转载和 UGC（用户生成内容）组成；二是传统媒体类新闻 APP，由传统媒体开发，内容上占据优势；三是算法分发类新闻 APP，此类 APP 是对各类媒体的新闻内容进行抓取并整合于自身平台，并根据用户阅读特点和个人自定义偏好标签进行个性化推荐。

在县级融媒体建设中，有一个"标配"，就是整合当地的报纸、广播、电视和其他新媒体，搭建一个集新闻、政务、服务于一体的新闻客户端。作为传统媒体类新闻 APP，县级融媒体新闻 APP 也是地方主流新闻类 APP，一诞生就具有得天独厚的优势。

（一）采编队伍专业化

传统媒体新闻类 APP 的大部分采编人员都来自于传统媒体。从业多年的报业集团或电视台，拥有一支较为专业的采编团队，和网络媒体相比，在新闻内容的生产上更为专业、优质。

在媒体融合的大背景下，报纸、电视台、广播合并，成立"融媒体中心"，储存了一批全媒体采编人才队伍。因此，在此基础上建立的新闻 APP 有着一批专业化的生产者团队，拥有广泛的 PGC（专业生产内容）优势，且在内容的真实性、专业度上有严格的把关，其专业化团队和高质量内容无疑成为其发展得天独厚的优势。

同时，在互联网思维的转换过程中，过硬的专业素养使这批采编人员仍能快速适应，发挥重要作用。在重大选题的策划与报道上，在深度新闻的挖掘上，在社会舆论的引导上，他们都有着较多经验。再加上移动互联网传播的及时性、互动性、广泛性，融媒体新闻 APP 虽然"出生"时间晚，但已经能够担负起主流新媒体的引领职能，旗帜鲜明地倡导主流价值观，传播主流声音，引导主流舆论。

（二）内容生产本土化

与中央、省级传统媒体的新闻 APP 相比较，由于区域效应，县级融媒体中心拥有相对稳定的受众群体，在整合资源、品牌效益上具备雄厚基础和长足优

势，其新闻 APP 受众以本地群众为主，内容生产也立足于本土。

县级融媒体新闻 APP 整合了县域内传统媒体资源，实现了报纸、电视、广播、新媒体等内容共享和生产协同，这些传统媒体品牌在当地老百姓心中有着较强的影响力和公信力，具有较强的受众优势。

在内容生产过程中，注重于本地化内容的创造和挖掘，主要以本地新闻为主，具有本土化的鲜明标签和个性化的风格特色，并拥有一大批原创、深度和优质的内容，能够明显满足受众的信息需求，使其成为地方新闻最权威和全面的分发地。

二、“兰精灵”：移动优先打造特色县级融媒体新闻 APP

县级融媒体中心新闻宣传要想更好发展必须要充分了解融媒体时代的特点和自身的问题不足，遵循“融”字当先、内容为“王”的原则。融合也不是简单的“传统媒体＋互联网”，而是核心的内容与基础的平台的整合与互动，借助“融媒体”的契机，解决问题发挥优势，更好发挥基层新闻宣传的主体作用，县级融媒体新闻 APP 就是一个重要载体。那么，在中央、省、市级媒体已建成三级新闻客户端的背景下，县级融媒体新闻客户端应如何打造，才能展现其竞争力和优势？

（一）内容为“王”，紧抓本土化重点

2019 年 3 月，兰溪市融媒体中心正式挂牌成立，整合了原市委报道组、兰江导报和市广播电视台的职责，把报纸、广播、电视、网站、“两微一端”等多个媒介平台融为一体，通过机制创新、流程再造和平台整合，最终实现信息内容、技术应用和传播渠道的互通共享，打造全新的宣传矩阵，实现新闻宣传、党务政务、便民服务全面融合。“兰精灵”APP 也应运而生。

内容为“王”不管在传统媒体时代还是新媒体时代，都是媒体生存和发展的基本准则。作为一款地方新闻类 APP，“兰精灵”紧扣兰溪元素，精心打造融媒体新闻 APP 的栏目，结合地方文化特色，形成独特的品牌形象。

在“兰精灵”APP 首页中，共有新闻、专题、兰江论坛、融媒优品、线上车市、直播、镇街、短视频 8 个栏目，同时还设置了看新闻、听广播、读报纸、看微信四个频道。栏目清晰、分类合理，使各个栏目能够涵盖不同领域，便于受众检索，又适合受众阅读需求，增强信息呈现的逻辑性和结构性。并且能根据互联网的特点和新闻时效性，迅速及时地推送兰溪本地信息，特别是在重大新闻报道方面，做到精准推送。

在新闻内容推送中，始终以受众为中心，将有限的采编资源，集中在本土化新闻的生产与供应上。一方面紧扣群众关心的热点话题，另一方面寻找群众感兴趣的身边新闻，关注群众身边人、身边事，制作接地气、有温度、易传播的新闻产品。同时，及时发布本地老百姓生活所需要的实用信息，较好满足了用户的个性化需求。

（二）突破壁垒打造“新闻＋服务”APP

对县级融媒体新闻 APP 来说，做好本土服务是吸引用户和提高黏性的内在需要。增强用户黏性也是提升用户体验的一个重要环节。同时，在传统的信息传播活动中，“受众”是最后一环，是信息达到的重点。但在互联网时代，受众已不仅仅是信息的接收者，也是内容的生产者，可以通过评论、点赞、转发等一系列活动来生产信息。

1. 提供公共服务＋政务服务

在“兰精灵”APP 开设的公共服务栏目中，根据实际，共推出了学校学生入学、便民服务、公交信息、找公厕、停车泊位、公共自行车、直播兰溪、实时公交、红网联盟等 9 个具有本地特色的服务项目。

在浙江“最多跑一次”改革的浪潮中，许多与老百姓关系密切的政务服务项目，从线下转移到线上，有了“浙里办”政务服务平台，老百姓只需动动手指，就可以在掌上享受政府提供的社保、健康、交通、税务等系列服务。

结合地方实际，兰溪市融媒体中心也在“兰精灵”APP 中增加了政务服务功能，如公共服务、工商业务办理、退休待遇测算、生育登记、结婚登记、社保查询、工商查询等多项政府服务项目。

2. 搭建沟通平台 提高用户参与性

开门办报、开门办端，是党媒的优良传统。特别是新闻客户端，其开放性、便捷性，让普通群众直接参与内容生产成为可能，这既是内容建设的创新，也是表达方式的创新。

在“兰精灵”APP 中，社交成为一项重要的受众互动内容，这里也为兰溪老百姓提供了一个兰溪朋友圈。民生民情和大美兰溪“朋友圈”话题的开通，使“兰精灵”用户可以发布相关话题内容，用户之间可以通过转发、评论、点赞等方式进行互动，进一步增强了用户黏性。

同时，在探索把用户留住、积累用户的过程中，兰溪市融媒体中心还将“兰精灵”APP 作为用户生产内容的一个重要载体平台，形成新闻 APP 与用户之间的互动，在这里，UGC 的内容得到较好的反馈和体现。这样的设置可以让用户不仅仅是一个新闻的被动接收者，还成为平台的一份子。

截至目前，共在“互动”中发布了“兰溪拍客协会第一期作品征集”“‘郎静山杯’大美兰溪全国摄影大赛暨戏剧嘉年华”“最美的眼睛——战‘疫’有你”等9期主题活动，广泛向用户征集优秀作品。

3. 媒体融合 汇聚战疫力量

今年疫情期间，兰溪市融媒体中心充分发挥融合优势，强化本土服务，充分利用“兰精灵”APP，开设了抗疫专题，开通24小时图文直播《防控疫情 兰溪在行动》，滚动播出数千条信息。

同时，借助“融媒优品”线上平台，推出“你宅我送”“战疫情 菜篮子”公益行动，对接超市、农户，为无法出行的市民提供服务，惠及数万人次，销售蔬菜10万公斤以上。此外，为确保做到“停课不停学”，还与兰溪各中小学合作，邀请骨干教师录制自主学习课程，并在“兰精灵”APP“掌上课堂”免费上线。

4. 网上矛调中心 线上“讨说法”

由兰溪市融媒体中心打造的“兰精灵”APP，有23万用户，日活量1万多人次，是市民获取资讯、发表议论的主要平台。受众群体广泛、公信力高、传播范围广也是“兰精灵”APP的特点和优势。

为进一步发挥媒体平台作用，提升用户活跃度，今年6月23日，由兰溪市委政法委牵头，兰溪市矛调中心和市融媒体中心共同打造的“网上矛调中心”在“兰精灵”APP上开通运行。

目前，“网上矛调中心”设置了“便民生活”“心理咨询”“矛盾调解”“兰溪随手拍”“兰江论坛”“未成年关爱”六大功能版块。按照“融媒体中心管前端、矛调中心管后台”的思路，“网上矛调中心”由市融媒体中心负责宣传、媒体监督以及线上技术支撑等，市矛调中心负责交办、督办、回访等事件实体处置。

网上矛调中心的上线，在提升“兰精灵”APP用户数的同时，也进一步提高了用户活跃度。这也是媒体融合下，融媒体新闻APP创新“新闻+服务”的重要体现，在受众、平台与政府之前搭建了一座桥梁，做到了围绕中心、服务大局、服务群众。

三、县级融媒体新闻APP的发展问题及解决对策

“兰精灵”APP作为县级融媒体大环境下的产物，在展现其优势的同时也暴露出了弊端，而这也是当下不少县级融媒体新闻APP所暴露的弊端。

（一）同质化明显，实现效果待优化

随着县级融媒体新闻 APP 的发展，其同质化倾向也愈加明显。不少新闻客户端“生搬硬套”，搬来了形式和架构，却缺乏本土化的鲜明标签和个性化的风格特色，或内容平平，或排版设计不够简洁美观，用户体验缺乏新鲜感和代入感。

在“兰精灵”APP 中，首页上栏分为新闻、专题、兰江论坛等多个版块，主要注重新闻内容的分发，而下栏则重在用户的互动参与。但可以看到，内容稿件多以传统媒体发布的信息进行移植和搬运，自制内容不多，缺乏原创、深度、优质的内容，且更新频率不高，新闻类别不够清晰，对受众而言，无法及时找到想要的新闻。同时，在功能实现方面，也经常会出现卡顿等情况，影响用户体验。

（二）用户参与度低，黏性不强

在“兰精灵”APP 的互动栏目中，可以发现“民生民情”与“大美兰溪”的用户使用率低、互动不多，两个话题内容仅有 14 条互动信息，说明用户的使用意愿不足，在新闻栏目中，很多新闻没有用户参与评论，且浏览量不多，少有过万，这可能与用户总量不足或新闻内容缺乏吸引力等有关，限制了整个新闻 APP 的使用率和互动度，导致用户黏性不强。

（三）创新做“富”媒体，让新闻不只是新闻

县级融媒体新闻 APP 要想做大做强，首先要发挥专业化新闻生产的优势，坚持“内容为王”，生产更多的原创新闻产品，增强核心竞争力，树立融媒体的品牌形象。同时，互联网时代，并不意味着新闻快、新就是好新闻，要加强优质的原创新闻，做好特点报道、深度调查和社会评论等，从受众出发满足受众需求，增加新闻栏目版块，提供个性化服务。并且坚持本土化新闻，打造自身的新闻特色和差异性，避免与其他融媒体新闻 APP 的同质化，使自己成为各地用户与家乡相连的纽带。

对于融媒体新闻 APP 来说，让用户黏在 APP 上，比新闻点击更加重要。在这一过程中，做大做强“新闻＋”就显得十分重要，要把立足地方与超越地方结合，既发挥地域性优势，传播本土特色新闻内容，又要提供特色化的用户服务，打造综合性服务平台。在新闻内容生产过程中，可以充分发挥“UGC”形式，让新闻 APP 用户在接受新闻的同时成为新闻信息的生产者，增加互动，并在这一过程中，挖掘更多的用户，提升平台传播度。

参考文献

[1] 李婷. 县级融媒体中心内容生产与"新闻+"模式探析[J]. 东南传播，2019-10-20.

[2] 周智敏. 本土化：县级新闻客户端的核心竞争力[J]. 新闻战线，2020-7-8.

[3] 康梅生. 传统媒体新闻 APP 的生存策略[J]. 新闻战线，2018-7-23.

[4] 罗弦，柳卓楠. 地方传统媒体新闻客户端的发展态势与突围之策——以珠海"观海融媒"APP 为例[J]. 现代视听，2020-4-15.

[5] 聂晶. 浅析地方新闻. APP 的困境与突围——以"上游新闻"为例[J]. 新闻研究导刊，2019-7-25.

[6] 范厚云. 县级融媒体中心如何打造独具影响力的手机 APP[J]. 新闻前哨，2019-9-15.

十、产业经营

县域生态视野下兰溪市融媒体中心创新经营模式研究

刘佳佳*

摘要：县域融合媒体不仅仅是媒体，更是一种新的生态环境。以此为出发点来审视兰溪市融媒体中心的经营模式创新，可以发现县域融媒＋文化力、政治力、市场力、传播力等方面的诸多有价值的实践经验，市县级融媒体需要成为县域传播生态中地方性消费者、地方性经济、地方性文化、区域性销售的连接纽带，这与县域融媒体中心建设的"引导群众、服务群众"根本目标一脉相承。

关键词：县域生态；融合传播；经营模式；创新发展

2018 年 8 月，习近平总书记在全国宣传思想工作会议上指出，"扎实抓好县级融媒体中心建设，更好引导群众、服务群众"，之后县级融媒体中心建设在中华大地上如火如荼地展开。基于不同地域资源禀赋与发展优势，各地也涌现了一批特色各自鲜明的"样本""路径""现象"。作为浙江省媒体融合示范市，兰溪市融媒体中心自 2019 年 3 月 25 日成立以来，基于自身的体制机制、历史沿革和当地实际等具体情况，进行了诸多卓有成效的实践探索，尤其表现在基于文化资源禀赋的创新经营模式方面。2020 年 10 月 27 日，浙江省委宣传部在兰溪召开了全省媒体融合现场会。

笔者以兰溪市融媒体中心为典型个案，聚焦"县域生态"的概念，县域融合媒体不仅仅是媒体，更是一种新的生态环境。研究尝试对兰溪市融媒体中心的经营模式创新路径进行深入的思考与分析，以期对国内其他县市和兰溪未来的改革与发展有所启发，一方面，丰富中国市县融媒体中心的智慧经验，在诸多的模式方法中补充"兰溪答卷"；另一方面，在"进行时"的媒体融合大潮中，对兰溪市融媒体中心经营模式的总结与思考，也为其在面临未来的新情况、新问题和新挑战时，提供更多前行发展的智力支持。

---

* 刘佳佳，复旦大学市场营销博士后，浙江传媒学院专任教师，本研究为浙江省哲社基金项目"浙江广电供给侧结构性改革和现代产业体系建设研究"(21NDQN262YB)的中期成果之一

一、重新理解县级融媒体中心

在2018年8月习近平总书记提出推动建设“县级融媒体中心”之前，纵观以往中国媒体产业发展，似乎很少会与县级媒体挂钩，“窗口”与机会也几乎没有与县级媒体产业有过关联。对国家这一重大战略行动的思考，是我们回应当下县级融媒体中心发展的基本起点。

当我们跳出所谓的“媒体”视角重新聚焦县域。从历史来看，自春秋战国以来，县都是中国最重要的基层行政单位。从经济来看，今天，中国有2800多个县，在广袤的县域市场上，有大约9亿人口，他们居住在全国94%的国土上，产出了50%以上的GDP，贡献了全国大约40%的消费总量。从政治来看，“民乃邦之本，县乃国之基”。在党和国家工作全局中，县级政权是国家政权的基础，是社会稳定的基石。基于上述历史、经济、政治的思考，县级媒体、县域传播生态完善的重要性其实无须赘言。维持国家与社会的稳定，服务地方经济的发展与前进，传递党和中央的声音，县级媒体责无旁贷。因此，探讨县级媒体如何发展，这个话题已经超越了一般媒体经营与宣传的专业范畴，更是政治管理与政权稳定的重要议题。

对于县级融媒体中心建设，以及相应的经营模式创新，需要“嵌入”更高维度加以思考，才能更加透彻地理解现实议题。笔者在此希望从几个维度，对中央到地方，以及政界、商界、学界对县域的高度重视中，加以提炼，从四个方面对县级融媒体中心的角色与价值进行分析归纳。

其一，文化力。以往县域往往被认为是缺乏文化生活，但是如果从更长的历史维度来看，县域往往与更多的文化历史资源密切相关。我国5000年的历史就是一部农业文明史，而其中绝大部分居于县域范围之内。每个县域存在自身的经济体系的同时，也衍生出不同的文化体系，从而形成自己的历史脉络、风土人情、传统习俗。

其二，政治力。按照学者王福明的观点，中国传统社会，国家政权只建立到州县一级。明清两代通过保甲制与里甲制实施对乡村的控制。县级之下的机构叫做里、社或保。村庄乃至乡镇的治理，与家族、地方精英、士绅等多种权力中心密切相关。多权力中心的互动成为县域政治结构的关键特征。

其三，市场力。近年来，“下沉”成为营销传播领域被谈论最热的概念之一，企业应对产能过剩问题的一个重要出路是对国内空间的纵向深挖，营销下沉。家电汽车下乡成为日常活动，拼多多、快手、趣头条的快速发展也证明了“小镇青年”群体的庞大影响力。史玉柱曾经说过：“真正的大市场是在下面，不是在上面，中国的市场是金字塔形的，越往下市场越大。”这些现象无疑都在告诉我们，县域市场有足够大的空间。

其四，传播力。与大城市的认知已经被互联网切割得极度碎片化不同，县域还保留着相对传统的信息传播模式。线下的人情往来仍然比较密集，大众化的广播电视仍然具有感召力，但与此同时，互联网工具的普及也带来了各式各样内容创作主体的出现，八仙过海各显神通，从整体来看，身处“熟人社会”的地理社区，以及“全新时空”的网络社区的县域范围，所引发的本土化、分众化认知共振具有更多的独特属性。

上述的四个方面构成了县域生态的重要支撑，对县级融媒体中心的思考与实践，也需要从对其所处县域生态的理解开始。可以说，县级融媒体中心的提出与实践，皆有赖于县域生态的形成与成熟。在充分洞察这个生态的前提之下，我们才能真正理解县级融媒体中心的存在价值，讨论其构建的可操作性方案，防备其建设过程中可能会面临的问题于未然，更好地“引导群众、服务群众”，也才有可能在经营模式上开拓创新。对兰溪市融媒体中心经营模式的思考，也基于上述的四个方面逐一展开。

二、融媒＋文化力：有关“乡愁”与“文脉”的经营模式创新

纵观国内很多有着成功经验的市县融媒体中心，它们或依托较好的地域经济发展水平，比如同属浙江的长兴在2019年的GDP总量约为700亿元，经济体量约是兰溪的1.8倍，或者依托于国家强大的发展战略机遇，比如与北京冬奥会和首都发展相关的延庆区融媒体中心。兰溪在经济规模与地域机遇上皆没有足够的优势可言。但有一点，兰溪有着足够丰富的历史文化资源。早在唐咸亨五年，即公元674年就已建县，是浙江省历史文化名城，在两宋时期，兰溪被称为“天下江南”，明清以来有“钱塘第一商埠”之美誉。深厚的历史文化在这里沉淀和传承，孕育了黄初平、贯休、东皋心越、范浚、李渔、曹聚仁、郎静山、方增先等一批历史名人与文化巨匠。休闲美学文化、儒道释文化、中医药文化等中华传统文化让兰溪历史熠熠生辉。

基于兰溪深厚的中华传统文化，兰溪市融媒体中心经营创新的集中体现之一是文创工作室，这一机构起步于2019年，在从零到一的过程中，不但没有耗费太多的资本、人员等投入，而且当年即创造了80万元的净利润，以2020年前11个月的发展来看，2020年销售额应会突破500万元，相应的净利润也会超过160万元，年增长率达到100%。虽然说文创收益在整体的经营版块中所占比例并不够大，但笔者在采访中深刻地感觉到这一业务版块对于兰溪

市融媒体中心经营的意义，用经营中心的负责人的原话来说，就是最大的亮点。

在对文创工作室的十多种、逾百个特色文创产品进行了解之后发现，兰溪的“融媒＋文化力”实践无意中体现了互联网商业最前沿的两个理念。其一，IP营销与相应的产业链开发。依靠着对政府部门的对内对外传播需求的深度洞察，文创工作室以定制化的特色文创产品，包括《闲情偶寄》、《芥子园画谱》、钱塘诗路等相对来说制作难度较大的图书与文创产品，聚焦兰溪本地特色文化的同时，也避免了诸如淘宝等线上文创的正面竞争，相关的文创产品还包括与兰溪有关的文化类与村志、乡志等内容，尤其是对李渔这一重要IP的开发，更是集中体现了文化商品化以及IP营销的前沿思维，后续的平台化经营，对李渔等IP的深挖，更是带来诸多经营创新的想象。

其二，兰溪乡贤与精英阶层的圈层营销。以2020年创刊的《天下兰溪人》杂志为载体，这本身是与市工商联、统战部门密切联系的兰溪市的对外宣传平台，为身处兰溪之外的地区的商会提供相应的本地信息，在寄送给特定人群、高端星级酒店以及投送机关部门等基础上，《天下兰溪人》成为了连接兰溪精英人群的一个核心纽带，在今年的兰溪发展大会上，更是展示了前所未有的影响力。从运作模式来看，《天下兰溪人》与《浙商》杂志有诸多类似之处，但相对来说，《天下兰溪人》的文化向心力更强，兰溪文化与兰溪人之间的圈层共振能力更强。当听到“兰江水”的音乐时，每个兰溪人所引发的文化纽带背后的深层共鸣共情，既是在外兰溪人的“乡愁”所系，也是兰溪本地“文脉”得以延续的“空间”所在。

兰溪丰富的人文资源也吸引了国内相关主体来兰溪寻求主动合作。以丹曾人文(兰溪)学校为例，其是兰溪市融媒体中心等三家国企参股，与北京丹曾文化有限公司共同组建的国内第一所人文类智识学校。这打开了兰溪市融媒体中心发展的无限空间。以其中的一个合作项目“玩诗”教育益智游戏小程序为例，这本应该是腾讯、阿里等互联网大厂所从事的科技创新项目，却成为一个县级融媒体中心的战略项目，以文化为舞台，吸纳国内前沿的技术、资本与人才等加盟，也成就了“融媒＋文化力”的衍生效益。

当“融媒＋文化力”遇到正在茁壮成长的青少年群体时，经营项目也会擦出诸多火花。基于《同学》月刊小学版、初中版及《萌娃画报》的三张报刊的专业能力，兰溪市青少年素质成长中心在2020年年底开业，将融媒体的播音、口才、摄影等相关专业实力，与兰溪所蕴含的丰富人文底蕴，以及青少年所期待的人文通识素养等完美地融合为一，3900平方米的空间包含了自营的相关教育项目，也包含了合作运营项目，还涉及招商引入的优质项目，统一运营包装。纵观国内市县融媒体中心建设的模式与路径，“融媒＋文化力”是有着千年历史的山水城市兰溪融媒经营创新的最为闪亮的智慧经验之一，在未来的发展中，必将会产生更多卓有成效的实践成果。

三、融媒＋政治力：政务服务解决方案提供商的全新探索

兰溪市委市政府的深度介入和推动成为了兰溪市融媒体中心发展的最大推动力之一。在 2019 年 5 月出台的《兰溪市媒体融合工作实施意见》中，兰溪市委明确了组织架构、目标定位、运行机制、扶持政策等改革的关键点，随后，出台《关于扶持融媒体中心发展的实施意见》，支持融媒体中心做大做强。一句话，只要依法合规，政府性资源都向融媒体中心倾斜。

这样的举措背后，其实隐含着市县一级的党和政府部门与市县融媒体中心之间的互为依存的紧密关系，二者的深入合作方式与营销传播行业的变革脉络非常相似，企业往往会选择一个专业的营销传播公司作为合作伙伴，以一种“年费”的形式，而不只是以往的“媒介佣金”或者“项目制”来合作。在社会变革、信息技术发展以及传播业态深化的当下，党政部门也需要一个合适的合作对象来让社会民众认可，让上级主管领导部门认可，县级融媒体中心也自然成为政治传播、组织活动、与民众沟通等方面的第一选择。对于县域范围内的党政部门而言，县级融媒体中心建设是打通媒体融合的“最后一公里”，也是连接群众的“最后一公里”，更是基层治理的“最后一公里”。县级融媒体中心可以帮助政府更好地满足人民群众的信息需求，扩大主流价值观的影响力版图，让党的声音传得更开、传得更广、传得更深入。

上述的思考具体体现在兰溪市融媒体中心的架构中，战略合作部是所有的经营项目中最为“稳当”，也最为重要的组成部分。同处公务与事业体制内的天然接近性、长期以来媒体角色的公正性，以及在信息传播与沟通中的专业性，使得“融媒＋政治力”成为兰溪市融媒体中心经营模式创新的一个重要体现。融媒体中心的经营管理人员也开始从根本上思考自身广告产品对于党政部门的价值是什么，如何进一步优化相应的服务项目，以及来自省、地市一级的融媒体中心可能“下沉”的竞争压力。

四、融媒＋市场力：基于客户视角的全方位整合营销传播服务

对于媒体机构而言，关乎生存的真正原因是能够为企业提供有价值的“产

品”。菲利普·科特勒认为，营销并不是以精明的方式兜售自己的产品或服务，而是一门真正创造顾客价值的艺术。对于县级融媒体中心的“广告”产品而言，如何为企业创造更多更好的价值，是其生存与发展之道，尤其在当下这样一个媒介变革与重新洗牌的时代。笔者在深度访谈中，经常听到兰溪市融媒体经营中心的负责人和员工谈到“企业需求”，的确，对企业需求的满足程度即是媒体经营产品的价值评判标准。

与兰溪市融媒体中心合作的企业涉及各大产业，如婚庆、相亲、汽车、汽车保险、金融理财、家装设计、旅游文化产业等领域，从内部相关数据看出，连续多年都会出现很多熟悉的企业面孔，兰溪市融媒体中心与企业之间的牢固合作关系，也间接反映了其经营服务的有效价值。在访谈中，我们还能看到更深层次的改变，以往的强势媒体的身份已经完全看不到，与客户共同分担营销费用，甚至采用销售提成的方式，来帮助企业成长，来帮助企业分担可能的营销传播风险，既是兰溪市融媒体中心的理念的全方位转变，也是对本地市场的自信实力的体现。

从具体的合作服务来看，兰溪市融媒体中心所提供的服务包罗万象，客户有什么样的需要，我们就提供什么样的服务。广告变成一种立体的、多维的活动形态，一系列有助于客户完成销售的服务类别，它们不仅仅是上一阶段的狭义的广告作品，还呈现出一种动态的、立体的广义经营活动，具体表现在包括前期宣传、新闻发布、活动执行、商务拓展、后期报道等环节，全方位地构成了满足客户需求的一站式服务项目。此外，市场运营部门还将策划推出“房产超市”项目，以“超市”的形式对兰溪所有房地产楼盘、二手房的展示和交易情况进行集中展示，并开通看房直通车，为老百姓提供看房购房一条龙全方位的服务，实现经济和社会效益的双丰收。

五、融媒+传播力：遍地开花、众声喧哗中的县级融媒价值

县域用户是当前移动互联网最大的增量群体，是党的新闻舆论重要动员对象。县级媒体一方面连接着极为特殊的“地理社区”，另一方面也连接着生机勃勃、千奇百态的“网络社区”。时下，当我们走进任何一个县域，几乎都可以看到一个复杂多元的世界：庞杂众多的内容创作者如繁星般散落民间，既有各行其是的散兵游勇，也有手持绝活的过海神仙。充满本地色彩的内容在极具方言感的表达之下显得格外新鲜活泼，互联网在将世界变平的同时，也重新聚集了无数个小的部落圈层。

“移动优先，不妨发力一端”是兰溪市融媒体中心建设的首要战略。媒体

融合不是传统媒体的简单相加，而是把传统媒体打造成基于互联网的媒体融合新平台，融媒体如果要成功，必须毅然决然地走到移动互联网的深处。兰溪市融媒体中心主打的“兰精灵”新闻客户端，将短视频、直播、购物、镇街等多样化版块呈现在用户面前，在兰溪常驻人口只有55万的情况下，APP的下载安装量达到24.6万。在访谈中，鉴于这一战略级产品的重要意义，经营中心尚未全面介入相应的营销产品开发中，这背后有多重原因，其中之一，依然是县级融媒体中心中互联网人才的缺乏，假若规划或执行中产生风险，对于融媒体发展的全局的影响不可想象，但基本理念来说，当下的广告与经营已经转向了“服务即经营”“内容即经营”的阶段，广告和经营活动本身也成为增加用户良好体验的重要抓手。

值得一提的是，区域人群本身的独特体验需要包括兰溪在内的各地市县级融媒体中心的进一步关注。区域人群往往都会使用区域的方言来形成趋于一致的生活习惯、思维方式、价值观念以及审美情趣。正是这种无形的相熟相通，致使生活在同一区域的人与人构成有别于外地他人的生活场域。这种独特体验所构成的传播内容、消费服务，是每一个市县融媒体中心经营模式的关键所在，很多时候，这种独特体验只可意会不可言传，需要本地的媒体人以长期的生活积累和深度的专业洞察去体会。

六、不结之语：兰溪融媒的连接力与信任力

从2019年3月25日兰溪市融媒体中心成立以来的经营中心的架构可以看出，现有的设置打破了原有的不同媒体在广告资源争夺上的内耗，充分发挥各自的特色，建构了战略合作部、市场部、教育培训部、文创工作室、活动部、华融公司等不同经营平台。在整个经营模式的设计逻辑上，兰溪市融媒体中心暗合了县域生态的“四力”关键特征，文化力、政治力、市场力和传播力分别体现在当下与未来经营中心的发展脉络中。作为我国“官媒”传播架构中的最后一级，以县级广电和县级报刊为主的县级媒体是如同毛细血管一般的存在，是县域传播生态中地方性消费者、地方性经济、地方性文化、区域性销售的连接纽带。

无论如何变化，县级融媒体中心的发展离不开习近平总书记所说的“引导群众、服务群众”，与本地群众、社会精英、在外乡贤等不同人群建立紧密的联系，进而取得他们的信任，是包括兰溪在内的每一个县级融媒体中心发展和经营模式创新的出发点，也是落脚点。一举手一投足的传播，以心传心的沟通，在熟悉的文化环境中，享受区域的自然环境，这是融媒体发展所应秉持的初

心。随着知识经济的到来以及中国传媒自身的变化，市县级融媒体中心不再是一个简单的喉舌工具，而是一个重要的城市建设与发展的有效抓手，是未来产业转型与地区经济发展的龙头之一。可以预见，市县级融媒体中心会逐渐演变为地方社会稳定和发展的“软力量”，成为地方文化龙头，推动地方产业结构升级，形成产业集聚，提升城市竞争力，拉动区域空间调整，促进区域社会融合、和谐。

参考文献

[1] 从翰香.近代冀鲁豫乡村[M].北京：中国社会科学出版社，1995.

[2] 杜赞奇.文化、权力与国家：1900—1942 年的华北农村[M].王福明，译.南京：江苏人民出版社，2004.

[3] 黄升民.从何而来的县域力[J].媒介，2020(4).

[4] 弗雷德里克·马特尔.智能：互联网时代的文化疆域[M].北京：商务印书馆，2015.

[5] 延森.媒介融合：网络传播、大众传播和人际传播的三重维度[M].上海：复旦大学出版社，2012.

媒体融合视域下文化产业创新发展路径探究

——以兰溪市融媒体中心为例

张韫佺　史　征

2020年11月3日发布的《中共中央关于制定国民经济和社会发展第十四个五年规划和二〇三五年远景目标的建议》对媒体深度融合、全媒体传播、县级融媒体中心建设作出重要部署，提出要推进媒体深度融合，实施全媒体传播工程，做强新型主流媒体，建强用好县级融媒体中心。“十四五”时期是我国开启全面建设社会主义现代化国家新征程、向第二个百年奋斗目标进军的第一个五年。将媒介深度融合、实施全媒体传播、建设县级融媒体中心作为“十四五”规划下“繁荣发展文化事业和文化产业，提高国家文化软实力”的重点任务，是对媒体工作者未来新阶段主线任务的明确指引。

媒体融合特别是县级融媒体中心的建设并不是简单的机构相加，而是机构、人员、技术、内容、渠道、市场等各种要素的全面深入相融，是传统媒体与新兴媒体的融合，是新闻机构职能的融合创新，也需要事业与产业的融合发展。产业的发展能够有效反哺兰溪市融媒体中心更好地服务群众，更好地引导群众，不断壮大融媒体机构的实力，为兰溪市融媒体中心尽快增强传播力、影响力、引导力、公信力，打造成为县域主流舆论阵地、综合服务平台和社区信息枢纽提供强有力的支持。

一、兰溪市融媒体中心文化产业发展现状

（一）顶层设计：六大部门齐联动共创收

近年来，面对激烈的媒体竞争，融合发展成为共同的选择，在领导重视和政策推动下，各地的融媒体中心纷纷成立，在通过“融合＋”的方式实现转型发展的道路上探索前行。在媒体融合的探索过程中，兰溪市融媒体中心从一开始就意识到顶层设计的重要性，在打破体制机制的束缚、借助于先进的技术和平台作为保障、为产业资源有效整合和多渠道传播提供多种可能性方面进行

了大胆的尝试。特别是在促进产业发展推进经营增效的具体工作中，及早制定了文化产业的发展规划和相关政策，打破了原有的观念和体制束缚，优化了组织架构，选聘能人担任管理者，成立了专业性的文化产业公司，在经营内容上，除了原有的广告等传统经营业态外，还积极推进"媒体＋"，大胆将媒体和文化产业融合起来，不断延伸拉长媒体的文化产业链，尝到了甜头。2019年成立的兰溪市芥子园文化传媒有限公司，统筹负责报纸、广播、电视、网站、新媒体等广告营销、活动策划、户外运营、教育培训及文化创意产业发展等工作，其中下设战略合作部、市场运营部、教育培训中心、文创中心、活动策划部及兰溪华融信息科技有限公司(户外及信息化产业)等六大部门，六大部门各司其职，共同创收，起步良好，2020年是融媒体中心完成初步融合后整装待发的新的一年，根据中心下达的2715万经营责任指标，是在原报社和原广电最近三年的经营收入平均值基础上，增加15％所得，虽面对着疫情防控常态化等带来的市场不确定性，但截至2020年10月兰溪市融媒体中心产业经营额已经完成总指标的80％以上，呈现非常好的发展势头，为融媒体中心的新闻、政务与服务职能提供了充足的保障。

(二)底层行动：内容功能扩展延伸产业

在文化产业方面，兰溪市融媒体中心跳出了传统广告经营思维，深耕文化产业，做好"融媒＋产业"文章，以重构的思维，打造多业态文化产业矩阵，增强自我可持续发展能力，通过"融媒＋"让内容、功能延伸扩展、反哺提升宣传主业，达到两促进两提升。

兰溪市融媒体中心依托于其独具特色的本土文化底蕴，借助自身传媒专业人才、传媒专业设备、传媒专业资源与业界各类专业化企业开展合作，补齐短板实现优势互补，延伸了产业链，达到了长尾效应。在传统的传媒产业方面，兰溪市融媒体中心通过让内容升级，策划拍摄了微电影，承包户外广告项目实现经营创收；在新型的产业方面，兰溪市融媒体中心通过让功能"落地"，设计了本土化国风文创产品，举行了云直播、云求职、云带货等活动，打造了青少年素质中心、丹曾人文学校、研游学等项目。目前其产业线覆盖农业、商业、教育、影视、生活服务等领域，从单一内容制造商向高端智慧服务提供商转变。

二、兰溪市融媒体中心文化产业发展的创新亮点

媒体融合的根本目的就是实现转型发展，在融合过程中求生存谋发展。兰溪市融媒体中心在产业经营方面深化"融媒＋"理念，打造融媒产业新模式，

把集团经营和部门分散经营结合起来，做精做强融媒主业，做优融媒产业。

（一）媒体＋产品：地源人源充分挖掘

兰溪市媒体文创中心立足于兰溪千年文化，充分挖掘历史人文底蕴，利用地方旅游文化优势，致力于文化创意产业的发展，这种地方特色产品不仅利用地缘优势吸引了当地用户，同时依靠自身文化资源属性吸引了外地客户，实现了双向路径盈利。

目前兰溪市媒体文创中心依靠自主设计营销团队，形成了一条从研发、设计到销售的完整产业链。自成立以来，文创中心开发了兰溪特色文创产品系列十多种，包括芥子园系列、兰溪八景系列、兰溪记忆系列、兰溪特色产业系列、书籍系列、文化装饰系列、新年礼品套装系列等等，共有中高低产品逾百个，并成功举办了多场文创展览以及产业论坛交流活动。产品流向不仅仅局限在当地市政单位的战略合作购买，同时配合文创展览文创论坛等活动进行出售，此外，还协同产业内部项目“研学游”进行出售。

特别值得一提的是，兰溪文创中心开创了人文资源开发的先河，2020 年 4 月，文创中心正式推出《天下兰溪人》双月刊杂志。杂志以乡贤为主基调，对在外兰溪籍优秀人才和杰出新兰溪人进行宣传，同时将刊物出售给乡贤，一站式解决内容采集后期出售问题，在弘扬主旋律的同时实现经济和社会效益双赢。同时，文创中心还同步策划、设计出版各类书籍。截至 2020 年 12 月，文创中心已持续开发兰溪特色文创产品系列十多种，共有中、高、低档样品逾百个。2020 年至今，文创中心实现营业额 160 多万元，实现了对当地历史人文资源的充分开发。

（二）媒体＋教育：线上线下两路经营

成立于 2020 年的青少年素质成长中心，依托兰溪市融媒体中心的传媒优势，集聚多业态的教育、文化、艺术、体育、科技等优质资源，引进国内品牌教育机构，形成覆盖写作、播音主持、美术、书法、舞蹈、国学、英语、STEM 科创、棋类等聚合的教育复合体，对素质教育、技能学习、体验式学习、课外娱乐、全脑开发等进行一站式打造，做大学在兰溪的品牌。兰溪市融媒体中心通过借助自身专业化口碑，依托专业资源优势，进一步整合多种教育资源，打造兰溪融媒教育品牌，以线下教育的形式销售自身优势，将无形资产变为有形资产，将一次性营收变为长线营收，不仅满足了当地市民对传媒专业教育的需求，而且实现了“闲置资源”的再利用。

兰溪市融媒体中心还通过与国企参股，与北京丹曾文化有限公司共同组建了一所以互联网为主导的智识人文教育社会化企业，该学校坚持聚集全世界人文学科丰富的宝藏和多维视野，中外人文学科带头人毕生的学术积累和研究成果，利用5G互联网不断更新的新技术和无界限的智识教学，以人文通识教育和智识教育为切入点，坚持知识独立版权，搭建国内第一个人文智识学校。学校突破刻板的知识灌输模式，对知识的运用和发散构建新的传播途径和模式，凭借共同的价值取向建构立足于互联网基础的新型文化网络社区，以满足互联网时代下绝大多数受众的知识进化需求。此外，兰溪市融媒体中心还在积极开拓数字经济领域，目前丹曾人文学校以技术外包的形式与国内游戏公司深度合作开发了名为“玩诗”的小程序，该小程序是一款集文化传承、诗教寓乐、诗词创作、发布交流、文旅融合于一体的益智类游戏产品，可供青少年增长诗词知识，诗词爱好者斗诗交流，旅友线上线下融合体验，立足于当地文化资源，开拓线上流量池。兰溪市融媒体依靠当地丰厚人文资源，采用参股收益形式，开创了“融媒＋教育”的先河，创造了地方媒体经营获利的新方式，实现了彻底的媒体融合。

（三）媒体＋服务：云直播开辟新经济

疫情期间，直播成为媒体产业发展的新风口，兰溪市融媒体中心以敏锐的媒体嗅觉抓住了这个新动向，针对疫情后复工复产问题，不仅开办了《职等你来》的节目在大屏小屏同步播出，实现了双通道的广告收益，而且兰溪市融媒体中心的网络直播团队尝试采用了“网络直播带货”的形式，采用专业新闻和专业综艺的拍摄手法，多场景、多机位、多角度呈现画面、还原现场。发挥主播作为地方名人与消费者的双重身份的优势，将当地资源禀赋、人文历史、风土人情融入特色优质农产品推介中，在迅速拉近与群众距离的同时，又以媒体公信力、权威性为当地特色农产品代言。同时将直播镜头延伸到农副产品的生产、保质、保鲜、流通上，借助自身优势与商家合作进行线上销售并分成，实现了市场产业的有效拓展。此外，为适应当下房地产新形势，充分发挥跨界经营的优势，市场运营部策划推出了“房产超市”的项目，以“超市”的形式对兰溪所有房地产楼盘、二手房的展示和交易情况进行集中展示，并开通看房直播车，为老百姓提供看房购房一条龙全方位的服务，实现经济和社会效益的双丰收。在之前云直播大获收益的基础上，融媒体中心在战略合作的基础上，增加了策划承接活动、拍摄制作宣传片等项目，2020年以来，与各乡镇、部门续签合作协议并新增了“三月三”风情节、樱花节、枇杷节及发展大会、童诗论坛、海峡两岸影像周等各类大小活动30余场，制作了宣传片10余个，举办云直播10余场。

突破了过去单一广告营收模式，也破除了疫情冲击影响经济的危机，顺应了直播经济时代的热潮，借助于融媒体中心专业传媒团队的制作和孵化，以本地需求为导向，不仅落实县级融媒体生活服务的职责，而且助力了粉丝价值释放和直播变现，扩宽了产业经营的领域。兰溪市融媒体中心立足于媒体优势，大胆实施项目制运营和活动经营，从传统媒体、新兴媒体、线上线下、跨界经营等四位一体的全局角度出发，践行媒体＋服务，扩宽产业面的横向融合的发展新模式。

三、对兰溪市融媒体中心文化产业发展的建议

（一）术业专攻，大力引进高端经营人才

习近平总书记指出，媒体竞争关键是人才竞争，媒体优势的核心是人才优势。当前的兰溪市融媒体中心，虽已打通编内外通道，采用灵活的用人机制，实行编内编外同工同酬的制度，但是对自身“产业身份”属性的要求认识还不够充分，至今兰溪市融媒体中心引进的人才仍以采编人员为主，缺少营销、运营等位于产业链中下游关键岗位的人才，目前产业项目中的经营人员大多是由其他部门非专业人员进行“补位”，由于缺少专业性知识和运营经验，不可避免地在运营过程中会出现运营视野局限、效率低下的问题。当前，广电新媒体不仅需要高水平的新闻采编人才、技术革新人才，也十分迫切需要补充高端的创意策划人才、经营管理人才，只有将各方面的人才加以组合形成人才集聚优势，方能放大人才的能量，兰溪市融媒体中心应尽快建立起短期内以外部引进为主、远期以内部培养为主的经营人才引育机制，一方面要开设运营人才招聘通道，招聘专业化的职业经理人和经营人才进入对口的关键岗位工作，另一方面要建立专门的运营培养通道，设置运营激励机制，举办运营经验交流会，展示研究成果，相互借鉴学习，同时邀请业界学界运营专家为学员授课交流，鼓励员工提高自身的经营运营能力，提高地方媒体产业运营竞争力。

（二）改革机制，优化财务管理流程

目前，融媒体中心产业发展往往涉及平台、技术、服务等购买问题，需要大量的资金投入，产业经营活动也会产生大量的资金往来。但融媒体中心属于事业单位，经费财务的流转需要经过层层审批，这种现象归根结底源于地方媒体自身双重性质，一方面其属于事业单位，需要遵循相关规则，另一方面又具有企业性质，需要进行产业经营，而这两者之间必然存在着一定的矛盾。兰溪市芥子园文化产业中心虽然已经独立经营融媒体中心的所有产业资源，但其

财务核算都需要并入融媒体中心财务进行监督把关,并不独立,即使是超小额的资金使用也需要进行全面而复杂的审批流程,整个审批过程少则两三天,多则一周以上。这种财务核算机制虽然保持了一定的监管力度,但也严重影响了产业部门的业务进度,在整个产业经营过程中会造成程序繁琐、流程冗余、效率低下的问题。兰溪市融媒体中心应充分考虑财务核算机制改革问题,在政策的框架内积极探索运用灵活的财务机制,以适应媒体产业经营与生产规模扩大的发展需要。同时在原有的广电网络资产进行资本化改造之际,还要尽快熟悉资本市场的运作方式,处理好媒体的政治逻辑与资本逻辑的辩证关系,学会善用资本的力量,助推媒体融合深入发展。

(三)流量变现,充分利用数字资源

在互联网时代,流量为王,掌握了足够的流量意味着掌握了未来营收红利的可能性。当前许多融媒体中心依靠过硬的新闻内容、诚恳的便民服务已经积攒了一大部分忠实用户,但大多数融媒体中心还停留在传统的内容变现时代,在促进流量变现方面办法不多、效益不佳。兰溪市融媒体中心于 2019 年 8 月推出了一款具备综合服务功能的客户端"兰精灵"APP,一方面通过深度融合打造有内容有质量的新媒体阵地,另一方面,通过扩展 APP 的服务功能,为市民提供便民服务,实现新闻宣传向公共服务领域扩展,打造综合服务平台和社区信息枢纽,受到市民的欢迎,"兰精灵"APP 在各大应用市场下载安装量达到 20 多万。但是目前拥有庞大粉丝基数的"兰精灵"APP 尚没有开发出盈利项目,流量的闲置不仅减少了营收,而且也造成了资源的浪费。兰溪市融媒体中心应该抓住流量变现的机遇,充分利用数字资源,采取多样化的流量变现模式,如可以一方面开设线上广告进行开屏广告、横幅广告位投放,另一方面开设增值服务变现,大屏小屏内容联动,爆款内容提升人气,优质服务增强黏性,引入电商、直播等新形态,以高质量内容和服务实现流量价值最大化。如此一来,对于广告方来说选择本地化 APP 不仅能够实现品牌宣传还能提高广告信息直接触达率以实现直接的转化变现,对于拥有强大地方粉丝基础的融媒体中心而言,又能够充分利用数字资源,丰富变现模式,进一步增加营收,受众也可以从中获得必需的服务与信息,实为多方共赢的关键之举。

基于媒体融合的产业拓展与创新：以兰溪市融媒体中心为例

张 雷 钱含星

摘要：面对省级媒体、市级媒体以及新媒体的三重压力，县级融媒体中心如何在夹缝中求得生存与发展是当前面临的关键问题。本文以兰溪市融媒体中心为例，探讨融媒体中心向产业链前、后双向延伸的多元化发展，以及立足地方人文、自然、工业和人才资源的特色化发展之路，为县级融媒体中心的产业拓展与创业发展提供对策建议。

关键词：县级融媒体；产业链；创新发展；产业拓展

党的十八大以来，以习近平同志为核心的党中央作出推动传统媒体与新兴媒体融合发展的战略部署。在2018年8月的全国宣传思想工作会议上，习近平总书记明确指出："要扎实抓好县级融媒体中心建设，更好引导群众、服务群众。"兰溪市积极响应党中央对主流媒体的规划和部署，按照浙江省委提出的"充分整、深度融、新闻+、政策扶"的总体思路，积极推进县级融媒体中心的建设，挖掘资源潜力、激活创新活力、增强发展动力，推动县级融媒体中心的创新发展，形成了一套适合自身发展的"兰溪方案"。

2020年7月27日，浙江省委宣传部在兰溪召开了全省媒体融合现场会，兰溪推进融媒体中心建设过程中真融深合的做法引发了各地县级融媒体关注。自2019年3月挂牌成立融媒体中心以来，兰溪围绕真融深合，致力改革创新，通过强化顶层设计、以体制机制创新激发内部活力，坚持守正创新、以融合报道提升新闻传播力，做实做亮新闻+、以强化服务提升媒体影响力等方面，积极探索具有本地特色的媒体融合之路。在产业拓展与创新方面，兰溪市融媒体中心立足地方特色，深耕文化产业，以产业链思维谋划中心发展方向，针对融媒体市场化运营问题，交出了独特的"兰溪答卷"。

一、产业拓展与创新的动力：区域性媒体的自我突围

与国内其他区域性媒体一样，受制于市场资源稀缺、发展基础薄弱、政策

法规限制等多方面原因，区域性媒体在人力、财力、节目制播质量上存在着先天不足。加之我国传媒产业的结构条块分割，区域性媒体很难突破区域壁垒，只能在省级媒体、市级媒体等强势媒体的挤压之下，通过精耕细作谋求生存与发展。然而，在区域性市场内可开发的资源和可延展的空间毕竟有限，传媒业务发展的"天花板"效应明显。与此同时，互联网带来的全新受众体验，悄然改变着受众的收视习惯，给广播、电视和报纸等传统媒体造成巨大冲击，受众大量流失，广告市场被大幅吞噬。面对如此严峻的形势，如何突围，已成为兰溪市融媒体中心所面临的关键问题。

面对重重困境，兰溪市融媒体中心坚持政府"输血"和平台"造血"双管齐下，提升媒体长远发展能力。在长期实践过程中，中心深刻意识到政府给予的财政支持不足已经成为影响其发展的掣肘。于是，转换思路，积极争取资源导入，以资源"输血"弥补资金"输血"上的短板。在兰溪市委、市政府的扶持之下，中心获得了更多的政府资源倾斜，如优先承接全市便民服务平台、"雪亮工程"等智慧城市建设项目，优先承办政府户外广告、大型活动，统筹运营全市公共宣传点位等，这些项目使中心增收明显。同时，中心积极提升自身的"造血"能力，成立兰溪市芥子园文化传媒有限公司独立运营，并下设了总经办、战略合作部、市场运营部、教育培训中心、文创中心、活动策划部及兰溪华融信息科技有限公司，负责报纸、广播、电视、网站、新媒体等广告营销、活动策划、教育培训及信息化产业、文化创意产业发展等工作，努力完成中心下达的2715万元经营责任指标。依靠着政府资源倾斜政策以及对城市、市场的动态把握与判断评估，凭借着自身的媒体资源、专业人才与信息优势，兰溪市融媒体中心在创新发展中稳步前进。用产业链思维开拓业务边界，与各乡镇部门与国有企业进行战略合作，涉足教育培训、活动策划等多领域；创新开发地方人文资源，设计兰溪特色文创产品系列十余种，并成功举办多场文创展览、兰溪发展大会等活动；参与投资具有发展潜力的项目，以参股的形式与北京丹曾文化有限公司共同组建丹曾人文（兰溪）学校有限公司，走出了一条多元化经营、综合性开发的产业发展之路。

二、产业拓展与创新的路径：基于链位的双向延伸

目前，学界从多角度对"产业链"一词进行了概念界定。从产业间关系角度，产业链可以看成由一系列相互连接的产业共同组成的一个复杂、完整的产业系统；从产业内部角度，产业链可以看成某产业内部位于上下游环节的不同企业，通过相互协作共同向最终消费者提供产品及服务时形成的分工合作关

系;从价值实现角度,产业链可以看成一种产品或服务通过设计、生产、销售、运送和管理,最终实现消费等一系列实现价值增值的活动过程。[①] 本文更多从价值实现与增值角度分析兰溪市融媒体中心的产业拓展思路。

就传媒自身的产业价值链而言,一个完整的传媒产业链应由内容的创意、生产、播出、发行、销售、广告服务等多个环节组成。从价值创造的过程来看,传媒价值链主要包括三个价值增值点:一是内容创造(发行受益),二是内容发行(广告受益),三是延伸产品和服务(产品销售和服务受益)。一直以来,区域性媒体主要是以信息服务为核心展开各种业务活动,县级融媒体中心作为区域性媒体的发展新形态,虽然实现了多种媒介的融合与信息资源的共享,地域性新闻仍是其核心竞争所在,主要收入来源仍然是为当地企事业单位提供广告服务。由此可见,县级融媒体中心还处于传媒产业链的中游环节。

(一)前向延伸:融媒体中心的多元发展战略

鉴于县级融媒体中心在传媒产业链中的地位以及在公信力和媒体资源方面的优势,可以从其原有的位置出发,向前端的产业领域延伸,成为产品的销售者,实行区域性媒体的多元化发展战略。

在"媒体+电商"方面,兰溪市融媒体中心与浙江微乐科技网络有限公司共同合作开发"融媒优品"这一特色购物平台,并以"兰精灵"APP 为基础,探索向电商产业延伸的业务模式。"融媒优品"主力推广以兰溪特色为背景的文创产品、农业特色产品,同时为兰溪本地实体商户提供线上促销活动。作为兰溪首家官方指定的购物平台,"融媒优品"积极参与"你宅我送""网上预约口罩""帮扶汶川,认购樱桃"等公益合作项目,疫情期间,线上预购口罩达 34 万只。疫情过后,"融媒优品"助力企业复工复产,与兰溪餐饮联盟合作,推出"消费先行助商家"活动,帮助实体商家渡过经济低谷期,并通过直播带货帮助实体企业实现经济回温,为融媒体中心带来分成效益。

在"媒体+房产"方面,融媒体中心策划推出"房产超市"项目,以"超市"的形式对兰溪所有房地产楼盘、二手房的展示和交易情况进行集中展示,并开通看房直通车,为老百姓提供看房购房一条龙的全方位服务,实现经济效益和社会效益的双丰收。

(二)后向延伸:融媒体中心的资源开发战略

县级融媒体中心是当地最具有专业能力、拥有丰富资源的媒体机构,有得

---

① 冯华,温岳中.产业链视角下的我国文化产业发展[J].国家行政学院学报,2011(5):82-86.

天独厚的优势，不仅有办公大楼、技术设备等有形资产，还有人力资源、内容创意、品牌等无形资产。[①] 融媒体中心除了前向延伸以外，还可以充分利用自身的人力资源优势，后向延伸产业链。以中心内部的创意策划力量、播音主持等广播电视专业人才为依托，以“媒体＋活动”“媒体＋教育”等项目为载体，充分挖掘智力资源的市场价值。

在“媒体＋活动”方面，兰溪市融媒体中心积极与事企业单位、各乡镇部门进行战略合作，实现了从“向客户卖广告”到“为客户卖产品和形象”的转变。融媒体中心利用自身的专业资源与平台资源，为战略合作单位提供整体形象塑造、资源推广、项目招商等创意策划，量身定制宣传策略和推进方案，通过提供个性化的宣传活动服务获得收益。除此之外，融媒体中心还承接各种政府活动、社会项目，从节庆活动到会议展览，从策划到活动直播及后期的摄影剪辑制作，融媒体中心为其提供专业的全套服务，以此来获利。2020 年以来，融媒体中心已成功举办承办了“三月三”风情节、樱花节、枇杷节、童诗论坛、海峡两岸影像周等各类活动 30 余场，拍摄制作宣传片 10 余部。在聚人气、扩声势的同时，带动了融媒体中心的经营创收。

在“媒体＋教育”方面，兰溪市融媒体中心与当地教育部门和学校合作创办教育三张报，即《同学》月刊小学版、初中版及《萌娃画报》，并组织开展研学游活动，鼓励万名中小学学生走进农村文化礼堂了解家乡文化、增长乡土知识，扩大融媒体中心在学生群体中的影响力。与此同时，中心正在积极筹备建立青少年素质成长中心，规划依托自身的平台优势与专业技能优势，聚集教育、文化、艺术、体育、科技等优质资源，引进教育机构，形成覆盖播音主持、写作、美术、书法、舞蹈、国学、英语、科创等科目的教育复合体，将素质教育、技能学习、课外娱乐、全脑开发等进行一站式打造，树立“学在兰溪”品牌。

三、产业拓展与创新的突破：发展地方性文创产业

作为四级办报的最末端，区县这一特定范围内的主流媒体，县级融媒体中心具有天然的空间区位优势和排他性、临民性、乡土性等平台特征，这些特征既是融媒体中心建设发展的立足点，也是融媒体中心产业拓展与创新的突破口。因此，了解区县文化，深挖地方资源成为融媒体中心发展的应有之义与必然之举。

---

① 陈安庆，刘阳. 融媒体环境下县级媒体经营模式探索[J]. 新闻战线，2019(13)：59-62.

（一）资源衍生：融媒体中心文创产业发展的开发路径

文创产品的两个最核心要素就是文化和创意。地域文化是融媒体中心开发文创产品的核心。地域文化是指在特定区域源远流长、独具特色的文化符号，是特定区域的生态、民俗、传统、习惯等在内的历史性的文化要素，地域文化不仅为文创产品开发提供了丰富的素材和创作来源，也引领着文创产品的开发方向。① 创意则可以将意识形态的文化转化为物质形态，在适应现代需求的同时，将之继续传承与发扬。而且，不同时代的文化经过创意转化可以更好地被理解与接受。② 总的来说，文创产品就是文化与创意结合的载体，其设计的重点就是两者的相互转化及在产品中的呈现手法，首先要确定传达的文化信息以提取文化要素，再转化形成设计创意，最后完成文创产品的设计。

兰溪市地域人文资源丰富，孕育了一批历史名人、文化巨匠，有“侨仙”黄大仙、诗画名僧贯休、“东方莎士比亚”李渔、篆刻之父东皋心越、国际摄影大师郎静山、理学开宗金履祥、爱国记者曹聚仁等；兰溪市自然资源丰富，风光秀丽、名胜众多，有“华夏一绝”诸葛八卦村、“洞府之冠”地下长河、“浙中蓬莱”灵羊岛、“八大国保”古建筑、“东方瑞士”兰溪旅游度假区等。宋代杨万里创作的《兰溪解舟》以及明代唐龙创作的兰溪八景诗都生动记录着兰溪的山水风光。兰溪物华天宝、物阜民丰，是中国兰花之乡、杨梅之乡、蜂蜜之乡、黄蜡石之乡，兰溪毛峰获批国家地理标志农产品称号；兰溪工业资源丰富，是浙江中西部重要的工业城市之一，有中国纺织产业基地、中国天然植物药物先进制造业基地、中国水泥产业基地等国字号金名片。

基于兰溪市丰富的人文资源、自然资源与工业资源，兰溪市融媒体中心开发了兰溪特色文创产品系列十多种，包括体现李渔和“芥子园”文化的《芥子园画谱》、《李渔全集》、芥子园香礼套盒、芥子园办公文具，体现秀丽风光的“兰溪八景”篆刻、框画、册页、立轴，利用水泥创新制作的笔筒、花瓶、生肖礼品，利用当地物产制作的李渔荞麦酒、杨梅酒、家茶，以及纺织定制品、中药物礼品等，共有高、中、低档产品逾百个。同时，兰溪市融媒体中心与市场上其他文创公司差异化发展，从自身的资源优势出发，以当地的事业单位、大型企业作为目标客户，以高级定制的方式来减少文创产品的库存压力与市场风险。

兰溪市融媒体中心还向影视领域进军，展现兰溪的红色历史与时代风貌。

---

① 王丽娟．地域文化视角下博物馆文创产品的开发研究——以廊坊博物馆为例[J]．文物鉴定与鉴赏，2017(7)：110-111.

② 高悦．扬州非遗文化在文创产品设计中的应用研究[D]．上海：华东理工大学，2016.

联合浙江江泉盛景文化传媒制作拍摄《兰湖水畔》《血兰花》，实现了向电影产业的拓展。2020 年 5 月 22 日，《兰湖水畔》正式开机，电影以部队转业军人和扶贫干部带领村民发展乡村旅游经济、农业增效农民增收为主线，展示"和美乡村"建设的宏伟画卷，展现"绿水青山就是金山银山"理念的丰富内涵，具有很强的现实意义和教育意义。目前，电影已进入公映申报阶段。另一部共同出品的红色主题电影《血兰花》则以大革命时期为历史背景，将真实人物事件进行影视化改编，讲述在中共兰溪临时县委的领导下，莲塘岗村建立党组织发展党员，开展反压迫、除恶霸武装斗争的故事，目前也已进入后期剪辑包装阶段。电影公映后，将会在院线、网络及央视播出，产生发行效益。

（二）依托乡贤：融媒体中心产业拓展的特色路径

习近平总书记指出，要发挥新乡贤在乡村建设中的特殊作用，凝聚起乡村振兴的强大力量。作为促进乡村建设、带动乡村建设的重要单位，融媒体中心巧妙地利用好乡贤资源，推动中心的事业发展。

目前，兰溪市有常住人口 55 万左右，在外地拼搏的兰溪人士数量庞大，涌现出大批优秀的兰溪乡贤，如全国人大常委会委员、全国人大监察和司法委员会副主任委员王胜明，"人民英雄"国家荣誉称号获得者、中国工程院院士陈薇，中国工程院院士、同济大学副校长吴志强，热心公益回馈家乡超 1500 万的姚宝熙，欣旺达电子股份有限公司首席运营官、浙江锂威能源科技有限公司董事长项海标，中国驻叙利亚大使冯飚等。

兰溪市融媒体中心紧抓乡贤群体，召开兰溪发展大会。以"共饮兰江水"激发乡贤们的乡土情感，激发他们的认同感，聚集了 300 余位来自全国各地的兰溪籍党政领导、业界精英、知名人士、新兰溪人代表和嘉宾，共叙乡情友谊，共谋家乡发展。在发展大会期间，兰溪市乡贤人才基金揭牌成立，目前已募集 4.8 亿元，将重点支持教育、卫健等领域发展。招商项目签约仪式也顺利举行，共签约项目 71 个，总投资超 500 亿元。融媒体中心为此还出版了双月刊《天下兰溪人》，作为兰溪乡贤和商会的展示窗口，与乡贤连接的情感纽带。

四、融媒体中心产业拓展与创新的对策建议

县级融媒体中心进行产业拓展与创新，尤其是涉足新的行业领域，都是全新的战略选择，必然会遇到潜在的问题与挑战，对于如何有效化解并顺利推进，结合兰溪市融媒体中心的探索实践，本文认为可以从以下方面加以完善。

首先，在宏观层面善于把握上级政策与产业发展环境。从参与竞争的市

场主体身份来说，融媒体中心是实施企业化管理的事业单位，是党、政府和人民的喉舌，肩负着传播信息、引导舆论的重要社会职责。在拓展业务的过程中，融媒体中心肯定要遵循产业经营的相关规章制度，合法合规推进多元化经营与管理。融媒体中心要利用自身发布与收集政策信息的优势，通过各种渠道学习掌握党和政府的相关政策，在法律和政策允许的范围内进行产业链延伸，尽可能扩大企业独立自主经营权限。在把握产业拓展领域与发展方向上，融媒体中心要对目标领域开展全面调研和透彻评估。兰溪市融媒体中心在进军文创产业之时，就充分分析了地方独特的人文资源、自然资源、工业资源与人力资源，明确其与其他文创公司的优劣势，瞄准事业单位、大型企业等目标客户，实行高级定制的发展路线以减少库存压力与风险，并获得成功。

再次，在中观层面提升适应产业拓展与创新的能力。融媒体中心普遍缺乏跨行业经营的经验，随着经营范围的扩大与规模的扩张，会造成新的经营问题，这就要求融媒体中心必须根据对自身实力和外部环境等各方面因素的评估量力而行。一般来说，选择非相关多元化战略意味着企业在原材料、设备、技术、管理、市场、信息、人才方面难以达到协同效应，在经营的过程中将承受更大的风险。所以在进行产业链延伸时，为了最大化已有资源的利用率，融媒体中心应当向相关多元化方向发展。兰溪市融媒体中心以自身的智力资源与平台资源为依托，为乡镇部门、事业单位、大型企业提供整体形象塑造、资源推广、项目招商、活动策划等服务，量身定制宣传策略和推进方案，这种理性的产业链扩张帮助“兰溪模式”顺利落地并有序推进。

最后，在微观运营方面要注重人才队伍建设。融媒体中心在进行产业拓展的过程中，面临的一大难题就是人才队伍的培养与管理。一方面，传统媒体的员工可能存在业务能力无法适应新岗位、工作积极性不足等问题，另一方面媒体经营管理人才存在招募难问题。关于这一点，兰溪市融媒体中心也在不断探索，积极组织员工进行媒介融合学习，并实行按管理、宣传、经营分类考核绩效的制度，“下不托底、上不封顶”，一切以工作实绩论薪酬，调动员工工作积极性。除此之外，融媒体中心还应制订员工培训计划并组织实施，重视对员工的在职培训，积极延长人才的职业生命周期，使其更好地适应工作的需要，在解决经营人才缺乏问题的同时，帮助员工成长成才。

参考文献

[1] 冯华，温岳中. 产业链视角下的我国文化产业发展[J]. 国家行政学院学报，2011(5):82-86.

[2] 陈安庆,刘阳.融媒体环境下县级媒体经营模式探索[J].新闻战线,2019(13):59-62.

[3] 王丽娟.地域文化视角下博物馆文创产品的开发研究——以廊坊博物馆为例[J].文物鉴定与鉴赏,2017(7):110-111.

[4] 高悦.扬州非遗文化在文创产品设计中的应用研究[D].上海:华东理工大学,2016.

如何做大做强融媒体中心产业经营的几点思考

丁 婕

任何产业都会随着技术革新和社会变革，经历波浪前行的洗涤。伴随着经济发展的进程，传统媒体在20世纪90年代和本世纪之初迎来了它的鼎盛时期。然而，随着互联网技术的快速发展，辉煌了20多年的传统媒体，正面临着有史以来最为严峻的下行压力，媒体融合发展已从行业共识上升到国家战略。从“以内容制作为中心”转变为“以用户为中心”，由做单一媒介产品到建多介质内容平台，打造全媒体的文化生态圈，是一场依赖智慧和秀气才能赢得胜利的攻坚战。

2019年3月，兰溪市融媒体中心挂牌。新组建的融媒体中心把报纸、广播、电视、网站、“两微一端”等多个媒介平台融为一体，通过机制创新、流程再造和平台整合，打造成一家传播形态多样、传播手段先进、具有竞争力的新型主流媒体。如何在媒体融合的潮流下，重塑商业模式，在做大做强主业的同时拓展服务和营收能力，从而更好地反哺主业，一定程度上考验着融媒体中心建设的持久发展能力。

一、传统媒体的现状及困难

近年来，唱衰传统媒体广告经营之声不绝于耳。房地产、商业零售业、汽车等传统主力行业的大幅下滑，使得传统媒体广告的行业构成发生了显著变化。以覆盖、到达为目标的传统投放模式已被广告主放弃，精准、互动和直接效果越来越被重视，而这恰恰是传统媒体的短板。行业投放难寻亮点，说明传统媒体广告经营已经到了“危急时刻”。究其原因，主要有以下几点。

1. 传统媒体经营模式单一，管理粗放

传统媒体广告铺天盖地兜售着越来越多受众不需要的东西，无法满足受众互动反馈的需求。而在激烈的市场竞争环境下，传统媒体依然靠天吃饭，坐

等广告客户上门。报纸无人订阅，电视无人观看，广播无人收听，受众的阅读习惯无形中发生了很大变化。

2. 广告客户自主权的增加

单论传统媒体，数量就异常庞大，再加上门户网站、搜索引擎、社交网站、视频网站等新媒体，广告客户的选择更加丰富。在分流一部分传统媒体广告份额的同时，广告客户也开始掌握以往由传统媒体主导的议价权，选择多样化打破了以往由传统媒体主导广告价格的卖方市场，转而进入由广告客户主导的买方市场，传统媒体所面临的困境越发严峻。

3. 人才瓶颈与激励问题

由于之前事业单位固化的体制系统，在新技术的敏感度、人才的引入、经营创新思维的切换等方面，均与融媒体发展的现实要求存在差距。除了新媒体冲击替代、体制受限之外，固步自封、改革创新意识不强，也是传统媒体沦落的重要原因之一。融媒体中心建设需要改革创新，需要技术和业务人才，经营也同样需要人才。但目前人才资源匮乏，人才难引进也留不住。

4. 运营短板突出，“造血”功能缺失

融媒体中心定位为事业单位，由财政给予相应保障，但这种保障实际上很难覆盖运行成本。这样，运营短板仍是融媒体中心建设的瓶颈问题。没有造血功能全靠输血的媒体，是不可能具备发展能力的，也无法获得运营力、传播力和影响力。

二、经营产业的解决办法及举措

产业运营是培育造血功能的必由之路。融媒体中心在建设过程中可面向市场积极探索多元化经营模式，以“服务提供商＋融媒体传播”的方式，从单一广告合作向项目制、平台化、活动化发展，策划、执行、服务一条龙，力求打造重点活动品牌，并将用户的需求通过多元化的线上线下活动得以实现，最终提升自我造血能力。

关于今后一段时间融媒体中心产业运营设想如下。

1. 积极导入户外广告资源

加强融媒体中心意识形态阵地建设，将全市公共宣传点位统一归集到融媒体中心设计、建设和运营，将成为当前及今后的主要趋势。目前，融媒体中心已与华数成立兰溪华融科技信息有限公司（户外广告公司），结合城市功能和区域特色，分类别、高标准地对部分重要节点、重要商业区域、重点路段户外广告进行策划设计，让高质量的户外广告设施为城市品质争光添彩，成为城市靓丽的风景线。新增设的户外广告除广告运营外，还与城市创建需要进行结合，科学设置公益广告，使之布局更加合理、品质有效提升。

据统计，截至2020年底，华融公司已在兰溪城区主要路段增设户外灯箱广告475只，在11个红绿灯路口布局候车棚39只，实现营业额200多万元。待城区布局结束后，华融公司还将继续加大已建灯箱及候车棚的招商工作，加快推进乡镇户外广告延伸覆盖。

2. 努力搭建平台，拓展文创业务

文创产业是指以文化为核心内容，为直接满足人们的精神需要而进行创作、制造、传播、展示的文化产品和生产活动。近年来，结合兰溪本土名人效应和特色文化，融媒体中心创作设计出一系列文创产品。截至2020年底，完成文创样品开发约10个系列，共计上百种产品，如《芥子园画谱》、“兰溪八景”衍生毛巾及茶杯、“兰溪记忆”水墨扇、水泥工艺品、李渔系列产品等。

开发文创产品后，为了推广与展示产品，也为了建立与客户直接交流参观的桥梁，需建立一定的交流平台，用以展览丰富各异的文创产品，这就需要成立文创中心。2019年上半年，融媒体中心完成了文创展厅的设计、装修及展陈工作；2020年7月，中心又在大楼底层大厅增设了半开放式的文创展厅。作为兰溪文化的对外宣传窗口，文创展厅主要分为兰溪产业专区、兰溪非遗展区、兰溪文化展区及兰溪特产展区四大类。今后，文创中心还将打造一支优秀的自主设计营销团队，逐渐形成一条从研发、设计到销售的完整产业链，既能为机关部门企事业单位提供个性化订制服务，又能接受私人订制。

3. 办好教育三张报，打造兰溪艺术培训新航母

① 努力办好三张报纸：开创《同学》月刊小学版、初中版及幼儿园《萌娃画报》，在此基础上承办高中校报，打造学生自己的报刊。

② 做大研学活动：在目前已开发的10条研学线路的基础上，进一步开发和深化，吸引全市中小学生、幼儿园孩子参与。

③ 做强培训：为了拓展教育经营产业，拟建立少儿素质成长中心（教育培训综合体），打造兰溪艺术培训新航母。目前，培训中心项目选址已确定，进入装修方案比选阶段。

4. 增设电子阅报栏

阅报栏，包括一起展示的社会主义核心价值观和精神文明建设宣传图画，

可以使老百姓受教受益，但美中不足的是，城市阅报栏占地面积大，数量也不多，不能满足群众的读报需求。体积娇小玲珑的电子阅报栏应运而生，它通过最简便的形式，让群众较为迅速地获取国内外新闻和其他知识。

为提升城市精神文明建设水准，近年来，融媒体中心针对城区密集区域开展布局，一期策划布局城区阅报栏 25～30 个。下一步，融媒体中心还将把电子阅报栏延伸到乡镇集镇，在宣传广告的同时满足更多市民的阅读需求。

5. 运用网络直播，着力打造品牌项目

受新冠肺炎疫情影响，年初很多企业无法顺利开工，已签订合约或基本谈妥、敲定的商业广告均出现变更，纷纷撤档。市场运营部及时调整战略，首次尝试采用“网络直播带货”的形式，与商家合作进行线上销售并分成，实现了市场产业的有效拓展。同时，为适应当下房地产新形势，充分发挥跨界经营的优势，市场运营部门还将策划推出“房产超市”项目，以“超市”的形式对兰溪所有房地产楼盘、二手房的展示和交易情况进行集中展示，并开通看房直通车，为老百姓提供看房购房一条龙全方位的服务，实现经济和社会效益的双丰收。

6. 巩固传统产业，力争实现全覆盖

开发建设新兴产业之时，仍需巩固传统产业，包括报纸广告、电视广告、广播宣传、网络和新媒体的推广，以及常年战略合作的合约签订、维护等。自融合以来，战略合作新签和续签工作稳步推进。在原有合作基础上，进一步深化服务，做到创新理念、融合发展，赢得了客户的良好口碑。如，通过策划拍摄微电影实现经营创收，并成功拿下兰湖、金兰创业园等新增部门的战略合作；针对疫情对返工复工的影响，年初还携手市人劳局共同开办《职等你来》栏目，有效解决了疫情期间招工难问题，得到了《人民日报》的充分肯定。下一步，还将深度配合市委市政府的重点工程和重点项目，扩大经营创收。

7. 承接各项大型活动

良好合作为服务延伸创造了条件，实现了“战略合作＋”模式，在战略合作基础上，增加了策划承接活动、拍摄制作宣传片等项目。今年以来，各乡镇、部门在续签合作协议的基础上，还新增了“三月三”风情节、樱花节、枇杷节及发展大会、童诗论坛、海峡两岸影像周等各类大小活动 30 余场，宣传片 10 余个。

以上是关于融媒体中心经营产业的几点思考。虽然县级融媒体中心具有政治属性和公共服务属性，融媒体中心也是党重要的执政手段和主流舆论传播的重要阵地，但县级融媒体在一定条件下也可以具有商业属性，融媒体只有与市场和用户相结合、与产业和技术相结合，以“媒体＋”为突破点，打造“媒体＋教育”“媒体＋文创”“媒体＋房产”“媒体＋医疗”等产业，实现媒体和各领域的跨界融合，提高县级融媒体的生命力，才能成为真正意义上的融媒体。

新闻+文化产业　思路涅槃则未来可期
——浅析县域融媒体中心如何两驱发力拉动发展新引擎

周祖菖

摘要:随着大数据时代的到来,以"互联网+"为依托的文化新业态不断涌现并发展迅猛,日益成为文化产业新的增长点。近年来,县域融媒体中心相继成立,作为一个全新的部门,它有效整合了新闻资源、拓宽了发展思路、奠定了产业布局。向"新闻+文化产业"的方向化推进,成为不少县域融媒体发展的选择。2020 年 9 月 17 日,正在湖南长沙考察调研的习近平总书记来到马栏山视频文创产业园,考察园区企业党建和内容生产、技术研发、人才培养等工作。习近平指出,文化和科技融合,既催生了新的文化业态、延伸了文化产业链,又集聚了大量创新人才,是朝阳产业,大有前途。文化产业,这一术语产生于 20 世纪初。最初出现在霍克海默和阿多诺合著的《启蒙辩证法》一书之中。它的英语名称为 Culture Industry,可以译为文化工业,也可以译为文化产业。文化产业是以生产和提供精神产品为主要活动,以满足人们的文化需要作为目标,是指文化意义本身的创作与销售。两驱动力如何整合和协调?习近平总书记的这些重要指示释放了什么样的信号?文化产业未来发展的工作重点和方向在哪?作为一线工作人员,我们理当抢先思考并找到新的落脚点。

关键词:大数据时代;文化产业;县域融媒体时代;朝阳产业

县域融媒体中心是一只"小麻雀",也是一支"独立团"。兰溪市融媒体中心自 2019 年 3 月成立后,始终坚持两条腿走路,一是新闻立本,讲好兰溪故事;二是经营优先,做大产业布局。"小麻雀"五脏俱全,"独立团"能征善战。"新闻+文化产业"的发展思路,就是两者相辅相成,相互成就。

一、守正创新,打造芥子园文化产业主线

新闻立本,就是要树立正确的社会主义核心价值观,形成健康的思想意识形态,营造良好的社会发展环境。兰溪是浙江省老工业基地,我们守正创新的源头就来自于兰溪 66 万人民的自信心。日前,《浙江日报》刊文《兰溪,渴望

再崛起》,内容涉及金兰同城化加快推进,纺织业数字化改造风生水起,五大新兴产业将有 4 家企业产值破百亿元,“人民英雄”陈薇、上海世博会总规划师吴志强等乡贤蜚声中外……由此,让我们有了打造芥子园文化产业的设计图,这张崭新的设计图里就包含着“新闻+文化产业”的具体内容。县域融媒体中心的功能不仅在于整合,更在于延伸。兰溪市融媒体中心成立后,先后举办兰溪发展大会、全国中医药文化节、兰溪“中国农民”丰收节、兰溪首届梅江烧开坛节、兰溪市李渔乡村童诗文化节、兰溪杨梅节等十几项大型文化产业活动,不仅丰满了中央、省、市主流媒体的新闻采编内容,也赢得了文化产业发展的红利,新闻外宣工作得到进一步夯实,经营创收工作得到进一步巩固,政府与当地居民取得了良好的社会效益。

二、深度融合,打响兰溪文化产业地方品牌

当前,兰溪市委市政府非常重视文化产业的发展。例如:围绕东方莎士比亚的“李渔文化节”系列活动,不仅囊括了李渔小镇的创建、诗歌文化的普及、李渔文化的传承还有金华李渔戏剧周的创办,可谓好戏连台、纵享诗情画意而不能自拔。其中折射的社会价值和经济价值影响深远。目前,仅此项目就包含了兰溪历史、文化、旅游三大版块,可见媒体的深度融合对本土文化产业的打造有着不可替代的作用。今后,这种文化特色和现代的文化传播手段的结合,将对地方经济贡献越来越大,另外其他乡镇的非遗、演艺和产业结合项目也大放异彩,应该说做大文化产业的同时,也有利于优秀传统文化传承;此外,文化和旅游、文化和科技、文化和金融等相关产业的融合发展越来越明显,这种融合发展是未来产业发展的重要特征,也是必然趋势。目前,“新闻+文化产业”的两驱发力,让新闻点变得更加有趣,也让文化产业发展变得更加多样活泼。

三、人才蓄力,打赢“新闻+文化产业”攻坚战

北京大学文化产业研究院副院长陈少峰说,国家重视文化产业的发展,给研究和从业人员带来了更强的信心。在未来,文化产业将有更广阔的发展空间和更美好的前景。这是一剂强心针,也为我们一线工作人员指明了发展方向。但是,古人云:路漫漫其修远兮,吾将上下而求索。打赢“新闻+文化产业”攻坚战,真正做到新闻和文化产业两驱发力,还要处理好两方面关系。一是媒体融合的人才保障和人才发展关系。自古媒体重视以“业”为主,忽视经

营人才的储备和发展,已然成为现在新媒体发展的一大瓶颈。做好文化产业基本需要三大因素,一是策划布局,二是团队协作,三是落地执行。县域融媒体刚刚成立不久,应该更着眼于人才的培育,所谓专业的人去做专业的事情,只要有人才梯队,市场就一定可以找到新的突破点。二是媒体融合眼前利益与长远利益的关系。目前,县域融媒体中心大部分还停留在整合资源阶段,这一过程可能还需要走一段时间,或者是很长一段时间。长兴传媒集团是全国较早建立的县域性全媒体传媒集团,其总编辑王晓伟认为,要突出用户意识,这是大势所趋,用户在哪里,阵地在哪里,融合就推进到哪里。如今,长兴传媒集团有三个电视频道、两个广播频道、一份报纸、两个网站以及“两微一端”等媒体形态,“两微一端”用户超过 65 万,有线电视用户 18 万。2018 年上半年,该集团总收入 1.16 亿元,比 2017 年增长 1.47%。第一个吃螃蟹的人总是要比别人收获多一些,但是,在靓丽的数据面前,我认为更重要的还是要量力而行。如果整合阶段还需要一段时间,就应该做到“临渊羡鱼,不如退而结网”。只有先整合好电视、广播、报纸、网站、新媒体等几大平台,才能更好地发展文化产业。文化产业的发展涉及政府具体部门,也涉及产业链下游的客户。所以,在处理好眼前利益的时候,更要着眼长远利益。

四、结束语

文化产业有市场属性,要按照市场规律去把产业做大做强,发挥市场在文化资源配置中的积极作用。但文化产业有意识形态的属性,这是它和别的产业不一样的地方。一首好歌、一本好书、一部好电影,它的文化传播力是非常大的,能够形成潜移默化的影响。所以说意识形态属性是本质属性,抓住了本质,才能有更好的发展。“新闻+文化产业”的两驱发力,也是一样的辩证关系,好新闻延伸到好的文化产业,健康的文化产业项目也会给新闻带来无穷的创造力。只有两者相互促进,才能带来融媒体中心发展的春天。我个人认为,思路涅槃则未来可期,刚刚成长的县域融媒体中心,有了更大的舞台,而我们一线的工作人员更要认真学习,才能更好地讲好新闻故事,创造出新的业绩!

十一、播音转型

媒体融合时代广电播音员主持人角色定位的转变

——以兰溪市融媒体中心的创新实践为例

周永红

摘要：当下，融媒体已然成为媒体发展的主流。面对传统媒体的变革、新媒体的崛起，媒体从业人员都面临着巨大的挑战和机遇。广播电视作为传统媒体，其从业人员也面临着必须适应融媒体发展的现实问题。本文以兰溪市融媒体中心的创新实践为例，分析了传统媒体和融媒体时代播音员主持人不同的角色特点，并从播报语态、专业技能、思想意识三个方面提出了如何进行角色定位的转变。

关键词：媒体融合；播音员主持人；转变角色定位

2018年中央广播电视总台的成立，犹如一阵春风吹遍全国各级广电媒体，省级、地级、县级媒体也先后开启整合转型之路，以实现多媒体资源优化配置和一体化发展。媒体融合不是传统媒体的简单相加，而是把传统媒体打造成基于互联网的媒体融合新平台。同样，作为传统媒体的重要角色——广电播音员主持人面对传统媒体的革新，也不是简单地多学几样技能，而是从传播理念、思维方式、专业技能等方面进行全方位的提升。媒体融合时代，广电播音员主持人角色定位将发生哪些转变？在论述这个问题之前，先要厘清传统媒体时代和融媒体时代播音员主持人的不同角色特点。

一、传统媒体时代播音员主持人的角色特点

（一）“我播你听”的线性传播，让播音员主持人在传播过程中具有主导性

传统媒体的线性传播关系，就是两点之间的“一线牵”，这是由传向受的单向传播关系。播什么节目，以什么形式播，受众听命于传者的安排，带有强制性。尽管播音员主持人也会努力地满足受众在信息、知识和娱乐等方面的多种需要，但是因为传统媒体的技术无法消除在播音员主持人和受众之间的“壁

垒”，播音员主持人在传播过程中没有与受众的互动，得不到即时的视听反馈。为了播讲内容更加贴近受众，播音员主持人需要运用对象感技巧，把握受众的心理、需求，依据受众的兴趣和关注的问题进行有针对性的播讲，做到“目中无人，心中有人”。对象感的建立，基于播音员主持人的认知、情感和专业素质，这种通过想象建立的对象感，带有很强的主观色彩，播音员主持人就像主讲人，在传播过程中起着主导作用。

（二）分工合作的集体性创作，让播音员主持人在节目呈现中具有代表性

相较于广播，电视节目的制播更体现集体性，从前期的选题策划、采访撰稿，再到后期的配音剪辑、灯光音响、编排合成，因为每一个环节技术的专业性，通常需工作人员分工合作才能完成一档节目的制作播出。播音员主持人是群体的代表人物，节目的一切工作环节、全部生产流程，都要由他们去出头露面得以体现。一档高质量的电视节目，有智囊团的研究、编导的策划、内容的推敲、形式的创意。优秀的播音员主持人能将编导的意图贯彻到后期的配音出图中，有的节目经过播音员主持人的二度创作，甚至可以优于原作。传统媒体虽然也有采编播一体的复合型播音员主持人，但是从整个节目流程来看，采编播只是其中的一小部分环节要素，播音员主持人所承担的角色更像集体的代言人。播音员主持人在观众心中的形象也随节目类型的不同，而有不同定位。在某些节目、某些场合，比如宣读政府公文时，播音员体现着“国家”“政府”的形象，而在另一些节目、另一些场合，比如谈话类节目中，主持人与嘉宾推心置腹，代替观众提问题、谈感想、发评论，体现了智者、师者的角色内涵。在综艺类节目中，主持人和观众一起欢声笑语，又像极了兴趣相投的知己、朋友。在这里，播音员主持人体现的是节目的风格，代表的是节目的形象，而非自己独特的个性。

（三）稍纵即逝的时间性制约，让播音员主持人在受众心中具有神秘感

传统媒体时代，播音员主持人在演播室录制或直播的各类节目，在特定的频道（频率）和时间段播出，颇有“过时不候”的意味。千千万万在接收端翘首以待的受众，通常对播音员主持人怀有神秘感，偶然看到播音员主持人“真身”，大多会笑言：“终于看到活的啦！”传统媒体让播音员主持人在时间空间上与受众之间产生距离感，因为不真切，所以很神秘。尤其是电台的播音员主持人，“只闻其声不见其人”，听众通常会根据声音想象主持人的形象，为了避免出现落差或错觉，电台播音员主持人也尽量不曝光在公众视野中，让这份神秘感引发听觉期待。电视播音员主持人的形象虽然被观众熟知，但那毕竟是屏

幕形象，观众想要走近播音员主持人作进一步了解，几乎没有什么机会。20世纪80年代，中央电视台大门前经常会有热情的观众在门口等待，期望看到自己崇拜的播音员主持人出现。而为了保持神秘感，播音员主持人一般不与观众直接沟通，最多以回复观众来信的方式进行互动。

二、融媒体时代播音员主持人的角色特点

(一)融媒体互动方式的更新，让播音员主持人与观众对话更具平等性

融媒体时代，“微信视频号”“抖音短视频”“网络直播”等互动式的视听过程更受观众青睐。受众可以留言或直接互动提问等方式和主持人进行交流，播音员主持人与观众实时互动、平等对话。兰溪市融媒体中心主持人章霞目前在微信视频号发布小视频20余个，总浏览量200万。在其发布的小视频中，网友纷纷留言，说感慨提建议。以下为视频《母亲河・兰溪》留言区部分对话。网友：“我是在外兰溪人，看了此片，心生感慨。”章霞回复：“常回家看看。”网友提问：“主持人是不是香溪的？”章霞回复：“我老家女埠。”网友：“音色与表述文字都可以，背景音乐打了折扣！”章霞回复：“哈哈，下次我对背景音乐再琢磨琢磨。谢谢您的建议！”对话姿态的平等性和语言温度的精巧把握，让主持人更加精准地获悉观众的需求，从而产出更加优质的内容，并针对不同的用户，生产出富有个性化的精彩内容。

(二)融媒体传播平台的拓展，让播音员主持人在受众心中更具个性化

互联网时代，信息更加多元。受众根据自己的年龄、喜好、学历、职业等特点，在浩如烟海的信息海洋里，选择“对味”的信息。播音员主持人想要自己的作品更多地被受众选择，就必须具备鲜明的个性特点。兰溪市融媒体中心将主持人章霞打造成“融媒体网红”的新角色，将兰溪特色景点、人文风情制作成小视频，通过“画面＋主持人出镜口述”的方式进行传播，收获了不少“粉丝”。因为是家乡人说家乡事，“粉丝”有期待，传播有效果。在文案设计上，主持人章霞也是下了一番功夫，用诗意的语言串起整个短视频，知性亲和的“人设”有别于其他“网红”，在众多短视频中脱颖而出。五一兰江水上游首航时制作的短视频“诗路・兰溪”，单条浏览量突破30万。个性带来亮点，亮点引发关注。只有具备独特的个人风格，才能在激烈的融媒体竞争中赢得浏览量、点赞数的激增。

(三)融媒体全新技术的运用，让播音员主持人在话筒前更具亲和力

在技术不断提高、设备不断更新的融媒体时代，播音员主持人传播信息的

渠道和方式更为丰富，所展现的个性也更为立体，从而更具真实性。新闻主播不再局限于演播室播报新闻，他/她也会出现在移动客户端、手机直播平台，为您讲述百姓故事、评论热点话题。广播电台的播音员主持人也不再是“只闻其声不见其人”的神秘人，他们也会出现在视频中。兰溪市融媒体中心在2020年11月，启用了兼具视频直播功能的融媒体演播室，手机用户可以通过“快乐908”微信公众号，打开视频直播通道，看到电台播音员主持人做节目时的状态。演播室的播音员主持人可以与场外的四路信号视频对接，听众面对面与广播主播视频互动已成为可能。媒体融合时代，播音员主持人褪去“神秘面纱”，更具亲和力。

三、融媒体生态下播音员主持人角色的转变

传统媒体和融媒体时代，播音员主持人的角色特点各不相同。在媒体融合已成为当下发展趋势的大背景下，播音员主持人必须适应新变化、掌握新技术、抓住新特点，完成角色定位的转变，更好地适应融媒体时代。

（一）播音员主持人播报语态从“播”到“说”的转变

据统计，截至2020年3月，中国网民规模为9.04亿人，其中手机网民规模达8.97亿人，网民通过移动端和社交媒体获取信息正成为不可逆转的趋势。从电视“大屏”到手机“小屏”，接收端的受众视野更开阔，文化知识水平不断提高，更愿意接受平等的对话。因此，播音员主持人的播报语态也应从“播”向“说”转变，从而实现信息传播中与受众平等交流的理念，符合现代受众的接受需求。中央电视台的《新闻联播》播音员是“播”新闻最优秀的代表，近两年，《新闻联播》也在稳步调整，从播音员的语态到新闻内容、节目编排都更加贴合观众。《主播说联播》是中央广播电视总台新闻新媒体中心于2019年7月正式推出的一款时政类短视频栏目。《主播说联播》采用竖屏的呈现方式，有效迎合了用户的观看习惯。刚强、李梓萌、海霞等知名主播在《新闻联播》的播报铿锵有力，给人以严肃端庄的感觉，而在《主播说联播》中，他（她）们一改往日的严肃形象，变得十分亲切随和。主播们舍弃了模式化、官方化的“播稿”方式，采用了更加接地气的“说新闻”方式。“别急着甩锅”“满嘴跑火车”“令人喷饭”等网络热词的运用，充满了诙谐的意味，这些“粘泥土、带露珠、冒热气”的语言更为大众所接受。

（二）播音员主持人专业技能从“负责说话”到“当家大厨”的转变

融媒体时代的播音员主持人不再只是一个专门“负责说话”的角色，而应

该是一个中央厨房的“当家大厨”。从发现素材到加工配料，再到选择平台传播、与受众交流互动，播音员主持人出现在整个产品生命周期的全过程。兰溪市融媒体中心在成立伊始，就将打造全媒体复合型人才队伍作为媒体融合的关键，鼓励采编播人员跨界融合。在兰溪市融媒体中心，播音员主持人要学会使用“十八般兵器”，上演“全武行”，能集文字、图片、音频、视频、数据分析等多种能力于一身。更好地适应采、编、制、录、播以及选题策划、受众分析等全能型人才的要求。兰溪市融媒体中心微信公众号“快乐908”中，每一个版块都是由电台的播音员主持人负责采制编辑。他们不再局限于直播间，而是走出去做美食节目、交通节目、导购节目等，以音频、视频的形式在微信推送，并在“兰精灵”APP开设专栏，一个题材，以多种形式呈现。电台播音员主持人不仅要做好本职工作，还要学会视频剪辑、文字编辑、包装合成。除了做音视频节目，播音员主持人还要身兼电台导播、电视导播的职责，以适应电台节目多机位视频直播的需要。电视主播不局限于演播室工作，在“微视兰溪”公众号、微信视频号推出短视频。播音员主持人化身全能型选手，从选材、拍摄、制作到最后合成，均能熟练操作、独立完成。当然，对于播音员主持人而言，并不是要把每个媒体行业的技能都全面掌握，而是需要多种角色都有所涉及，能够自如切换。融媒体时代的播音员主持人要适应一专多能的新要求，要熟练掌握多种传媒工具，以期达到最好的传播效果。

(三)播音员主持人思想意识从“稳坐主播台”到“靠前服务”的转变

传统媒体时代那种广告找上门的好日子一去不复返，创收是摆在面前最现实的问题。只有真正与新媒体融合，传统媒体才能找到出路。作为广电“门面”的播音员主持人要从思想意识上有根本性转变。首先要放下架子，打破自己和受众之间的界限，让受众有亲切感，否则还是保持过去的那种神秘感、优越感，受众就不会持续关注。播音员主持人要走出演播室，选择更加接地气的方式与受众互动、为受众服务。只有建立用户思维，自觉地将自己放到受众的位置，针对不同的传播对象，在播报、主持的方式上作适度区分，才能让信息传播更为有效。为了更精准地服务听众，兰溪市融媒体中心广播节目中心在内容设置上几乎涵盖了百姓生活的方方面面，如搭建政府和百姓沟通的平台，开设交通出行、健康保养、法律服务、美容美食等专栏，同时走出直播间，通过各种公益活动，传递爱心、传播正能量。新冠肺炎疫情期间，兰溪市融媒体中心“融媒优品”平台推出“你宅我送”公益服务，牵头打通了商超、酒店、供应商与市民之间因疫情造成的障碍。而为百姓送服务到家的队伍中，出现了许多主持人的身影，特殊时期的真情服务，赢得了口碑和信任，也让播音员主持人真正走到了百姓的心中。

四、结语

在融媒体快速发展的今天，播音员主持人应与时俱进，在保证专业专注的同时，迎合新媒体受众的精神需求和审美偏好，敏锐地捕捉当下热点，积极地与受众互动，主动进行角色定位的转换，以适应融媒体发展的需要。在新媒体迅猛发展的今天，网络主播、游戏主播、户外主播、娱乐主播、淘宝卖货主播等产业化主播如雨后春笋般涌现，貌似在镜头前会说话就是“主播”了。表面看，在融媒体碎片化传播中，想要成为主持人的门槛变低了，但事实上，在激烈的竞争中，对播音员主持人的要求并没有降低，反而是越来越高了。无论媒体如何融合，职业播音员主持人永远不同于网络自媒体主播。融媒体时代的播音员主持人必须认清自身的角色定位，承担好相应的政治责任，锤炼出自身的过硬本领，为营造天朗气清的社会舆论环境作贡献。

参考文献

[1] 张颂.中国播音学[M].北京:北京广播学院出版社,1996:243-245.

[2] 张颂.播音艺术理论[M].北京:中国传媒大学出版社,2009:3-4.

[3] 黄雅坤.融入融媒体时代——播音员主持人职业角色的新定位[J].北方文学(中旬刊),2019(006).

融媒体时代，县级媒体主持人的"网红"探索之路

章　霞

在浪潮奔涌的融媒体时代，网络正催生着传统播音主持行业的变身，县级融媒体中心主持人迎来了前所未有的机遇和挑战，作为党的喉舌，主持人既要坚守主流舆论阵地，也要融入日新月异的新媒体，使自己在继承中发展，在应变中创新。不仅要让自身提升为一个采编播制作四合一的"全能选手"，更要令自己成为一个独立、个性、智慧、正能量的社会"人"的形象，将传统与创新相融合，以"网红"新身份去完成不同的媒介宣推，使主流舆论润物细无声。

一、勇于接受充满机遇的融媒体时代

融媒体是多种媒体的一种高效融合，是基于现代网络技术之上、融合多种媒体形态的新型媒体的总称。在县级融媒体，电视、广播、报纸、互联网站、微信公众号平台有效融合，资源共享，集中处理，衍生出不同形式的信息产品，然后通过不同的媒介平台传播给受众。从总体上看，融媒体不再是单一落点、单一形态、单一平台的，而是在多平台上进行多落点、多形态的传播。电视、报纸对于受众来说，也不再仅仅是几个节目、几个版面，而是一个平台，通过这个平台，受众可以获得更多信息，并通过多方途径进行有效互动。简单来说，融媒体是信息时代背景下一种媒体自我更新、协同发展的理念，是在互联网迅猛发展基础上各种媒体的有机整合。

融媒体时代营造了广阔平台，给县级媒体主持人带来了机遇和挑战，主持人不仅要熟悉不同的媒体特点，掌握相应的传播规律，实现信息的最佳传播，同时更要提高专业素质及媒介素养。因此思考如何转型，让自身优势在这个平台上不断放大，让更多的受众接受和喜爱，是摆在众多主持人面前的问题。

二、敢于打破主持人和"网红"的界限

飞速发展的网络时代，新媒体如雨后春笋，层出不穷，不但有较早出现的飞机、高铁、地铁公交等移动媒体，而且还有如今流行于人们指尖的互联网媒体，网络环境仿佛变成了你方唱罢我登场的大杂烩综艺节目，只需注册开通，在抖音、快手、bilibili、微信视频号等新媒体平台上，每一个人都可能打造一个强大的自媒体，只要有抓住受众眼球的能力，比如土味文化、花样旅行、奇葩搞笑、荒唐怪诞、相貌出众、能歌善舞等，都能凭借自己的优势登上舞台。而"网红"一词也渐渐从以低级搞笑等而博得大众眼球的网络小众群体，转变为近乎明星的有分量的人物，这一"贬义"到"褒义"的转变，甚至使得很多一线明星都纷纷放下身段出现在某些网红的短视频当中，以博取更高的流量。

随着网红直播的开通，"网红主播"这个新名词火遍全球，"主播"再也不是传统媒体新闻主播的专属。比如网络红人李佳琦和薇娅，与其说淘宝直播为他们提供了展示自己互联网销售能力的平台，不如说淘宝已经将直播购物做成了一档大型节目，并捧红了一批互联网时代下的"直播购物"主持人，而他们的粉丝量数以"千万"计，一场直播，经常是多达几千万人在线，这对于央媒主持人来说都难以办到，更别提县级媒体主持人了。自此，主持人和网红在这个互联网的时代似乎成为了矛盾词，究竟网红是不是主持人？传统主持人在这个网红时代又将怎样发展？

面对一系列的矛盾，主持人行业开始面临强烈的职业危机，这个危机实质就是传播力、影响力的竞争，这也迫使电视主持人要发生转变，积极向全媒体融入，切入传播的现象和趋势，深入研究新形势下受众的心理特点和接受习惯，充分运用现代信息技术，全面推升自身的传播力与影响力。所谓危机，有危险自然也有机遇，就县级融媒体主持人而言，这个互联网时代，可以说带来了一个极大的机遇，网络的无地域、无国界，让受众面可以无限扩展。因此，主持人要及时把握住这个机遇，形成互联网思维，创新节目形式，转变播报风格，重新打造形象，并借助新媒体平台，以"网红"新姿态亮相，赢取受众的点击量。不少主持人在这个新媒体浪潮中成了新晋网红，比如在抖音拥有3856万粉丝的重庆卫视主持人涂磊，单条视频点赞量就拥有近200万，再比如深圳主持人李蠕蠕已经成了拥有1367万粉丝的声咖，当然这是本身自带流量的知名主持人，在抖音、快手、微信视频号等平台，也涌现了不少县级融媒体主持人，他(她)们成为不折不扣的网红主持人。

一个个成功的案例，总结出了许多好的经验和做法，作为兰溪市融媒体中

心的主持人，如何打破区域性制约，突破传统播报方式，将自身优势最大化，在新媒体平台中拥有自己的一席之地，是我在媒体融合之后一直思考探索的问题。2020 年 4 月 10 日，我创立了微信视频号“章小那个霞哟”，并发布了第一个一分钟短视频作品《下陈晚春，云雾晚茶》，至此开启了新媒体平台的创作之路。到目前，共发布 19 个作品，微信视频号总浏览量超 200 万。

三、乐于创意创新“网红”风格

现代社会越来越快的生活节奏，已经让大多数人群从指尖媒体中获取大量信息，短视频正成为互联网时代的重要舆论阵地之一，发展风口悄然而至，对于主流媒体而言，如何从新媒体的海量信息中突破局限，尤其如何借力短视频扩大声量、增强影响力，这就要求“网红”主持人积极创新思路，迎合大众口味，充分结合地方特色，将本地特色景点、人文风情等进行深度挖掘，创作符合当下媒体传播潮流的精品短视频。这时，主持人不仅仅是短视频的出镜者、配音员，更是一个策划，一个编导，同时也是一个后期制作。一个成功的短视频，出镜主持人起着很大的作用，一定程度上相当于短视频中的“主人公”，所以拥有成功的出镜者已经能够赚取不少受众的目光，进而拥有更大流量，那么这个“主人公”应该以什么样的风格出现，与传统主持人又应该有什么区别呢？

1. 较传统主持人更有互动性

利用好短视频的评论功能，受关注度高的作品，点赞评论自然就高，这样的互动可以瞬间拉近我们与受众之间的距离，虽隔着屏幕，却如朋友般心意相通，备感亲密。2020 年 5 月 1 日，兰溪市兰江水上游首航，这是打响旅游经济复苏的重要工作内容，我在参与首航游直播的同时，从第一视角出发，用手中的手机，独立完成拍摄、文案、配音、剪辑制作，创作了《诗路・兰溪》短视频，充分展现古今兰溪的文旅特色，用美轮美奂的江岸风情向世人绘制了“诗路兰溪”的动人画卷。这个作品单条浏览量突破 50 万，点赞量 1.1 万＋，转发量 2535 次，评论 731 条，在评论区，有不少观众有感而发创作诗歌，如“蓝天碧水两相望，溪流千里尽风情。明眸善睐斜柳腰，珠光涟漪闪金波”；有不少观众表达美好祝福，如“古老的家乡兰溪是我出生的地方，愿她和江水一样生气勃勃，永远流淌，焕发出生生不息的辉煌”；也有不少观众来和我拉家常，说早在 14 年前《晚间 600 秒》的时候就关注我了，希望我越来越好；还有不少观众，说这是自媒体的力量。在一来一去的交流当中，我不但与观众轻松互动，也拉近了彼此的距离，更是巩固了一大波忠实的粉丝。

2. 较传统主持人更有亲和力

我们传统媒体播音员主持人在屏幕上的形象，很大程度上代表着媒体的形象，端庄大气、自然亲和，身上的“官方”色彩较为浓厚，播报的内容也大多是代表政府、代表融媒体讲话。但是短视频中的表现形式不同，主持人从“高高在上”的电视走进智能终端设备，势必要放下身段，要想对受众产生一定的吸引力，就要从普罗大众的审美出发，在语言风格上更加邻家，这样，相较于过去刻板生硬的主持风格，往往比较容易让人接受。比如在六月高考来临之际创作的短视频《以梦为马，不负韶华》，作品中我回到母校兰溪市第三中学，在这个印刻着我青春华年的地方，重新拥抱青春。与学弟学妹们一起上课、聊天、打球，在体验中收获青春真谛。这个作品点击量近 20 万，点赞量 3143 次，转发量 1216 次，评论 259 条。

3. 较传统主持人更有人情味

县级融媒体主持人在主持完一档节目之后，没有办法第一时间知道该节目的收视率和播出效果，而新媒体则不同，一个短视频一经发布，浏览量、点赞量、转发量、粉丝量实时更新，对于作品的质量和受观众喜爱程度的分析更为直观和精准，这也要求短视频主持人接地气，也就是更有人情味。要将我们所拥有的粉丝，当作一群即将成为朋友的同路人，与朋友交谈、交心，交流现象与思考。在这个自媒体时代，把粉丝或关注者作为朋友，人情味自然而然就在心里产生了。如短视频作品《光影兰溪》，我们拍摄了兰溪市三江六岸的美丽夜景，全篇由一句“兰溪最美好的时光，我想和你一起分享”开始，用朋友的口吻将兰溪的商埠文化、名人资源和艳丽夜景尽情展示，这个作品点击量达 30 万＋，点赞量 7707 次，转发量 3398 次，评论 418 条。

4. 较传统主持人更为个性化

在融媒体时代，人们感受较深的一点就是信息的“快餐化”，越来越多的新媒体力求用更加简单、短小的形式来展现所要表达的内容，在短视频时长的选择上，我坚持只做一分钟，一来是确保镜头的足够唯美，二来也有效避免观众看了时长就被划走的尴尬。当然时长是一方面，还有更重要的一方面在于主持人的个性化，在创设视频号之前，我对自身进行了精准分析，发现有几个特点，一是年纪已 30＋不再年轻，二是声音比较甜美，三是诵读有一定的基础，就这些特点而言，蹦蹦跳跳的活泼形象已经不再适合我，反而是知性温婉的姐姐风格更能展示我的优势，于是在文案选择上，我采用文艺风，用讲述的方式展现，并配以适当的优美诗文进行提升。如廉政短视频《廉莲不息常满塘》，展现了拥有千亩荷塘的兰溪市赤溪街道常满塘村处处可见的廉政元素，文案中引用了“接天莲叶无穷碧，映日荷花别样红”等诗句，还特别创作了廉政藏头诗“清塘碧叶掩羞花，政通人和气清朗。廉让三番自不忘，洁身孤傲立村塘”，让人回味无穷。这个作品点击量破 10 万，转发 987 次，点赞量 1863 次，评论 45 条。

5. 较传统主持人更有价值导向

主持人是节目的灵魂，传统电视、广播节目如此，短视频亦是如此。因为传播面广，主持人在短视频中的观点用语尤为重要。有人说“在融媒体时代，市场主导媒体的色彩愈发浓厚，一个媒体平台，如果无法顺应市场，将会很快遭到淘汰；一个节目，如果无法响应市场，也将会被湮没在层出不穷的新媒体节目中”。既要顺应市场，又要弘扬正确的价值导向，这对主持人来说也是一大挑战。在短视频创作上，我进行了几次尝试，如每年六七月，兰溪母亲河兰江都有可能引发洪水，引发很多市民的负面情绪，有人发表“欢迎来兰溪看海”等负面言论，就此，我推出了作品《母亲河》，用全新的纯配音方式，向观众呼吁在母亲河最难挨的日子，让我们祈祷母亲早日恢复平静，重漾碧波。“拥江兴城”是兰溪市委市政府提出的四大战略之一，在视频中，我们也表达了只有抱紧了母亲河，才能让兰溪复兴，实现拥江兴城。视频一推出，就收获了 7 万点击量，转发 432 次，点赞量 1465 次。而在抗美援朝 70 周年来临之际，我们又特别采访了抗美援朝老战士王受盟，制作了短视频《一语家国，永篆心间》，这个作品也得到了 6 万点击量，转发 300 次，点赞 1045 次。由此可见，在短视频质量参差不齐的融媒体时代，作为融媒体的传统主持人，更应该且必须坚持正面价值观疏导、主流舆论引导，受众也会乐于接受此类正能量作品。

6. 较传统主持人更突出能力

与传统主持人不同，“网红”主持人不仅仅停留在采编播配音等专业能力，还要懂得市场规律，知晓受众喜好，要有敏锐的嗅觉和火热的激情，心中有爱，眼里有光，因为我们面对的已经不是一份简单的工作，还担着沉甸甸的压力和责任，因此，在题材的选择上必须下大功夫。从用户下沉到内容下沉，深挖接地气的内容，通过受众的身边事展示最鲜活的生活场景，如城市形象、风俗风貌、历史人文等，我在 2020 年 6 月拍摄兰溪最为热闹的夜宵夜市“大阜张夜市”而发布的短视频《烟火，兰溪》，就是因为李克强总理考察山东烟台一处老旧小区时，称赞地摊经济、小店经济：“是人间的烟火，是中国的生机”，这个作品在这节点推出，点击量破 10 万，转发量 469 次，点赞量 1370 次，评论 96 条。

另外，短视频《夜阑沐江风》的发布，在兰溪大力推广夜游兰江的节点上，这个作品唯美动人，将夜游兰江的舒适惬意展露无遗，获得了16万+点击量，转发1113次，点赞量达2936次，评论159条。

此外还要懂得适应新媒体传播的剪辑方式，每一条短视频，都由我自行剪辑。我一方面努力学习新媒体短视频剪辑软件，另一方面也在剪辑中感受作品的优缺点，不断提升鉴赏能力，力求每一个作品都成为精品。

主持风格的突破，各方面能力的加强，更贴切地说，是主持人身份向"网红"身份的转变，切实带来了流量，集聚了粉丝，实现了传统媒体以往难以达到的传播效果。习近平总书记提出："要创新对外宣传方式，着力打造融通中外的新概念、新范畴、新表述，讲好中国故事，传播好中国声音。"也在鼓励传统媒体人敢于创新，打破原有模式，作进一步的探索和提升，我认为，县级媒体主持人的"网红"之路不但可以走，而且还能越走越远，针对融媒体时代下跨屏传播新形势，我们必须深入系统地学习融媒体时代下信息传播方式和特点，持续提升自身播音主持专业技能，不断掌握新的信息、新的知识、新的思想，并与已知相碰撞，迸发出创新的火花，更好地探索形成最适合自己的风格，并一以贯之，才能更久地留住受众目光，才能更好地传播优秀作品。

参考文献

[1] 彭兰.媒介融合方向下的四个关键变革[J].青年记者，2009(2)：22.

疫情之下传统媒体主持人的“变与不变”

姜　憬

随着互联网的发展、新媒体的下沉，传统媒体日渐式微。面对新媒体有着更加广阔的空间和更快的传播效率的现状，大批传统媒体开始了不同路径的试水和转型。在兰溪市融媒体中心这样一个县域融媒体内也同样在发生蝶变，而在蝶变过程中，又恰逢一个特殊的年份——2020年春节的爆竹声还未响起时，一场没有硝烟的新冠肺炎疫情战“疫”就突然打响，全国人民被突如其来的疫情打了个措手不及，在本该万家团圆的日子里大家的心揪在了一起，疫情的发展情况成为身边每一个人最为关注的事情，也成为我们——传统媒体的主持人关注的焦点。如何在疫情大考面前既能做好高质量的宣传报道不给政府添乱又能第一时间给所有止步在家的人以最快、最权威的信息？这成了很多主持人在融媒变化和疫情之下思考的问题。

高尔基说：“感到自己是人们所需要的和亲近的人——这是生活的享受的喜悦。这是真理，不要忘记这个真理，它会给你们无限的幸福。”在这场没有任何可借鉴经验、“摸着石头过河”式的战“疫”中，我们看到确诊病例的数字在一天天累加；1月30日，浙江兰溪新冠肺炎疫情防控工作指挥部开始24小时值班制，对面上所有情况进行梳理与整顿。而这些，简单通过新闻播报推送的方式给群众的信息量并不是很大。一方面，大家难以在传统的会议报道过程中获取更多更接地气的信息量和解读；另一方面，受节目形式的限制，政府信息的表达只能通过文件和公告的形式传递，群众领读感弱。由此，笔者萌生念头，既然群众和政府都有更为接地气表达和接收的诉求点，那我们——传统媒体内的主持人为什么不可以利用平台所赋予的自身影响力充当这个诉求点，真正起到党的喉舌和纽带的作用呢？

由此，一档结合新媒体运行平台及传统媒体平台联合推出的日播制主播解读政策节目——《主播说新闻》，正式于2020年2月3日上线兰溪市融媒体中心新闻频道，并同期在兰溪市融媒体中心官方隶属微信公号、抖音公号《微视兰溪》中进行分发传播。每天，主播对兰溪新冠肺炎疫情防控工作指挥部发布的各项信息进行解读和汇总，遴选出最核心的版块和信息点，进行思想、文件、精神的深度口语化文稿再创作，力求在 1 分钟时间内短平快地将核心要点用“宝宝都能听得懂、做得到”的生动口吻进行陈述，从公园的闭园通知、第一例确诊病例的发布、全面实施交通管制、出入管控，到企业陆续复工复产、公交复运、景区恢复对外开放及云招聘等事项的发布，语重心长、真情实感，将疫情期间大家最担心、最关心、最关切的各类大事小情一网搜尽，将传统媒体人的优势——拥有长时间专业的训练，很强的内容生产能力和导向把控能力发挥到了最大化；将难点——新媒体的快节奏和话题性，用思想口语化和短平快的方式来克服，1 分钟的视频同时兼顾了“大屏”和“小屏”，可快速在手机端平台进行视频或公号文章的转发，完成最快速度的传播，开播当天就收获了 5 万阅读量，到疫情防控工作指挥部暂停 24 小时值班止，25 期节目抖音号播放量达 36.7 万，微信公号阅读转发量达 10 万＋。

取得这样的成绩，在县域媒体内其实是一次非常有益的试水，也是在媒体融合和疫情大考之下主持人所作出的“变”，坚持住了“不变”。“变”即作为应激性推出的这档《主播说新闻》，其新媒体属性明显更强于传统媒体属性，其内容创作凭借的其实是更接地气的洞察。

首先，因为传统媒体绝大多数都是命题作文，所谓“命题作文”，指的是团队指定选题、角度、方向，媒体人只能在这个框架内输出具体内容。而《主播说新闻》的内容创作最重要的是主动去找新闻事件，以群众最关切的热点信息切入、结合政府发布、临时性通知等相辅相成完成的创作选题和思路。

其次，笔者在主播《主播说新闻》时摒弃了传统媒体在陈述时惯用的宏大的叙事内容，专找小切口，用大视角点题，条理清晰地进行解析，由浅入深、入情入理、内化于心、外化于行，播送状态达到大家一点就通、心意相通的境地。

再次，严肃而有深度的内容如何说得透彻？多采用多种分析视角，深刻剖析新闻背后所隐含的社会问题。当你为群众抽丝剥茧地摆事实、讲道理时，其实是与群众产生强大共鸣和吸引力的过程，这对创作者提出了非常高的要求，既涉及前期吃透文件精神、搜集到大量的资料，也非常需要常年的业务素养和积累。

而主持人所坚持的“不变”，实则源自于传统媒体平台多年来所经营的“立身之本”——政府背书、行业敏感和优秀的专业技能规范。这些都是群众心目中的主心骨，群众最为信赖、仰赖的力量，传统媒体主持人与网络主播相比在这点上有着压倒性的优势，因为“党的喉舌”的直观形象代言人就是传统媒体主持人，在官媒和官微上做出这样的传播模式的改变，其背后秉承的正是传统媒体平台上带给群众的信赖感，也是主持人所一直坚持的“不变”。

而随着国内疫情逐渐稳定下来，各项事业回归正轨，疫情之下的融媒时代对主持人又提出了新的“变与不变”。

2020年是脱贫攻坚收官和全面建成小康社会之年，也是“绿水青山就是金山银山”理念提出15周年。为深入践行习近平总书记在浙江考察时的重要讲话精神，紧紧围绕让浙江“努力成为新时代全面展示中国特色社会主义制度优越性的重要窗口”的新目标新定位，杭州市委宣传部、江干区委区政府联合杭州文广集团及钱塘沿线嘉兴海宁、绍兴嵊州、金华兰溪、衢州开化、丽水龙泉、安徽黄山等两省七地融媒体中心，共同推出“爱上钱塘江”大型跨省融媒体行动。笔者有幸成为活动的策划、执行和主持人之一，成为这场跨越两省七地大型活动的参与者和见证者，见证了钱塘江文化与时俱进、历久弥新，始终走在时代的前沿，彰显时代精神的宏伟。

活动自2020年7月23日启动，历时近3个月，途经600多公里在钱塘沿线7城落地，我们与杭州市委宣传部、杭州文广集团、江干区融媒体等联手，联系各地融媒体中心派出骨干主持人和摄像，通过实地探访，深度挖掘钱塘江流域的文化内涵，具体做法如下。

首先，本次融媒体行动坚持移动优先，强化新媒体手段，推出融媒体系列新闻主题报道、生态人物志短视频、非遗短视频等。以“钱塘江文化”品牌推动文旅融合，推出“江上直播间好物推荐”，以各地主持人线上直播带货＋模式，将直播链接进行分发、引流，扩大宣传面，促进钱塘江沿线地区旅游服务消费。直播吸引392万人次进入购物直播间，紧扣“爱心助农”公益元素，让产自钱塘江流域的各式质优价廉的农特产品、名特优新产品得以直销全国，让购物群众收获实惠，助推当地文旅融合发展，刺激产业消费升级。

其次，单设线下公益IP“幸福照相馆”在7城落地，每到一处落地地点，“幸福照相馆”直接邀请当地群众前来拍照留念，一方面让更多的沿线人民有参与感、获得感，另一方面，让他们也给自己家乡的特产、风光做天然“带货官”，不光助农，也打开交流的窗口，把幸福传递，把产品带给大家，让百姓在“看得见、摸得着、带得走”的文化体验中收获丰厚的幸福感。

再次，自2020年9月27日启动，历时近3个月，途经600多公里之后，“爱上钱塘江”大型跨省融媒体行动圆满完成各项议程，别出心裁地安排在钱塘江游轮上圆满举行收官仪式。

在收官仪式现场，我们做了如下策划：杭州海塘遗址博物馆正式收录“爱上钱塘江”大型跨省融媒体行动影像集，并作为永久馆藏；两省七地主持人齐诵《钱潮赋》，行吟钱塘；来自钱塘江沿线杭州江干、嘉兴海宁、绍兴嵊州、金华兰溪、衢州开化、丽水龙泉、安徽黄山的7地融媒体中心代表，共同发布《“爱上钱塘江”媒体融合宣传的倡议》，聚七城之力，讲好钱塘江故事，为跨区域媒体融合发展作出更多有益尝试，也为七城媒体融合提供更多可能。

而作为第四届杭州钱塘江文化节系列活动之一，“爱上钱塘江”大型跨省融媒体行动所有视频同步至“江干发布”抖音平台“潮醒钱江·钱塘江文化云尚汇”云游版块，助力打造云上钱塘江文化“重要窗口”，话题#潮醒钱江#播放量已超3.1亿次。

同时，通过活动也吸引了更多百姓对当地传统文化和非遗传承的关注和兴趣，通过新媒体传播手段的广泛应用，践行“绿水青山就是金山银山”理念，见证钱塘江两岸人民共赴小康的美好生活画卷，让各地在传统文化交流、文化传播、文化商品输出等方面合作更加密切。

此外，在全程参与本次融媒体行动的落地活动中，笔者不仅充当的是“表演者”，更是“组织者”“策划者”的角色，甚至要兼顾“后勤保障”的身份，专业能力不仅仅局限于播音与主持艺术专业中的字正腔圆以及播报业务能力，也不再局限于播新闻以及现场报道的能力，而是在多元化、“去中心化”的直播过程中一人担多职，主持人同时兼任记者、策划、导播等多个角色，是集记者、策划、主持人以及内容编排于一身的立体化的主持人职能。这大大超越了以往的“采编播一体化”，这其中的“变”是极大跨度的改变，首先是思维层面的改变。

传统媒体主持人容易给自己设下一个“玻璃罩”，守着自己的播音主持一亩三分地，将自己在“玻璃罩”内困死，这在思维层面就把自己束缚住了，没有主动突破的意识，就等着别人给策划、给创意、给场景、给机会，自己主导活动或晚会的能力和素养欠缺，这是县域媒体主持人普遍存在的问题。一方面是平台能级不够，一方面是自身素养不够，因而大都默守陈规，缺乏创造性。而当真正跨出“玻璃罩”、迈出舒适区，参与活动的策划执行等深层事项之后，活动走得越多、思维突破力越广，对自身的主持来说反向激发、促进的成分则就越高，也就是所谓的“见大世面”，历练越深越从容。这，其实就是“变”，而且要求“变”，爱上“变”。

目前已经有部分传统媒体人成功转型。例如，《中国企业家》杂志前执行主编李珉创立了“虎嗅”，《外滩画报》前总编辑徐沪生创办了“一条”，《GQ》杂志前副主编张伟创办了“新世相”等。县域融媒体主持人平台能级与他们不能同日而语，但是我们可以从他们的工作模式的改变来推演出自己可以前行的脚步。如何分析热点趋势、选择优质案例的学习和研究、定期的复盘推进节目的不断优化、提升互联网网感等，这些都是疫情之下传统媒体主持人可以持续打磨自己和前进的方向路标。

融媒体时代广播节目主持人面临的挑战及其对策研究
——以兰溪市融媒体中心为例

杨 霞 祝 佳

摘要：互联网信息技术的出现改变了媒体传播平台的工作方式和工作环境，对于传统广播节目主持人来说既是一个发展机会，也是一个发展挑战。本文主要以兰溪市融媒体中心为例，分析了广播节目主持人在融媒体时代的地位作用和遇到的机遇、挑战，最后探讨了广播节目主持人以及相关工作人员应对融媒体时代发展的主要措施。

关键词：融媒体时代；广播节目主持人；挑战和对策

在融媒体时代，新媒体的创新理念、创新技术和创新观念对于传统电视、广播传播媒体造成了较大的影响。为了能够可持续发展，传统电视、广播传播媒体逐渐与新媒体融合，形成融媒体发展趋势。融媒体时代给广播节目主持人带来了更严峻的挑战，同时也带来了较大的发展机遇。广播节目主持人全面提升自身素质水平和职业能力，具备创新发展意识，才能够在激烈的竞争中脱颖而出。

一、融媒体概述

融媒体是利用各种媒介载体实现人力、内容和宣传方面的全面整合，针对于广播媒体、电视媒体和报纸媒体等，这几种媒体既存在共同点又存在互补性，能够合称为宣传、内容、利益、资源共同融合在一起的新型媒体形式。[①] 融媒体形式跟传统媒体形式相比有更大的吸引力，受更多受众的欢迎，这在一定程度上吸引了传统媒体的受众。为了能够应对听众数量的减少问题，作为传统媒体的广播节目主持人，需要不断提升个人综合素养，利用融媒体时代发

① 武东茂.新媒体时代对广播节目主持人的新要求[J].记者摇篮，2020(11)：145-146.

展趋势创新主持模式，从而得到更好的发展。

融媒体时代对于广播节目主持人产生的影响有两个方面，首先融媒体时代信息的播放平台更加多样化，受众在其中能够了解更多信息和资源。融媒体时代，媒体具有实时性特点，受众能够在媒体平台中随时随地地了解信息。广播节目具有固定性，无法及时传递相关信息，因此有相对严重的滞后性影响，这是广播节目主持人面临的工作压力之一。融媒体时代，我们也需要寻求新的发展方向，改进发展手段，不断促进广播节目媒体的创新发展。

二、融媒体时代广播节目主持人的地位和重要作用

在融媒体时代发展背景下，广播媒体频道正在不断转化发展，不同的广播节目在规划过程中需要作为整体进行统一操作，广播节目主持人需要根据自己的身份进入工作程序，要求主持人具备符合要求的综合素质水平，不管是智力水平还是知识结构层面，在认知和思想上做到统一，在广播节目中成为文化、新闻和知识等相关内容的传播者，能够站在专家的角度思考和分析问题。[①] 融媒体时代在发展，媒体环境也在不断地变化，内部竞争比较激烈，需要广播节目主持人能够跟制作团队一起创新思想，具备创新工作观念，形成新的节目理念和制作技术，更好地完成主持人工作。广播节目主持人除了要发挥出正常的水平之外，还要随着环境形势的变化，不断地推出新的工作理念和工作思路，动员起整个工作团队的制作能力，能够更加适应广播节目需求。

1. 主持人是广播节目的内容推广者

广播节目在融媒体时代更新转变了技术传播方式和传播观念，能够利用新媒体平台来作为新的传播渠道，例如微信、微博、快手和抖音等，实现媒体资源的再生。在融媒体时代广播节目处于创新过渡阶段，节目的内容变得非常重要。微博、微信等新媒体平台也需要在其中设置有效的内容，主持人需要成为这些平台的控制者和内容推广人。

2. 主持人是节目制作的参与者

在互联网时代，融媒体的出现对于传统媒体提出了挑战，对于传统媒体产生了较大的冲击。传统广播节目在融媒体时代要利用好信息平台，跟观众实现在线互动，构建出微访谈和微直播的方式。例如以兰溪市融媒体中心为例，在近期，对广播频道FM90.8兰溪电台的直播间进行了创新改造，在节目中可

① 孙贺．融媒体时代广播节目主持人的角色定位分析[J]．数码世界，2020(10)：215-216.

以实现直播间视频同步直播以及主持人现场连线等新的传播方式，能够很好地增加受众在节目当中的参与度以及对节目本身的关注度。在融媒体时代发展背景下，主持人要越来越多地参与到节目各个环节中，充分参与节目制作流程，能够有效实现节目的创新发展。

三、融媒体时代广播节目主持人面对的机遇和挑战

1. 角色定位

传统媒体广播节目主持人一直都扮演着信息传播者的角色，由于传统媒体时代信息技术应用不足，人们接收信息的渠道非常少，往往需要通过广播节目主持人的讲解来了解社会发展的相关信息。① 广播节目的主持人在这样的情况下，需要进行灌输式的信息传播，也被称为信息复述。融媒体时代的到来对于广播节目主持人提出了新的要求，主持人需要成为广播节目信息的处理者而不仅仅是传达者。融媒体处于互联网时代中，因此人们能够通过应用互联网信息技术来获取自己想要的信息，人们对于信息的需求不仅仅是了解，而是变成了信息的筛选、归纳和总结，为人们提供更加优质、高效的信息。融媒体时代主持人的作用被大幅度降低，人们不需要通过主持人也能够了解相关信息，导致主持人在广播节目中的地位逐渐降低，这是广播节目主持人面临的主要挑战。

2. 传播方式

在融媒体时代中传播媒体的传播方式出现了较大的变化，融媒体时代的发展为传统媒体提供了更加智能化、便捷化和多元化的传播方式。② 传统媒体受到信息技术发展的限制，主要的传播渠道是报纸杂志、电视传播和广播节目传播。融媒体时代的传播拥有现代化网络信息体系作为支撑，构建出新的信息传播方式，受众也可以是信息传播者的自媒体方式，在新闻网站、视频网站和社交软件公众号发布相关信息，人们可以通过手机接收信息的传播，并进行评论留言，发表自己的观点，完成二次信息的传播。融媒体时代要求广播节目主持人能够把自己的情感充分调动起来，更新观众的思维模式，利用主持人的魅力吸引更多受众。

---

① 韩超，赵紫薇. 浅析新媒体时代下广播节目主持人与听众之关系[J]. 传播与版权，2020(9)：23-25.

② 张雁. 融媒体时代广播新闻节目主持人的变与不变[J]. 西部广播电视，2020(12)：168-169.

3. 话语权的转移

在融媒体时代广播节目主持人面对的另一个挑战就是话语权逐渐从主持人转变到受众手里。[①] 在传统媒体时代广播节目具有自己的权威性，能够发挥出舆论引导作用，拥有一定的话语权。但是在融媒体时代受众开始拥有话语权，降低了广播节目主持人的重要性。网络信息技术的应用让媒体行业逐渐朝着多元化、大众化发展，媒体跟人们日常生活联系越来越密切，人们对于媒体的参与度也变得越来越高，这在一定程度上给播音主持人带来了较大的工作压力。

四、融媒体时代广播节目主持人的应对措施

1. 提升主持人的话语力度

在融媒体时代互联网信息技术应用十分广泛，彻底打破了传统媒体对于资源的垄断，受政策的影响，自媒体的发展也有局限性，但是这在很大的程度上提升了公众对于媒体的参与性。社会公众能够通过移动终端的应用发布各种信息，表达出自己的意见和想法。广播节目的主持人需要打破传统发展模式，根据公众的需求创新发展渠道。广播节目的主持人需要优化自身结构，提升个人话语力度，这样才能够真正提升观众的感知力，在广播节目主持当中充分掌握节目的主动权。

2. 创新主持风格

在互联网时代广播节目的主持人要顺应时代发展要求，在主持当中融合自身主持特色，改变在节目主持中的个人形象，尝试塑造出自我主持风格，从而提升主持人自身的辨识度。在广播节目主持实践当中，主持人面对广大受众需要更新专业知识，不断努力提升个人播音魅力和气质，打造出高素质的主持人角色，受到更多受众的欢迎。[②] 广播节目主要以广播为主，属于电波声音的传播，可能不需要主持人跟受众面对面交流互动，很多主持人因此放松了自我要求。但是在融媒体时代广播节目主持人需要重视个人能力的提升，例如兰溪市融媒体中心，在近期广播频道的直播间进行了创新改造，恰遇兰溪美食节的开幕，主持人就在节目中通过视频直播的方式跟现场连线，全方位展现出了美食节当天的热闹氛围，相比于传统的声音传递，这样的视频直播与声音直播双管

① 刘红玉. 广播节目主持人在融媒体时代的自我更迭与完善[J]. 声屏世界，2020(10)：43.

② 李凯. 全媒体时代下广播节目主持人的挑战[J]. 新闻研究导刊，2020，11(6)：151-152.

齐下的方式，更能拉近与听众、网友的关系。当然，这一过程中还需要主持人能够提升个人控场能力，拥有敏锐的洞察能力，了解受众的心理需求，并最大程度地把受众的情绪充分调动起来。在融媒体时代互动性是各媒体平台的主要特征，打破了传统媒体的单向传播模式，因此广播节目的主持人需要拥有良好的沟通互动能力，跟受众进行实时互动交流，不断提升广播节目的影响力和关注度。

3. 增强专业素养

融媒体基于现代互联网信息技术的应用，通过各种媒体的自我更新把各项资源有机整合、协同在一起，为传统媒体的发展指明了方向。在融媒体时代智能终端和移动终端的应用越来越普遍，这也给广播节目传播渠道提供了多元化的选择。融媒体时代改变了传统单一的广播节目传播模式，同时也为广播节目提供了较大的发展空间。① 广播节目的主持人需要拥有过硬的专业素养，能够体会不同传播平台受众的观看感受。主持人需要适应线上线下的竞争，在保证观众能够享受视听刺激的同时，提升广播节目的传播质量。在融媒体时代出现了自媒体，每个人都能够成为信息传播者，因此每个人都成为了主持人，导致市面上出现了各种没有经过专业主持培训教育的非专业性电视主持人，并且出现了多样化的主持风格，这也给专业电视电台主持人的工作开展提出了挑战。专业电视电台主持人需要把融媒体作为知识基础，不断地更新个人专业知识的储备粮，提升主持人的专业素养，实现个人技能的创新突破，成为复合型主持人才，在广播节目中的地位也能够更加得到巩固。广播电台主持人要把业务技能提升和融媒体时代发展相结合，努力提升主持人应该具备的文化素养和道德素养，确保能够在网络庸俗文化的冲击下科学合理地选择广播节目传播内容，发挥出正确的舆论引导作用，满足观众的需求。

4. 优化广播节目主持工作体系

在融媒体时代发展背景下，广播节目主持人需要思考的主要问题是如何借助于科学技术的便利性，提升节目的呈现效果，优化受众在聆听广播节目时的感官体验。② 一部分广播节目主持人错误地认为使用浮夸的方式进行主持能够吸引受众的关注，强化听众的节目收听效果。但是分析实践可知这种吸引眼球的方式只能在短时间内吸引一批听众，长此以往听众会产生审美疲劳，

---

① 王夏莹，谢微，宋亚妮.融媒体时代交通广播主持人的专业素养[J].西部广播电视，2019(22)：161-162.

② 文佳.新媒体时代提升广播节目主持人素质的举措[J].西部广播电视，2019(18)：189-190.

从而降低广播节目的权威性。广播节目主持人要提升听众的感官体验，需要从完善主持工作体系入手。在日常工作中除了主持工作之外，能够多参与新闻节目特别是民生类、对农类节目的其他制作环节，跟新闻采编工作人员加强沟通交流，了解新闻制作的不同流程和呈现目的，通过科学合理的分析和实践，为受众呈现出更加科学性、趣味性的内容，优化用户的感官体验，也能够实现广播节目在融媒体时代发展中的创新转型。

5. 找准自己的定位

在融媒体时代广播节目的播报方式也出现了多样化特征，例如广播节目直播的方式，因此作为广播节目的主持人需要正确认识自己，按照自身的优势和特点针对自己进行准确定位。[①] 结合主持人自己的性格特点、气质、内涵和声音等方面，选择适合自己的广播节目类型，重点发挥出个人特点和优势，提升电台播音节目效果。在融媒体时代广播节目的内容和风格具有多样性特点，要求主持人首先对于自己报道的节目内容和风格进行充分了解，灵活地调整自己的主持状态，确保自己的主持风格能够跟节目风格保持一致。广播节目主持人需要关注自身所在的地理位置，根据当地社会经济发展需求调整广播节目内容，为当地经济发展服务。或者主持人需要了解当地群众关注的问题和热点内容，根据民众的需求调整节目播报方式和播报内容，从而提升当地居民对于广播节目的欢迎度。

五、结语

综上所述，在融媒体时代，广播节目主持人受到了一定的冲击和影响，自身权威性和存在感逐渐降低，发展路径逐渐变窄。为了能够在市场上占据更好的发展地位，主持人需要改变这一问题，利用融媒体发展趋势创新主持理念和主持方式，提升个人专业技能素质，了解受众对于信息的需求，把广播节目媒体优势发挥出来，满足更多受众的需求。与此同时广播节目主持人需要准确地把握发展机遇，增强在节目中跟听众的互动交流，迎接各种新挑战，提升专业知识能力、综合知识能力和逻辑思维能力，从而在融媒体时代得到更好的发展。

---

① 张晓红.如何提升新媒体时代广播节目主持人的竞争力[J].传播力研究，2019,3(20):138.

地方电视台节目主持人在网络直播中的角色定位

——以兰溪市融媒体中心为例

王佳丽

摘要:时代瞬息万变,从新媒体逐渐兴起,到自媒体异军突起,昔日风光的传统媒体正面临着冲击与挑战。对于地方电视台节目主持人来说,不仅要注重职业技能提升,还要学会适应信息化发展形势,转变固有思维模式,重新定位角色,以适应新媒体传播的语境要求。本文试从兰溪市融媒体中心网络直播中的工作实例入手,尝试以地方电视台主持人转型的方向、转型的方法为出发点,对地方电视台节目主持人在网络直播中重新构建自身角色的定位进行探讨。

关键词:地方电视台;主持人;网络直播;角色定位

媒体融合作为信息传输通道的多元化的新型作业模式,同一题材内容,往往会被赋予不同形式,在电视、广播、报纸、杂志等传统媒体与互联网、手机APP、手持终端智能设备等新媒体平台同步衍生出各类信息产品供受众选择。伴随智能手机的普及,信息发布门槛越来越低,热点新闻事件的"第一发布者"不再是主流媒体的"独家",只要"在现场",只要"拿起手机",人人都"有麦克风",某一个"没想到"的信息内容也许就会成为"热点事件"。另一方面,抖音、快手等平台的关注度越来越高,流量越来越大,社交媒介开始逐步探索"网络直播",电视节目主持人的身边正悄然涌现出数不清的"竞争对手"。然而,受制于技术、经济、新闻线索获取渠道局限等因素制约,地方电视台的节目形式相对单一、新闻素材不丰富、新闻编辑思维固化,导致与观众距离越来越大,在收视市场正渐渐失去竞争力。而网络直播的新型报道方式,则令地方电视台扩充了传播渠道,打破区域传播壁垒,进一步扩大其影响力,提升了知名度。网络直播中,作为节目"灵魂"的地方电视台节目主持人,其角色定位直接影响着受众对于信息的选择。

一、网络直播中，地方电视台的乡土优势

2017年2月11日，元宵佳节，外来务工人员陆续回到工作岗位为兰溪建设添砖加瓦。游埠镇的“妈妈”们为了让他们感受到家的温暖，举办“汤圆长桌宴”，邀请他们热热闹闹吃汤圆、庆元宵。这是兰溪市融媒体中心第一次尝试仅有主持人和记者合作的“网络直播”：在现场架设独立的信号采集设备（音频＋视频）导入导播端（导播设备或平台），再通过网络上传至服务器，发布至网址供人观看。[①] 用户登录“兰溪之窗”网站或“微视兰溪”微信公众号，即可实时收看。新颖的传播形式、富有人情味的题材、平民化的视角，不仅吸引本地市民收看、传播，在场的外地游客也第一时间将热闹的场面分享给远方亲友，同步参与网络直播互动。该场直播的点击量突破1.5万，在线留言互动超3000条。在当时，无疑是一次成功实践。一方面，有着更多新闻素材的省市级媒体不会关注这种活动；另一方面，以往该题材仅能作为民生新闻、消息、专题节目播报，时间短、画面少，无法让受众全面、完整地参与其中，缺乏代入感。所以，该活动悄然走红既“出人意料”，又在“情理之中”。因此，浓厚的“乡土气息”恰恰是地方电视台在网络直播中的优势。

二、网络直播中，地方电视台节目主持人的角色定位

（一）在现场，“我”是节奏把控者

2018年3月18日，浙江兰溪第四届国际乡村马拉松比赛作为当年的“浙江首马”吸引了来自世界各地的长跑爱好者参与，报名人数再创新高。在这场网络直播中，比赛进行时，由嘉宾对比赛情况进行解说，而比赛结束后，颁奖典礼开始前的这段时间，则由主持人与外国选手、国内的长跑爱好者、本地选手以及现场观众展开互动。因为时间有限、流程多，要求主持人对单一模块的时间控制必须更精准，能够在画面切换的第一时间，立即作出反应，快速进入角色，是整个节奏的把控者。如何把控节奏？第一，恰当的语速、语调。竞技体育运动，难免让人热血沸腾，此时，需要主持人更加沉稳。通过调整语速、语调，既能保证观众“听得清”，又留给摄像记者足够的时间捕捉画面，让观众能“看得懂”。第二，日常化的口语表达。网络直播中，主持人不需要采用教科书般标准化的语言方式，生活化的语言可以进一步增强亲和力，拉近与观众的距

① 张良辰. 乐视体育直播平台特点及发展路径研究[D]. 西安：西安体育学院. 2017.

离，以更好地达到传播效果。第三，清晰直接地语言串联。“下面”“接下来”等直接性的提示语言，不仅能让观众知道重点，还能让摄像记者、导播以及现场工作人员了解主持人意图，确保各工种能够“跟得上”。第四，鲜明的个性风格。融媒体时代，信息获取渠道更广、信息传输速度更快，同时也在一定程度上加剧了新闻同质化，所以在网络直播中，鲜明的个性风格不单是主持人的个人标签，还是一场直播的独特之处。与外籍运动员的互动中，增加邀请其学习本地方言“吼吼”(无实际意义，表示感叹、喝彩等)，简单的内容既拉近了主持人与嘉宾的距离，又令观众印象深刻，成为兰溪历届乡村马拉松赛直播的典例。

(二)在现场，“我”是亮点发现者

2019 年 9 月 2 日，是新学年、新学期的开学第一天，兰溪市市委书记陈峰齐走进兰溪市第一中学，为学生做题为《爱国爱党爱家乡 新时代的使命担当》的“开学第一课”讲座。兰溪市融媒体中心以在第一现场(授课现场)、第二现场(同步观看视频直播的其他学校)分别架设多机位，推送多场景标签的形式，面向全市中小学生、广大市民及网友开展网络直播。浙江电视台“蓝媒视频”也在全省各地开展“开学第一课”的主题报道中予以推送。同一主题下，可供受众选择的内容更广泛，选择范围更大，第一时间“抓得住”眼球、“留得住”观众成为直播能否成功的关键。这就需要主持人具有敏锐的洞察力，成为观众的“眼睛”，挖掘“亮点”：市委书记授课，内容是什么、讲得怎么样、学生有什么收获、专家如何点评……主持人作为“亮点发现者”，要言简意赅却尽可能全面地描述相关情况，力争使受众在最短的时间内获得最直观的体验，这不单要求主持人具备较强的语言表达能力，还要有深厚的知识储备。另外，直播作为一种平等的双向互动形式，受众会提出自己感兴趣或关注的问题。往往关注度越高，提出的问题也越多，奈何直播的时长有限，不能一一解答。所以，主持人还需要具备筛选问题的能力，可以在众多提问之中找出具有代表性的“亮点”，与观众“有来有往”实时互动，有助于直播内容呈现得更完整，传播格局更立体，增强与观众的“黏性”，进一步扩大地方电视台的知名度和影响力。

(三)在现场，“我”是内容记录者

2017 年 4 月，“兰溪市永昌街道惊现多处体量巨大的地下石窟”的消息引发各界高度关注。面对突发事件，主持人和受众近乎同步获取信息主题，却无法掌握更加详尽的内容。此时，主持人应谨记“内容记录者”的角色定位，就相关问题可以提问专业人士，而不是做出主观臆断。同时，现场的不确定性，也要求主持人保持沉稳心态,从容应对突发状况。时刻牢记自身社会责任,谨言慎行,且必要时需体现人文关怀:提醒观众朋友,存在危险,不要前往现场。

三、结语

一个优秀的节目主持人角色定位应该是将自己融入观众之中,思观众所思,想观众所想,与观众平等相处,将需要传达的信息以一种诚恳的态度传递给观众。[①] 融媒时代,地方电视台节目主持人要善于把握新时期传播规律,以本土化理念,重新审视、编辑新闻选题,利用网络直播,鲜活地呈现出地域特色,塑造出不可替代的作品。

① 王贞.融媒体时代电视节目主持人的角色定位[J].中国广播电视学刊,2015(12):69.

十二、技术支撑

表达式在项目制作流程中的作用

赵　进

什么是表达式？表达式是由数字、算符、数字分组符号（括号）、自由变量和约束变量等以能求得数值的有意义排列方法所得的组合。约束变量在表达式中已被指定数值，而自由变量则可以在表达式之外另行指定数值。那么在视频制作及后期包装软件中，表达式即为通过一些特定的命令来实现特殊的功能及动画表现。

目前，主流的生产力软件都内置了表达式功能，比如 Adobe 公司的视频合成软件 After Effects、Autodesk 公司的三维动画软件 Maya、BlackMagic-Design 公司的非线性视频编辑软件 DaVinci Resolve。由此可见，表达式在一个项目流程中的作用是非常重要的。

那么表达式的主要作用和意义具体在哪儿呢？大致有三个方面。

一、提高效率

表达式在制作过程中对提高效率有多大的帮助呢？下面一个小例子可以很好地说明这个问题。

案例一：

在《当好新时代兰溪答卷人》栏目的片头中，巨大党徽的后面有一排视频元素排列好后沿 X 轴移动。（图 1）

用传统的制作方式时，先将视频元素均匀排列好，并进行父子关系链接，这样只要移动父级元素即可。接下来先摆放好父级物体元素在 X 轴的起始位置，并使时间线游标处于 0 帧，同时标记关键帧。然后将父级物体元素摆放在 X 轴的目标位置，并使时间线游标处于 Comp 的结束帧，同时标记关键帧。这样播放这段动画，整排视频就会排列好沿 X 轴从起始位置移动到目标位置。（图 2）

那么如果用表达式来制作是怎么样的呢？首先在父级物体元素的 X 轴属性上点击表达式编辑按钮，然后在表达式编辑栏输入命令 time，完成。（图 3）

图 1

图 2

图 3

播放动画，父级物体就会自动沿着 X 轴进行移动。如果需要对移动速度进行调整，只要在命令 time 后乘以数字就会加快或减慢移动速度。更重要的是，如果需要对动画所在的 Comp 的时长进行修改，传统的制作流程就必须对关键帧进行对应的修改，而通过表达式制作的动画不需要做任何修改（只限该例子中）。

案例二：

在专题《新兰溪新水经》中，有一组数据的动画图表演示，在这个动画演示中对单个元素增加了弹出减弱动画。（图 4）

同样如果通过传统的关键帧动画制作流程，要制作一个流畅自然的弹性减弱动画是比较复杂的，中间需要标记很多关键帧，对每一次弹出和回缩的数值控制直接影响到最终效果，而对于后期对应时长和环境的修改更是一个繁

2019年
全年计划纳入
756家
非居民生活
用水户
2019年
计划水量
2717
万立方米
2019年
计划用水单位
考核率达
100%

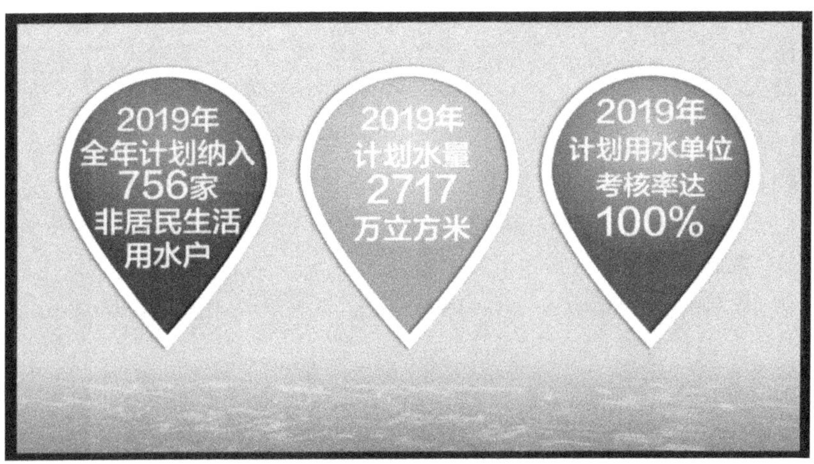

图 4

琐的过程。（图 5）而如果使用表达式来实现这个动画在效率上会有质的变化。（图 6）

位置
370.0,879.0
缩放
50.0,50.0%
旋转
0x+0.0°

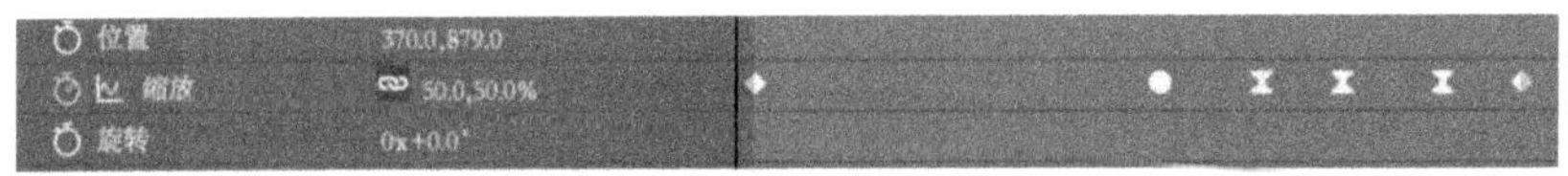

图 5

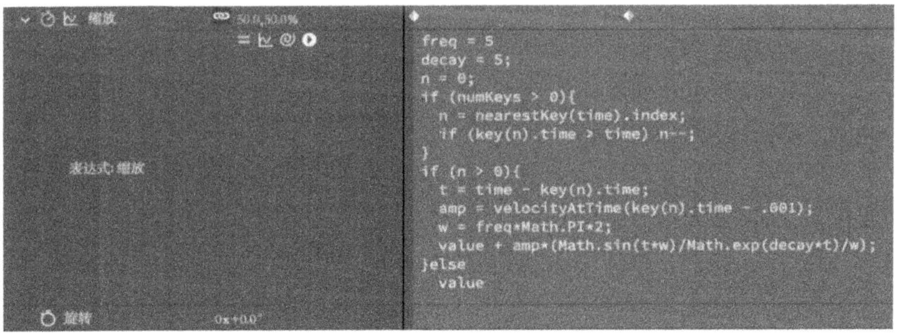

缩放
50.0,50.0%
表达式:缩放
freq = 5
decay = 5;
n = 0;
if (numKeys > 0){
n = nearestKey(time).index;
if (key(n).time > time) n--;
}
if (n > 0){
t = time - key(n).time;
amp = velocityAtTime(key(n).time - .001);
w = freq*Math.PI*2;
value + amp*(Math.sin(t*w)/Math.exp(decay*t)/w);
}else
value
旋转
0x+0.0°

图 6

在这个例子中笔者先将每组数据放入一个制作好的水滴形状图形中，并将它们合成为单一的元素。然后将该元素的描点移动至水滴的尖部，在缩放属性标记两个关键帧，一个数值为 0，另一个数值为 100。然后点开缩放属性的表达式按钮，在表达式输入栏中输入如下表达式：（“//”符号后是注释，不属

于表达式运算部分,可输入可不输入)

```
freq= 5;        //定义变量名为freq(频率)的变量并赋值5
decay = 5;      //定义变量名为decay(衰减)的变量并赋值5
n = 0;          //定义变量名为n的变量并赋值0
if (numKeys > 0){ //如果当前层当前属性的关键帧数量大于0
    n = nearestKey(time).index; //将指定时间最近的关键帧的序数赋值给n
    if (key(n).time > time) n--; //如果第n个关键帧的时间值大于指定时间值,那么n减1
}
if (n > 0){   //如果n大于0
    t = time - key(n).time; //指定时间减去第n个关键帧的时间值并赋值给变量t
        amp = velocityAtTime(key(n).time -.001); //返回第n个关键帧的时间值减去0.001后的即时速率并赋值给变量amp
        w = freq * Math.PI * 2; //变量freq乘以圆周率乘以2后赋值给变量w
        value + amp * (Math.sin(t * w)/Math.exp(decay * t)/w);
    //将t乘以w后的正弦值除以变量decay乘以t后除以w得出的值的e的指数再乘以变量amp后加当前值
}else   //循环
Value;
```

该表达式可以通过两个关键帧的属性值和彼此的位置计算出一个弹性衰减动画,并且易于后期的修改和调整。由此可见,表达式最大的优势就是提高制作效率。

二、便于管理

表达式的第二大作用就是对工程项目中各种动画属性进行管理,方便对该项目进行理解和修改。随着项目工程的规模越来越大,工程中的Comp和元素越来越多,对应的动画属性也就成指数上升,对庞大工程的理解和正确修改就成了一个问题,使得对动画属性的规范化统一化的管理设置就至关重要。下面通过例子来说明如何通过表达式来对属性动画进行统一化管理。

案例三：

在专题《兰溪市食品安全工作汇报片》中，有一个图表动画，其中涉及7个项目，每个项目中都有数据文字。在制作过程中如果不使用表达式进行统一管理，那么制作和修改都是非常低效的。笔者在制作这个图表动画的时候先是进行了表达式的规划管理，在合成的Comp中先创建出调整层，然后在调整层中建立"项目名称颜色""项目标题栏颜色""项目数据文字颜色""项目数据背景颜色"，并将该Comp的名字改成"总合成"（这里名字可随意修改，只要在表达式中对应即可），将调整层名字改成"颜色管理"。（图7）

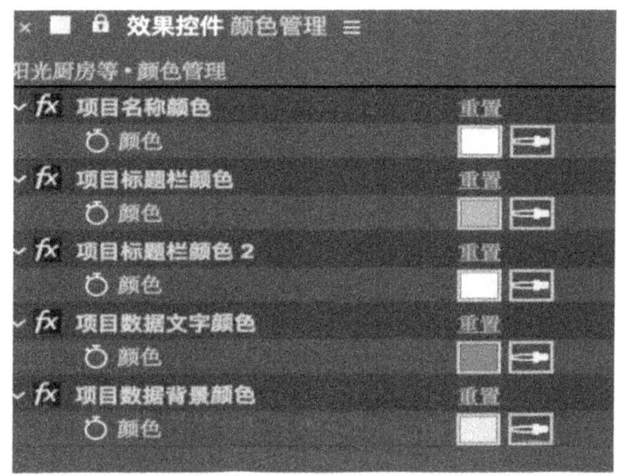

图7

接着创建单独的项目合成，在合成中建立项目名称、项目标题栏、项目数据和项目底板四个元素，排列好位置后，分别在各个元素的颜色属性中输入以下表达式：

项目名称颜色

comp("总合成").layer("颜色管理").effect("项目名称颜色")("颜色")

项目标题栏颜色

comp("总合成").layer("颜色管理").effect("项目标题栏颜色")("颜色")

项目数据文字颜色

comp("总合成").layer("颜色管理").effect("项目数据文字颜色")("颜色")

项目数据背景颜色

comp("总合成").layer("颜色管理").effect("项目数据背景颜色")("颜

色”)

最后用同样的方法将其他项目合成都做好，全部放入总合成中按需要排列好，通过调整层中的各项颜色进行最终调整。用这个方法只要调整对应的颜色就可以反映到所有项目对应的颜色上。

三、特殊效果

表达式还有一个重要的作用就是可以实现一些特殊效果，而这些效果通过传统制作方式往往会难以实现或无法实现。比如一些物理效果的模拟，一些阵列动画，还有很多MG动画都只能通过表达式来实现。

案例四：

在《2019年春节大拜年》片头背景中有一个小灯笼的元素需要钟摆效果。(图8)传统的制作方法需要打上很多的重复关键帧。(图9)

图8

图9

表达式方法中，在钟摆物体的旋转属性中开启表达式，输入：

Math.sin(time) * 15； //求出时间的正弦值并乘以摆动幅度(图10)动画曲线(图11)。

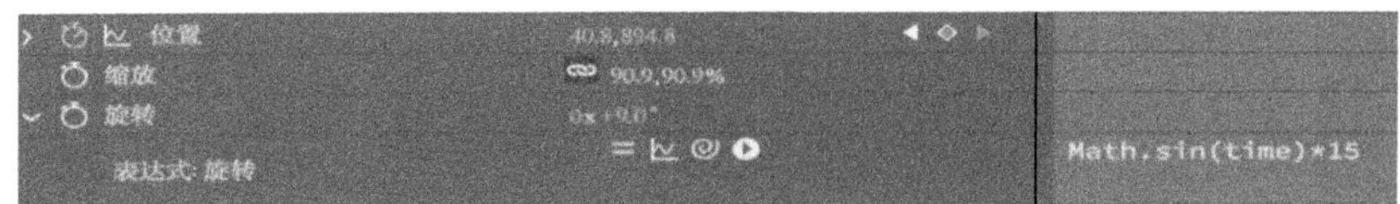

图 10

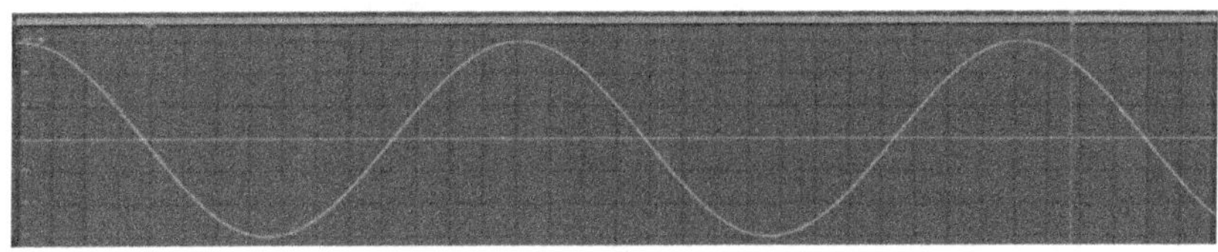

图 11

如果需要钟摆慢慢停下只要对表达式做如下修改：

Math. sin(time * 5) * 50/Math. exp(time/5)；//正弦值中 time 乘以的数值是摆动频率，数值越大摆动频率越快，后面增加的 Math. exp(time/5)是对时间求一个指数，该指数可以让动画曲线慢慢衰减，其中 time 除的数值是衰减长度，值越大，衰减过程越长。

动画曲线：(图 12)

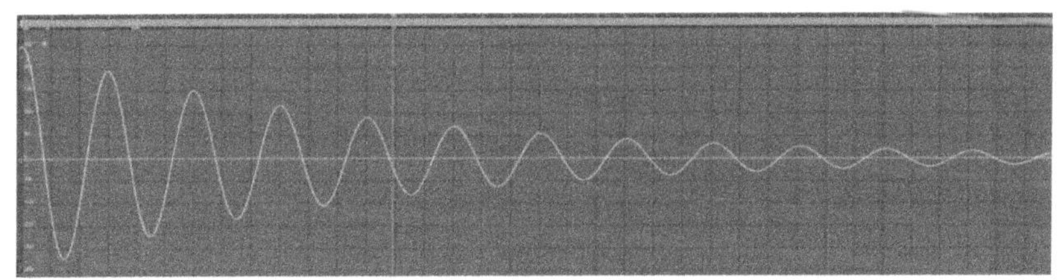

图 12

案例五：

在《2019 年春节大拜年》背景元素中还有一个阵列排放的元素：需要将 72 根线每条线条相隔 5°旋转排列。(图 13)

按照传统的方法就需要一根一根地去输入旋转的值，如果线条数量增加，那更是无法完成的任务了。但是使用表达式来制作这样的特殊效果是非常容易实现的，首先按需要创建一根线条，将该线条的定位点放置在线条的一端，然后在该线条的旋转属性中打开表达式输入以下代码：

(thisLayer. index * 1-1) * 5;//thisLayer.

index * 1 是将该图层的索引号乘以 1 转换成数值，然后减去 1 乘以 5，即

图 13

得到该图层的旋转度数。

代码输入完成后，只要用快捷键 Ctrl+d 对该图层进行复制，那么每复制出来的新图层都会进行一个幅度为 5°的旋转。

案例六：

根据条件变形：本例子会使用到表达式的条件判断，当元素对象在画面的上半部分时为方形，当元素对象移动到画面下半部分时变为圆形。首先创建一个圆角矩形，在该圆角矩形的属性圆角上打开表达式并输入以下代码：

```
thisy=transform.yPosition;//将该元素的 Y 轴的数值赋值给变量 thisy
    If(thisy>540){        //如果变量 thisy 大于 540
    250}              //那么圆角的值为 250
Else{                 //否则
    0};                //圆角的值为 0
```

这样当这个元素在画面的上半部分时呈现的是一个直角矩形，而移动到画面下半部分就会呈现圆形。

上面几个简单的例子基本体现了表达式在项目制作过程中的各种作用，但这也只是表达式的冰山一角，在视频后期特效的学习过程中，进阶提高的必经之路就是对表达式的理解和提高。表达式的运用对个人的数学和逻辑能力也有要求，数学和逻辑能力越高越会让表达式产生几乎无限的效果。

视觉传达设计功能性与艺术性的辩证思考
——兰溪媒体融合语境下后期制作的业务拓展初探

冯艳艳

摘要:“融媒体”作为当下最主流的传媒理念,目前已充分显示了优势,它使一条信息从原先相对单一的传播渠道扩散至整个传媒网络,呈现出一种“遍地开花”的传播效果。与此同时,融媒体不仅要实现信息的有效传达,还要凸显出视觉传达的创新性。

关键词:后期制作;业务拓展;功能性;艺术性

一、媒体融合,对后期制作的业务提出了新要求

电视节目的编辑制作需要多领域、多环节、多岗位配合,涵盖着选题、拍摄、后期等多个环节。这就需要后期人员不但要技术过硬,还要有创意、会创新,特别是在目前的媒体融合阶段。

视频传播的魅力在于它以一种真实、生动、鲜活的影像给人以身临其境的感受。它从素材采集、积累到脚本分镜头的设计、各类手法的剪辑、特效、包装、美术、动画、混音、调色等,使所有“零件”最终完美组合,成为一件作品。从过去的标清到现在的高清;从新闻素材的拼接、单一机位的拍摄,再到现在多媒体演播厅、多场景、多机位、多通道录制的模式;以及无人机、延时拍摄等更多特种拍摄设备的运用,捕捉凸显视觉冲击力的画面,从而用视觉思维表达,用画面讲好兰溪故事。

目前,兰溪市融媒体中心制作播出的电视新闻栏目版块有《兰溪新闻》《部门在线》《兰江先锋》《金色田野》《大美兰溪》等。在日新月异的媒体环境影响下,一方面我们在形式上针对受众新需求,转变话语体系,创立与用户链接更紧密的媒体形态,提升融合新闻的生产能力,满足群众多元化的信息需求。另一方面我们在内容上继续深入关注民生类新闻报道,扎根群众,站在百姓立场,采取平民化表达,表现亲民特质,反映群众的希望和要求。节目品质不断

提升，实现“内容为王”的创作转向。

后期制作好比电视新闻的一个“门面”和一个“路径”，关系着整档新闻的表现形态和受众接受程度。

第一，运用好电视节目后期制作技巧。

1.画面处理的技巧：在电视新闻节目后期制作中，一方面，要把握好新闻画面处理的节奏，加强镜头逻辑顺序，防止跳帧、夹帧的现象出现。另一方面，也要考虑到审美规律的把握。

2.声音编辑的技巧：电视新闻节目中，声音也是一个重要的环节，要合理把握新闻格调和类别，通过保留适当的背景声，还原现场；通过加速、变声体现新闻的趣味性和隐私，技术上做好声音的衔接，严格按技术要求控制好音量标准。

3.字幕、角标、片头处理的技巧：提高审美判断，使节目的个性和整体性得以彰显。

第二，进行主题深化。

在不以牺牲新闻作品的真实性为原则前提下，对新闻作品形式的美化和对新闻内容的进一步解读进行科学组合。拿新闻中的动画图表来举例，当电视新闻中出现大篇幅的政策解读和数据的时候，可采用扁平化设计的风格，对抽象化的事物进行具象表达，制作成动画数据图表的形式，方便观众更好地理解。扁平化设计很好地中和了拟物化的设计风格所忽略的对功能的表达，通过对色彩、抽象图形的精确应用，去除了繁杂冗余的装饰元素，突出了界面功能本身。同时也降低了对设备、网络等的需求，提高了运行速度。在这一过程中数字化多媒体的推广与应用，突破了以往传统形式的限制，实现了视觉传达功能的完善和拓展，大大提高了视觉传达艺术的表现力。

二、媒体融合客观上带来了后期制作的业务拓展

在数字技术与网络传播的推动下，媒体融合需要先进的技术来支撑，先进技术和优质内容都是媒体的核心竞争力，电视编辑与制作人员更需要对新技术进行探索和掌握，这有助于生产优质的内容，优化传播效果。另外，就目前来看，视觉传达设计的功能性和艺术性的这种辩证统一关系在各个文化领域中都得到了广泛应用。客观上也带来了电视编辑业务的拓展。

1. 专题片制作

比如在兰溪市融媒体中心2020年年初制作的《为了相遇在春天》抗疫专

题片中，由于不使用解说词配音，这对专题片在兼融视觉传达设计的功能性与艺术性方面的要求更高。在片子结构上的把握和拿捏，以及从而引发的更深层思考，都需要后期与文稿作者、画面拍摄人员达成一定的共识。在片子里，面对突如其来的疫情，从兰溪市委市政府发出打好疫情防控阻击战的集结令，再到企业抗疫物资的生产，医务工作者、疾控人员奋战一线，执勤人员 24 小时坚守，志愿者的逆行，紧跟抗疫进程、紧扣社会关切，片子按照时间线，并列式列举了一组疫情当前逆行而上的事例，以一幅幅感人至深的画面，展现抗疫一线的真实场景，有效弥合用户信息盲区。加上关键词字幕的设计，既起到解说作用又可以修饰画面，包装上制作了疫情分布动态图，矩阵图表、照片汇聚成爱心等创作手法，在有限的几帧画面中表达了更多的概括性内容。而在返岗专车，高铁专列“点对点”接回 1200 多名新兰溪人版块，同期声的插入，给受众一种更强烈的真实感和参与感。同时，结合不同主题下不同的感情抒发，选择合适的音乐渲染和提升情绪。这些元素的有机组合，使片子彰显出所要表达的奉献、无畏、团结等，在有效引导社会舆论上发挥着巨大的作用。

2. MV 制作

MV 的后期剪辑相对简单，只要随着歌曲的起承转合去安排剧情的走向，但在后期中也需要巧妙利用音乐本身的节奏。疫情期间兰溪市融媒体中心为抗疫公益歌曲《没有你的夜晚》剪辑制作的 MV，登上了“学习强国”、中国国际教育电视台。其就是巧妙把握音乐的节奏和画面剪辑的“呼吸”，在润物细无声中激发情感认同和价值认同。

3. 联办节目制作

身处信息化时代，部门乡镇等也愈发重视自身信息的对外传递和发布。联办节目一方面满足了这些诉求，也毋庸置疑丰富了中心的节目源，拓宽了创收渠道，推进了电视节目市场化运作，为观众提供了实用、有效的资讯。但随着联办方对内容和形式提出的更高要求，此类节目也要注重功能性的创新，结合技术手段，进一步提高对艺术性创新的重视，只有这样才能更好地满足媒体融合背景下的实际需求。就拿 2020 年复工复产阶段兰溪市融媒体中心开办的《“职”等你来》联办节目来说，这个节目针对新冠疫情导致的企业招才引才难题，创新了线上招聘形式，安排主持人与招聘单位在虚拟演播室进行节目录制，后期制作加入公司宣传视频、岗位信息、招工条件等内容，供观众参考、对比。为用人单位和各类人才搭起“供给桥梁”。这一节目的推出效果明显，并得到了《人民日报》的点赞。

4. 现场直播活动

2020年，一场新型冠状病毒肺炎疫情把很多人困在了家中，各种节目的录制也变得困难重重。为解决嘉宾出行不便、人员不能聚集的诸多矛盾，兰溪市融媒体中心采用"云录制""云直播"的解决方案，推出了一系列"云直播"的活动，云游赏花、云招聘、童诗论坛等。为了保证当天直播的质量，以防连线效果不佳，中心提前单独录制好嘉宾视频素材，在非编上剪辑渲染好，做好备份准备。

5月，在首届"童诗中国（兰溪）论坛"新闻发布会直播现场，由于疫情的原因，许多重量级的受邀嘉宾不能到场，我们采用多人连线的方式，在大屏设计上，用画面的数量和大小组接来突出重点，不一定所有人都在讲话，大部分的时候是主持人与发言嘉宾的对话或者三人之间的在线对话，此时，大屏呈现的是每个受邀嘉宾的在线连线画面。而在体现重要内容时，分屏消失，凸显一个画面。在嘉宾讲话需要得到回应时，再出现多画面或调整画框的大小或视觉的中心点来进行强调，把场下的论坛成功地放到了网上，放到了"云"上。

在包装设计的处理上，云录制往往会定下录制的嘉宾人数，多画框的设计最好能和录制的多画面直接吻合，遮掉多画面的边框部分，这样效率会高很多。另外，边框可以针对节目特点来设计，比如兰溪2020年举行的首届海峡两岸影像文化周兰溪、郎静山专场启动仪式上，其中一个VCR的设计，就是依据郎静山作品的风格而设计出的一个水墨长卷效果，既好看又吻合主题。

5. 微电影创作

电影作为综合艺术，摄影、美术、表演等许多方面都会影响到最终的呈现。正如剪辑师迪伦·提切诺所说，剪辑可以拯救一段表演，但也可以毁掉一段表演。一段表演总是有可能变好或是变坏，但是也许绝大部分都是通过剪辑来实现的。

视觉传达的功能性可以说是一个独立的艺术机制，在考虑视觉传达作品功能性的同时也需要注重其审美价值。以微电影《幸福与"礼"无关》来讲，素材到了剪辑时间线上，制作需要通过素材画面结合剧本来理解导演观念。需要跟随素材本身的质地去重新寻找影片的风格。而追寻影片风格的同时，常常就会伴随着对结构的调整，通过剪辑来强化或弱化演员的表演，从而更精准地完成表意。

6. PPT

电视这一行以往不做，或者不擅长PPT制作，报纸也基本这样。而从发展来看,PPT 本身最大的价值就是将高度概括化的文字转变为一种适合人视觉感官的图案和文字的结合。因为文字是高度抽象的,在接触文字时,需要转换成自己的语言,上下联想,再加上自己对内容的分析和理解,然后再找出其间的逻辑关系。对于 PPT 来说,文字、图片、表格、动画,都是灵魂的呈现,没有灵魂,这些都会失去灵性。媒体融合以后,这一陌生的领域,也多了新闻工作者的试水,在这个过程中,我发现电视看家的本领“视频”对 PPT 固有模式有着较大程度的颠覆。

以制作《改革再出发 融合再深化 兰溪真融深合推进融媒体中心建设》为题的 PPT 来说,该 PPT 介绍了兰溪市融媒体中心建设的主要做法。对文字提炼,封面、标题、排版设计,画面配色,表格制作,图片添加,都做了深一步的思考。为了辅助提升 PPT 的表达效果,增加了几个短视频,增强了 PPT 的审美感。一个好的 PPT,我认为,在合适的地方有合适的动画十分的重要。

因此作为制作在进行视觉传达作品设计的这一过程中,同样还需要充分考虑到艺术性。无论在哪一环境机制中都有着特有的艺术元素在里面,而视觉传达作为信息传递的一个重要媒介,其艺术性更应该与环境信息机制相符合,无论在构图方面还是在色彩运用方面,都需要将作品的观赏价值和艺术性最大程度地发挥出来,并体现出设计宗旨和艺术理念,使观众能够更加直接清晰地看到。

7. 公益广告创作

在信息的视觉传达中,一个重要的表现形式就是广告,这也是视觉传达机制中的一个重要组成内容,在多媒体技术的作用下,借助多媒体互动平台、数字影视广告以及数字网络等,促进了广告艺术体系的快速形成,并使得视觉传达艺术逐渐向视频编辑和广告等行业领域方向发展。

随着社会经济的不断发展,文明的不断进步,公益广告以其短小的体量、灵活多变的表现形式以及鲜明的立场越来越多地作为引导公众价值观的一个手段,在社会运转和大众传播中能够起到“四两拨千斤”的作用。把握好宣传主题,控制好宣传片结构与节奏,才能全面提升公益宣传片的宣传效率,达到公益宣传精神效应与品牌效应的双丰收。兰溪市融媒体中心的公益广告《走进二十四节气 中国传统文化》,视频大多采用时下影像艺术中一种新兴的 MG 动画,结合节气传统文化、中医药传统文化和民间习俗、古诗词等内容,较好地以喜闻乐见和通俗易懂的形式达到传播目的和效果。以其中的“立秋”公益广告为例:

一、分镜头脚本方面:视觉上我们采用的是平面设计的规则,由浅入深、层层递进，设计出具有该节气特征的传统文化分镜头脚本。

二、配音配乐方面：根据立秋节气的特征，在听觉上改变之前“大小暑”时相对短促、热烈的音乐，而采用相对舒缓悠扬的背景音乐和音效。寓意成熟的丰富画面及色彩效果。结合配音和配乐，叠加音效使得画面更富立体感。

三、后期制作方面：在技术上使用的是动画制作手段，运用不同的平面构成元素和色彩搭配来引起观众的情感共鸣，添加了许多不同的转场和画面的特效、细节的处理。另外还凸显了关键字的解析，从而增加观众的理解。注入更多本土文化、地方特色，真正取材于生活，贴近大众，用观众喜欢的语言、易于接受的方式去宣传、感染人，让观众爱看、乐看，以更好地让文明观念深入人心。

由此我们可以看出，视觉传达艺术指的就是通过多媒体技术的充分利用，实现各种具有价值意义题材的有效结合，然后再借助计算机进行处理，以此来向观众呈现出更好的美学信息。

要有好的创意，才能更好地感染观众。如果仅仅只是采用艺术性这一形式来进行表现，那么美则美矣，却很难让人看了回味深长。必须要将艺术和表达诉求用设备、软件创新表达，才能够使所制作出的视频作品具有较好的传播效果和较高的艺术价值。

三、媒体融合，如何兼融视觉传达设计功能性与艺术性的统一

（一）视觉传达艺术的功能性和艺术性分析

1. 功能性

通过上述分析我们了解到，视觉传达艺术有着较强的功能性特点，可以说是在视觉审美、平面设计及平面构图的基础上所形成的一种信息传递机制，作为视觉信息传递的一个重要手段，发挥着非常重要的作用。在视觉传达机制中，最为重要的一种体现形式就是广告设计，无论是平面广告还是视频广告，都离不开观众的视觉审美感受，通常都是采用造型、色彩及构图等方式来将视觉信息传递给观众，由此可见，与其审美价值相比广告的实用价值要更高一些，因为广告是通过特定设计方式来进行视觉信息的传递，在功能性方面要凸显得更加明显一些。

这对于视觉传达来说也同样如此，作为制作不仅要注重审美价值，同时还要将视觉传达的功能性充分考虑到其中，以提高视觉传达的实用价值，因为只有这样才能将视觉信息的艺术性和实效性得以充分体现出来。

2. 艺术性

视觉传达，除了具有功能性以外，还有着较强的艺术性特征，如果只是具有功能性而不具备艺术内涵，那么所设计出的视觉艺术作品则很难吸引观众。因此制作过程中在进行视觉传达作品设计时，同样还需要充分考虑到艺术性。无论在哪一环境机制中都要有艺术元素在其中，而视觉传达作为信息传递的一个重要媒介，其艺术性更应该要与环境信息机制相符合，无论在构图方面还是在色彩运用方面，都需要将作品的观赏价值和艺术性最大程度地发挥出来，并体现出设计的宗旨和艺术理念，使观众能够更加直接清晰地看到。

（二）视觉传达设计功能性与艺术性的辩证思考分析

在当今美学视域这一大环境背景下，视觉传达设计的功能性与艺术性存在一种辩证统一关系。其中的功能性，可以说是实现视觉传达的一个重要手段和物质载体，而对于艺术性，则可以说是视觉传达中的灵魂。功能性可以为视觉传达带来更大的商业价值，围绕着一个明确的目的为核心来运行；而艺术性则可以为视觉传达增添情感基调，并凸显出独特的艺术色彩，使得视觉传达效果更加有艺术美感。无论是功能性还是艺术性在视觉传达设计中都是不可缺少的，所以这就需要具备独特的艺术设计感，并了解和掌握观众的内心变化和需求，以此来将视觉信息更加完美地呈现给观众，以吸引观众注意力，并产生情感共鸣，实现理想产品宣传和推广的目标效果。

在视觉传达功能性和艺术性辩证统一的推动下，在全媒体发展的今天，通过多媒体技术的应用，无论在平面视图上，还是在动态视觉上都有着很大变化，所表现出的信息类型更加多样化，极大丰富了内容。“功能性美学”将会逐渐成为视觉传达设计未来的一个主要发展方向。与功能性和艺术性有所不同的是，“功能性美学”是二者结合的产物。

在当前媒体融合向纵深发展过程中，受众对新闻传播产品的多态性和个性化要求越来越高，对传播体验的创新性期待越来越强，不断拓展新闻的主题内容和表现形态，更加凸显媒体在日常舆论引导的重要作用，是需要深入研究与不断探索的重要命题。

四、结束语

综上所述，在兰溪媒体融合语境下，后期制作在视觉传达设计中的功能性和艺术性的辩证关系绝不是一成不变的，随着社会科技的不断发展会发生相应变化，这就要求后期制作正确把握好这种变化趋势，以此来更好地满足人们的实际需求。

参考文献

[1] 潘梦琪.视觉传达设计的功能性与艺术性的辩证思考[J].流行色,2020(6):73-74.
[2] 陈家旭,焦馨.视觉传达设计功能性与艺术性的辩证思考[J].参花,2019(6):98.
[3] 谢庆梅.视觉传达设计的功能性与艺术性的辩证思考[J].大观,2017(9):16.
[4] 郭振山,姚览.浅析体育图标中功能性与艺术性的融合[J].美术大观,2017(11):106-107.
[5] 陈群.视觉传达的功能性研究及相关艺术性的辩证思考[J].记者观察,2019(29):96.
[6] 吴郁芳馨.视觉传达功能性与艺术性的辩证思考[J].文艺生活·中旬刊,2018(3):52.
[7] 罗丽红,吴波.大众媒体传播下的公益广告创作[J].影视制作,2020(7):78-82.

图书在版编目（CIP）数据

中国市县融媒体中心建设的兰溪探索 / 王文科，陈建飞主编. —杭州：浙江大学出版社，2021.4（2021.7 重印）
ISBN 978-7-308-21250-2

Ⅰ. ①中… Ⅱ. ①王… ②陈… Ⅲ. ①传播媒介—建设—研究—兰溪 Ⅳ. ①G219.295.54

中国版本图书馆 CIP 数据核字（2021）第 062591 号

中国市县融媒体中心建设的兰溪探索

王文科　陈建飞　主编

责任编辑　李海燕
责任校对　董雯兰
封面设计　雷建军
出版发行　浙江大学出版社
（杭州市天目山路 148 号　邮政编码 310007）
（网址：http://www.zjupress.com）
排　　版　杭州好友排版工作室
印　　刷　广东虎彩云印刷有限公司绍兴分公司
开　　本　710mm×1000mm　1/16
印　　张　18.75
字　　数　337 千
版 印 次　2021 年 4 月第 1 版　2021 年 7 月第 2 次印刷
书　　号　ISBN 978-7-308-21250-2
定　　价　68.00 元